대박터지는
꿈해몽

대박터지는 꿈해몽

영경만 엮음

도서출판 예가

머리말

우리 인간은 저 아득한 옛날부터 누구나 꿈을 꾸어왔다. 그러나 그 꿈이 어떤 과정을 통해 일어나는가? 하는 문제는 꿈에 대한 근본적 과제이며 대단히 신비하고 흥미있는 일이 아닐 수 없다. 흔히 마음에 담고 있으면 꿈에 나타난다는 속설(俗說)이 있으나 자신이 원하는 꿈을 마음먹은 대로 언제나 꿀 수 없다는 데 문제가 있는 것이다.

태고(太古)이래 과학문명이 고도로 발달한 오늘에 이르기까지 정설이 없고 여러 가지 학설이 구구할 뿐이다. 오스트리아의 심리학자이며 정신분석학의 창시자인 지그문트 프로이드(Sigmund Freud, 1856~1939년)라는 이는 누구보다도 꿈에 대해 연구를 많이 발표를 하였는바 그의 주장은 다음과 같다.

'평소에 보고, 듣고, 느낀것 등의 잠재의식이 잠을 잘때 나타나는 현상(現像)' 이라고 전한다

그렇다면 불(火)을 이용해서 온종일 물건을 만드는 사람은 매일 불꿈을 꾸어야 하며 온종일 돼지와 생활하는 사람은 매일 돼지꿈을 꾸어야 맞는 것이다. 하지만 일상 생활에서 겪은 일과는 전혀 관계없는 꿈을 대부분의 사람들이 꾸고 있으니 전혀 설득력이 없는 이론인 것이다.

다시한번 강조한건데 불(火)을 상상하며 하루일과를 보낸다 해서 불꿈을 꾸는가? 또한 돼지를 상상하며 하루일과를 보낸다해서 돼지꿈을 꾸는가?

아무튼 꿈이란 과학적인 분석으로도 풀기가 어려운 불가사의(不可思議)한 무형의 현상(現像)이므로 신비로운 것이다.

무릇 꿈이란 하늘에서 인간에게 수많은 형상(形像)으로 길흉(吉凶)을 알려주는 메시지일 것이다. 이 책은 동서고금을 통하여 전해 내려오는 수많은 비전(秘傳)의 고서(古書)를 두루 섭렵하여 오랜 연구 끝

에 현실에 맞게 또한 누구나 알기 쉽게 풀이하였다.

비를 대비하여 우산을 준비하고 영하의 날씨에 대비하여 난방을 준비하고 가뭄에 대비하여 물을 저장하고 홍수에 대비하여 제방을 쌓듯이 유비무환(有備無患)의 정신으로 본서를 참고하여 길흉(吉凶)에 대비하면서 생활해 나간다면 더욱 알차고 도움이 되는 삶이될 것이다.

끝으로 이 책이 출판되기 까지 많은 도움을 주신 예가출판사 윤다시 사장님, 김영국님, 김충겸님께 깊은 감사를 드린다.

당산동 서가에서 湖山 염경만

■ 차 례

제1장 태몽(胎夢)풀이 아들인가, 딸인가

강에서 잉어가 떼를 지어 이동하는 것을 보는 꿈 · 35 /
강이나 바닷가에서 큰바위를 들고 집으로 돌아오는 꿈 · 35 /
강이나 연못에 나무가 떠다니는 것을 보는 꿈 · 35 /
거북이를 보거나 거북이 등을 타고 강이나 바다를 건너는 꿈 · 35 /
공작새가 산계곡을 날아다니는 꿈 · 35 /
구렁이가 교미를 하는 꿈 · 36 /
궁전을 거닐거나 도포자락을 잡고 매달리는 꿈 · 36 /
까치가 떼를지어 나무에 앉아 있는 꿈 · 36 /
노랑나비가 산계곡을 날아다니는 꿈 · 36 /
닭이 알을 품고 있거나 우는 꿈 · 36 /
대나무 또는 난초를 보는 꿈 · 37 /
대추가 많이 열린 것을 보거나 대추를 따서 먹는 꿈 · 37 /
들판에 고추를 많이 널어놓은 것을 본 꿈 · 37 /
돼지 우리 속에서 돼지가 교미를 하는 것을 보는 꿈 · 37 /
돼지 새끼가 우글거리는 것을 보는 꿈 · 37 /
많은 새가 날아가거나 앉아 있는 꿈 · 38 /
멧돼지가 떼를 지어 집으로 들어오는 꿈 · 38 /
무덤위에 꽃이 피어 있는 것을 보는 꿈 · 38 /
무덤이 크고 높은 것을 보거나 무덤앞에서 임신부가 절을 하는 꿈 · 38 /
바다에서 해가 떠오르는 것을 보는 꿈 · 38 /
뱀이 치마폭으로 들어오거나 보는 꿈 · 39 /
빨간나비가 산계곡을 날아다니는 꿈 · 39 /
산꼭대기에서 구렁이가 몸을 늘어뜨리고 있는 꿈 · 39 /
살고 있는 집에 우물의 물이 넘쳐 흐르는 꿈 · 39 /
상어를 보거나 상어가 날아다니는 것을 보는 꿈 · 39 /
수많은 별들이 임신부 입속으로 들어오는 꿈 · 40 /
수풀 가운데 큰 나무가 보이는 꿈 · 40 /
선녀 또는 천사가 나타나 아기를 품안에 안겨주는 꿈 · 40 /
스님(중)이 문앞에서 염불하거나 시주를 하러오는 꿈 · 40 /
앵두가 많이 열린 것을 보거나 앵두를 따서 먹는 꿈 · 41 /
어항에 금붕어가 떼를 지어 노는 꿈 · 41 /

연못에 연꽃이 피어 있는 것을 보는 꿈 · 41 /
우물이나 강, 바다에서 용이 하늘로 올라가는 것을 본 꿈 · 41 /
우물이나 강 또는 바다에서 용과 구렁이가 어우러져 하늘로 오르는 꿈 · 41 /
임금이나 대통령이 은수저를 하사하는 꿈 · 42 /
임신부가 가지를 보거나 가지를 따서 먹는 꿈 · 42 /
임신부가 갓난 아기와 책을 가지고 놀면서 말하는 꿈 · 42 /
임신부가 강이나 바닷가에서 게를 잡는 꿈 · 42 /
임신부가 강이나 바닷가에서 빛이나는 돌을 줍는 꿈 · 42 /
임신부가 고구마를 보거나 먹는 꿈 · 43 /
임신부가 고목나무에 꽃이 피는것을 보는 꿈 · 43 /
임신부가 과일을 따서 상자에 담거나 창고에 넣어두는 꿈 · 43 /
임신부가 궁궐이나 큰집에 문패를 다는 꿈 · 43 /
임신부가 금관을 쓰고 걸어 다니는 꿈 · 43 /
임신부가 금비녀를 보거나 머리에 꽂는 꿈 · 44 /
임신부가 금송아지 또는 금두꺼비를 얻는 꿈 · 44 /
임신부가 금실로 수놓아진 옷을 선물로 받는 꿈 · 44 /
임신부가 금잉어를 치마로 받는 꿈 · 45 /
임신부가 꼭지달린 배 또는 사과를 먹는 꿈 · 45 /
임신부가 꽃다발을 들고 남에게 꽃을 나누어주거나 보는 꿈 · 45 /
임신부가 꽃다발을 한아름 받아들고 많은 사람들에게 인사를 하는 꿈 · 46 /
임신부가 꽃이 만발한 것을 보는 꿈 · 46 /
임신부가 꾀꼬리를 보는 꿈 · 46 /
임신부가 꿀벌을 보거나 꿀벌에 쏘이는 꿈 · 46 /
임신부가 나무에 열매가 많이 달려 있는 것을 보거나 열매를 따서 먹는 꿈 · 46 /
임신부가 남에게 먹이나 벼루를 받은 꿈 · 47 /
임신부가 남에게서 거울을 받는 꿈 · 47 /
임신부가 남편의 옷을 입는 꿈 · 47 /
임신부가 달을 보거나 입 속으로 달이 들어오는 꿈 · 47 /
임신부가 대문을 다시 만들어 다는 꿈 · 47 /
임신부가 도끼를 보거나 도끼로 장작(나무)를 패는 꿈 · 48 /
임신부가 떡시루에 담긴 떡을 보거나 먹는 꿈 · 48 /
임신부가 말을 타고 달리거나 말이 강가에서 물을 먹고 있는 것을 보는 꿈 · 48 /
임신부가 명산대찰을 바라보는 꿈 · 48 /
임신부가 무지개를 타고 하늘로 걸어 올라가는 꿈 · 48 /
임신부가 물건을 한아름 안고 산을 오르는 꿈 · 49 /

임신부가 반짝거리는 북두칠성을 보는 꿈 · 49 /
임신부가 뱀을 보는 꿈 · 50 /
임신부가 번개, 천둥이 치면서 폭우가 쏟아지는 것을 보는 꿈 · 50 /
임신부가 벚꽃이 만발한 거리를 걸어가는 꿈 · 50 /
임신부가 베를 짜거나 베를 짜는 모습을 보는 꿈 · 50 /
임신부가 보리를 땅에 뿌리는 꿈 · 50 /
임신부가 봉황 또는 학을 타고 하늘을 날아다니는 꿈 · 51 /
임신부가 붓에 꽃이 피는 것을 보는 꿈 · 51 /
임신부가 비둘기를 보는 꿈 · 51 /
임신부가 산 속에서 폭포수가 우렁차게 쏟아지는 것을 보는 꿈 · 51 /
임신부가 쌀가마를 지고 집에 들어오는꿈 · 51 /
임신부가 알밤을 많이 줍거나 알밤을 먹는 꿈 · 52 /
임신부가 예수, 공자, 석가모니 등의 성인을 만나는 꿈 · 52 /
임신부가 오이를 보거나 먹는 꿈 · 52 /
임신부가 옹달샘에서 샘물을 마시는 꿈 · 52 /
임신부가 절에서 설법을 듣는 꿈 · 52 /
임신부가 제비를 보거나 제비에게 모이를 주는 꿈 · 53 /
임신부가 조개를 보거나 조개를 먹는 꿈 · 53 /
임신부가 책을 얻거나 책을 보는 꿈 · 53 /
임신부가 침실에 햇빛이 스며드는 것을 보는 꿈 · 53 /
임신부가 코끼리를 보거나 코끼리 코를 만지는 꿈 · 53 /
임신부가 하늘과 땅이 합쳐지는 것을 보는 꿈 · 54 /
임신부가 하늘에서 쌀이 비오듯 쏟아지는 것을 보는 꿈 · 54 /
임신부 몸에서 밝은 광채가 나는 꿈 · 54 /
잔디밭에서 말이 풀을 뜯고 있는 꿈 · 54 /
절에서 불공을 드리거나 불상을 만지는 꿈 · 55 /
죽순(대나무 잎)이 쑥쑥 크는 것을 보거나 죽순을 꺾어서 먹는꿈 · 55 /
참새 한 마리가 집안으로 날아드는 것을 보는 꿈 · 55 /
태양이 임신부 입속으로 들어가거나 보는 꿈 · 55 /
포도나무에서 포도를 따서 먹거나 보는 꿈 · 55 /
하늘에서 우박이 많이 떨어지는 것을 보는 꿈 · 56 /
해가 서산에 지는 모습을 보는 꿈 · 56 /
햇빛이 눈부시게 비치고 사슴이 뛰어노는 꿈 · 56 /
호랑이 또는 사자가 나타나 임신부를 등에 업고 달리는 꿈 · 57 /

제2장 우물에 관한 꿈

들판이나 산에 우물이 여러개 있는 꿈 · 61 /
부엌에 우물이 생긴 꿈 · 61 /
우물에서 물을 길어다가 자기집의 물독에 가득 채운 꿈 · 62 /
우물물을 길어 얼굴이나 손발을 닦은 꿈 · 62 / 우물물을 퍼내는꿈 · 62 /
우물물이 넘쳐 맑은물이 땅으로 흘러내린 꿈 · 62 / 우물물이 말라버리는꿈 · 63 /
우물물이 펑펑 솟아 오르는꿈 · 63 / 우물 속에서 소리가 나는 꿈 · 64 /
우물안에서 물고기가 돌아다니고 있는 꿈 · 64 /
우물에 물건을 떨어뜨리는 꿈 · 64 /
우물에 자신의 얼굴을 비춰 보이는 꿈 · 64 / 우물 옆에 뽕나무가 자란 꿈 · 65 /
우물이 무너지는 꿈 · 65 / 우물이 흙더미에 덮여 버리거나 없어진 꿈 · 65 /
자신이 우물에 빠지는 꿈 · 65 / 집안에 우물이 있는 것을 본 꿈 · 66 /

제3장 음식물에 관한 꿈

가지를 먹는 꿈 · 69 / 꿀이나 엿을 먹는 꿈 · 69 / 남에게 술을 주는꿈 · 69 /
떡을 먹는 꿈 · 69 / 레스토랑이나 카페, 음식점에 들어간 꿈 · 70 /
만두를 먹는 꿈 · 70 / 미역국을 먹는 꿈 · 70 / 밥을 먹는 꿈 · 70 /
사탕이나 과자를 먹는 꿈 · 71 / 산삼이나 약초를 먹는 꿈 · 71 /
생선이나 새 종류를 요리해 먹는 꿈 · 71 / 술에 취하여 누워 있는 꿈 · 71 /
술을 마시며 신나게 노는 꿈 · 72 /
여기저기 호박이 많이 열리거나 자신이 호박을 먹는 꿈 · 72 /
오이를 먹는 꿈 · 73 / 잼이나 크림을 빵에 발라먹는 꿈 · 73 /
파, 마늘을 먹는 꿈 · 73

제4장 꽃과 나무에 관한 꿈

꽃나무를 뿌리채 캐낸 꿈 · 77 /꽃이 시들거나 떨어지는 꿈 · 77 /
나무를 심어보는 꿈 · 78 / 나무에 꽃이 피어 만발해 보이는 꿈 · 78 /
나무에서 떨어지는 꿈 · 78 / 나무에 열매가 많이 달려 있는 것을 본 꿈 · 78 /
남에게 꽃을 나누어 주는 꿈 · 79 / 밤나무를 보거나 밤을 줍는 꿈 · 79 /
산에서 나무를 베거나 잘라서 집으로 가져온 꿈 · 80 /
소나무 또는 대나무가 울창해 보이는 꿈 · 80 /
수풀 가운데 큰나무가 보이는 꿈 · 80 / 연못에 연꽃이 피어있는 꿈 · 80 /
예식장이 온통 화환으로 장식된 꿈 · 81 / 월계수를 본 꿈 · 81 /

큰나무가 부러지는 것을 본 꿈 · 81 / 큰나무를 짊어지는 꿈 · 81 /
큰나무에 올라보는 꿈 · 82 /

제5장 죽음에 관한 꿈

관속에 살아있는 사람을 넣는 것을 본 꿈 · 85 /
관속에 시체를 넣는 것을 본 꿈 · 85 / 무덤 가운데서 백발노인이 나타나는 꿈 · 86 /
무덤 앞에 엎드려 절을 한 꿈 · 86 / 무덤에 불이나는 꿈 · 86 /
무덤 위에 꽃이피어 있는 꿈 · 87 /
무덤을 보고 있는데 시체 썩은 냄새가 진동하는 꿈 · 87 /
무덤이 순식간에 없어지고 벌레만 기어다니는 꿈 · 87 /
무덤이 저절로 벌어지거나 열린 꿈 · 87 / 무덤이 크고 높은 것을 본 꿈 · 88 /
죽었던 사람이 관에서 살아서 나오는 것을 본 꿈 · 88 /

제6장 가재도구에 관한 꿈

가구를 집안으로 들여놓는 꿈 · 91 / 가위를 본 꿈 · 91 /
거울로 자신의 얼굴을 보는 꿈 · 91 / 거울이 깨어지는 것을 본 꿈 · 91 /
깨진 도자기나 금이간 그릇을 취급한 꿈 · 92 / 남에게서 거울을 받는 꿈 · 92 /
남에게서 부채를 얻은 꿈 · 93 / 남에게서 쟁반이나 주전자를 받은 꿈 · 93 /
냄비나 술잔 또는 밥상이 깨져보이는 꿈 · 93 /
담요나 이부자리를 까는(펴는) 꿈 · 93 / 담요나 이불 또는 커텐을 찢는 꿈 · 93 /
도끼를 보거나 도끼로 장작을 패는 꿈 · 94 /
망치(장도리)나 톱을 본 꿈 · 94 / 머리빗을 보는 꿈 · 94 /
바둑알 또는 장기알을 본 꿈 · 94 / 방안에 병풍이 둘러쳐 있는 꿈 · 94 /
비녀를 사거나 보는 꿈 · 95 / 빗자루를 보거나 얻는 꿈 · 95 /
새로 발을 만들어 문에다는 꿈 · 95 / 솥 밑에 불을 피우는 꿈 · 95 /
솥이 깨어지는 꿈 · 96 / 솥이나 냄비에 물을 부글부글 끓이는 것을 보는 꿈 · 96 /
수건을 보는 꿈 · 97 / 수저(숫가락)를 만지는 꿈 · 97 /
자신의 침대에 피가 묻어 있는 꿈 · 97 / 저분(젓가락)을 만지는 꿈 · 98 /
집밖으로 세간살이나 가구를 꺼낸 꿈 · 98 /
집안의 낡은 가구를 새가구로 바꾼 꿈 · 98 /
책상이나 장롱이 방안에 가득한 꿈 · 98 /
침실에 깔아 놓은 이부자리를 파괴하는 꿈 · 99 /
침실에 깔아 놓은 이부자리에 개미나 벌레가 많이 모여드는 꿈 · 99 /

제7장 돈과 재물에 관한 꿈

제8장 옷과 악세서리에 관한 꿈

옷과 몸에 진흙이 묻는 꿈 · 119 / 옷을 벗고 있는 꿈 · 119 /
옷을 세탁하는 꿈 · 119 / 옷을 여자가 입혀 주는 꿈 · 119 /
옷이 바람에 날리는 꿈 · 119 /
잠옷을 입은 어린아이가 나타나거나 어린이용 잠옷을 얻은 꿈 · 120 /
진흙탕에 넘어져서 옷이 더러워진 꿈 · 120 / 헝클어진 실을 푸는 꿈 · 120 /

제9장 불도(佛道)에 관한 꿈

가족이 절에서 제사 지내는 꿈 · 123 / 늙은 스님 또는 백발 노인을 본 꿈 · 123 /
명산 대찰을 바라보는 꿈 · 123 /
불공을 드리는 스님께 쌀이나 돈 보석 등을 시주한 꿈 · 123 /
불상 앞에서 춤을 추는 꿈 · 123 / 불상에 절하는 꿈 · 124 /
불상이나 석탑을 세워보이는 꿈 · 124 /
비구니(여승)들만 사는 절로 거주지를 옮긴 꿈 · 125 /
스님에게 경문을 배우는 꿈 · 125 / 스님이나 백발 노인에게 침을 맞는 꿈 · 125
스님이 되는 꿈 · 125 / 절에서 설법을 듣는 꿈 · 126 /

제10장 집과 건물에 관한 꿈

낡은 집으로 이사를 가는 꿈 · 129 / 대문에 구멍이 뚫린 꿈 · 129 /
대문을 다시 만들어 다는 꿈 · 129 / 대문이 부서진 꿈 · 129 /
대문이 불에 타는 꿈 · 130 / 대문이 저절로 열리는 꿈 · 130 /
사는 집 마당 한 가운데로 큰 길이 난 꿈 · 130 /
사는 집이 홍수에 떠내려간 꿈 · 130 / 새 집으로 이사를 가는 꿈 · 130 /
이사를 간 집에서 전에 살던 집주인이 집을 비워주지 않아 말다툼을 벌인 꿈 · 131 /
자기 집을 수리하는 꿈 · 131 / 자기 집이 무너지는 것을 본 꿈 · 132 /
자신의 집을 짓는 꿈 · 132 / 집 대들보가 부러지는 꿈 · 132 /
집안에 풀이 많이 나 있는 꿈 · 132 / 집에 벽지를 바르는 꿈 · 132 /
집에 화재가 나서 활활 불길이 치솟고 있는 꿈 · 133 /
집을 깨끗이 청소하는 꿈 · 133 / 집을 팔고 사는 꿈 · 134 /
집이나 건물 어느 지역의 위치가 그려진 지도나 약도를 받은 꿈 · 134 /
집이 불에 다 타버리고 시커먼 재만 남은 꿈 · 134 /
자기집 창문을 열어 보이는 꿈 · 134 / 자기집 창문이 닫혀있는 꿈 · 134 /
창고가 무너지는 꿈 · 135 /창고를 짓는 꿈 · 135 /

제11장 지리(地理)에 관한 꿈

넓은 들판을 혼자서 걸어가는 꿈 · 139 / 논에 나가서 모내기를 한 꿈 · 139 /
높은 산에서 내려오는 꿈 · 140 / 높은 산을 구름이 뒤덮는 꿈 · 140 /
동굴속에서 나오는 꿈 · 140 / 들에 나가 씨를 뿌린 꿈 · 140 /
들판에 누워 잠을 잔 꿈 · 140 / 땅구덩이를 파서 자신을 묻는 꿈 · 141 /
땅에 누워있는 꿈 · 141 / 땅을 일구어 농사를 짓는 꿈 · 141 /
벼가 누렇게 황금물결을 이루며 출렁인 꿈 · 141 /
산계곡에 물이 흐르는 꿈 · 141 / 산 꼭대기에서 홀로 서 있는 꿈 · 142 /
산에 나무가 전혀 없는 꿈 · 142 / 산에 물건을 안고 올라가는 꿈 · 143 /
산에서 돌을 운반하여 집으로 가져오는 꿈 · 143 / 산에서 불이 나는 꿈 · 143 /
산중에서 농사는 짓는 꿈 · 144 / 산중에서 보물을 얻는 꿈 · 144 /
지진이 일어나서 집이 흔들리는 꿈 · 144 / 흙덩어리를 주고 받는 꿈 · 144 /

제12장 동물에 관한 꿈

게가 기어가는 것을 본 꿈 · 147 / 개가 대로변을 가로질러 달려간 꿈 · 147 /
개가 서로 싸우는 꿈 · 147 / 개구리들이 물가에서 오가는 꿈 · 147 /
개똥벌레가 풀밭에 앉아 있는 꿈 · 147 / 개짖는 소리가 멀리에서 들린 꿈 · 148
거미를 본 꿈 · 148 / 거북이를 본 꿈 · 148 /
잡은 물고기를 다시 놓아준 꿈 · 148 / 검은색 말이나 얼룩말을 본 꿈 · 148 /
고래를 본 꿈 · 149 / 고양이가 쥐를 잡아 먹는 꿈 · 149 / 고양이를 본 꿈 · 149 /
곰을 본 꿈 · 149 / 공작새를 본 꿈 · 149 / 기러기를 본 꿈 · 150 /
기린을 본 꿈 · 150 / 기린을 타고 달린 꿈 · 150 / 꾀꼬리를 본 꿈 · 150 /
까마귀를 본 꿈 · 150 / 까마귀와 까치가 함께 놀고 있는 꿈 · 151 /
까치를 본 꿈 · 151 / 꿀벌을 본 꿈 · 151 / 나비가 날아가는 것을 본 꿈 · 151 /
날아가는 매를 바라본 꿈 · 151 / 날아가는 새를 잡은 꿈 · 152 /
노루를 본 꿈 · 152 / 누에가 한무더기로 있던 꿈 · 152 / 늑대를 본 꿈 · 152 /
늑대에서 물려서 상처를 입은 꿈 · 152 / 달팽이를 보거나 만진 꿈 · 153 /
닭 우는 소리를 들으며 잠에서 깬 꿈 · 153 /
닭이 냇가에서 물을 먹고 있는 꿈 · 153 /
닭이 마당에서 모이를 쪼고 있는 꿈 · 153 / 닭이 서로 싸우는 것을 본 꿈 · 153
닭이 알을 품고 있는곳을 본 꿈 · 154 /
닭이 지붕위에 올라가 있는 것을 본 꿈 · 154 /
도마뱀을 보며 두려움에 떤 꿈 · 154 / 독수리를 본 꿈 · 155 /

돼지를 본 꿈 · 155 / 두꺼비가 갑자기 물고기로 변한 꿈 · 155 /
말을 타고 달리는 꿈 · 155 / 말이 서로 싸우는 꿈 · 155 /
메뚜기를 본 꿈 · 156 / 물오리를 본 꿈 · 156 /
몸에 거머리가 붙은 꿈 · 156 / 몸에 거미줄이 붙은 꿈 · 156 /
몸에 파리가 앉아 있는 꿈 · 156 / 박쥐를 본 꿈 · 157 /
백로가 날아가거나 소나무에 앉아 있는 꿈 · 157 /
백마를 타거나 백마를 얻은 꿈 · 157 / 백조가 우는 꿈 · 157 /
백조를 본 꿈 · 157 / 뱀의 머리를 칼로 자른 꿈 · 158 /
뱀이 사람을 쫓아 가는 것을 본 꿈 · 158 /
뱀이 자신의 몸을 칭칭 감는데도 두렵게 느껴지지 않은 꿈 · 158 /
뱀이 칼을 삼킨 꿈 · 159 / 벌에 쏘여 상처가 점점 부어 오른 꿈 · 159 /
벌집을 찾거나 벌집을 들고온 꿈 · 159 / 벼룩을 본 꿈 · 159 /
부엉이를 본 꿈 · 159 / 봉황새를 본 꿈 · 160 / 봉황을 타고 날아다닌 꿈 · 160 /
비단붕어나 번쩍이는 비늘을 가진 물고기가 헤엄쳐 다닌 꿈 · 160 /
비둘기를 본 꿈 · 160 / 빈대를 본 꿈 · 160 /
뽕잎을 먹는 누에를 본 꿈 · 161 / 사슴을 본 꿈 · 161 /
사슴이 떼를지어 산위로 올라가는 꿈 · 161 / 사자 등을 타고 달린 꿈 · 161 /
사자를 본 꿈 · 161 / 사자와 싸워서 이긴 꿈 · 162 /
새들이 떼를 지어 하늘을 날아간 꿈 · 162 / 새장에 새를 넣어 기른 꿈 · 162 /
소가 피를 흘리고 있는 꿈 · 163 / 소라를 본 꿈 · 163 /
소를 타고 가는 꿈 · 163 / 소의 뿔에 받힌 꿈 · 163 /
수십마리의 학이 자신을 바라보고 있던 꿈 · 163 /
쓰레기더미나 화장실 등의 불결한 곳에 파리가 모여든 꿈 · 164 /
송충이를 본 꿈 · 164 / 앵무새를 본 꿈 · 164 / 앵무새와 대화를 나눈 꿈 · 164 /
양이 자신의 집으로 들어온 꿈 · 164 /
엄청나게 많은 파리가 자신에게 몰려든 꿈 · 165 / 여우를 본 꿈 · 165 /
여우에게 쫓기는 꿈 · 165 / 올빼미를 본 꿈 · 165 /
용이 죽어 있는 것을 본 꿈 · 165 / 용이 하늘로 올라가는 것을 본 꿈 · 166 /
원숭이가 품에 안기는 꿈 · 166 / 원숭이를 본 꿈 · 166 / 원앙새를 본 꿈 · 166 /
잉어가 물위로 튀어 오른 꿈 · 166 / 잉어가 헤엄쳐 다닌 꿈 · 167 /
자신의 몸에 뱀이 물어 놀라서 깬 꿈 · 167 / 자신이 잉어가 된 꿈 · 167 /
잠자리가 날아가는 것을본 꿈 · 167 /
잠자리가 짝을지어 공중을 날아다니는 꿈 · 167 / 제비를 본 꿈 · 168 /
쥐가 자신의 옷을 물어 뜯는 꿈 · 168 / 쥐와 개가 함께 노는 꿈 · 168 /
조개를 본 꿈 · 169 / 족제비를 본 꿈 · 169 /지네를 본 꿈 · 169 /

지렁이를 본 꿈 · 169 /집안의 사방에 거미줄이 쳐져 있는 꿈 · 169 /
참새가 떼를 지어 하늘을 날아다닌 꿈 · 170 / 참새끼리 싸우는 것을 본 꿈 · 170
참새를 본 꿈 · 170 / 창이나 작살로 물고기를 찌른 꿈 · 170 /
코끼리를 본 꿈 · 170 / 토끼를 본 꿈 · 171 /
풀밭이나 목장에서 양이 풀을 뜯고 있는 꿈 · 171 / 학을 본 꿈 · 171 /
학이 날아가거나 둥지를 틀고 앉아 있는 꿈 · 171 /
한가로운 시골길을 소를 끌면서 간 꿈 · 171 /
황소가 송아지를 낳는 꿈 · 172 / 황소를 본 꿈 · 172 /
흰 뱀이 산위로 올라가는 것을 본 꿈 · 172 /
흰 쥐의 인도를 받으며 어딘가로 간꿈 · 172 /

제13장 사람의 몸에 관한 꿈

귀가 떨어져 나가거나 부상당한 꿈 · 175 / 귀가 먹어 잘 안들리는 꿈 · 175 /
귀가 여러 개로 보이는 꿈 · 175 / 귀가 짐승의 귀가 되는 꿈 · 175 /
귀가 크고 아름다워 보이는 꿈 · 175 /
귀에 쌀이나 보리가 들어가는 꿈 · 176 /
귀에 이물질이 들어가 잘 안들리는 꿈 · 176 /
긴머리를 단정하게 다듬은 꿈 · 176 /
긴머리를 짧게 자르거나 깎아버린 꿈 · 176 / 눈썹을 깎는 꿈 · 176 /
눈썹이 길어지는 꿈 · 177 / 눈썹이 빠지는 꿈 · 177 / 눈에서 광채가 나는 꿈 · 177
눈이 붉게 충혈되어 사물을 본 꿈 · 178 /
눈 한쪽을 다치거나 한쪽 눈에서 피가나는 꿈 · 178 / 다리가 부러지는 꿈 · 178
다리를 붕대로 칭칭 휘감은 꿈 · 179 / 다리에서 피가 나는 꿈 · 179 /
대머리에 머리털이 나는 꿈 · 179 / 머리를 감은 꿈 · 179 / 머리를 염색한 꿈 · 179
머리카락을 깎는 꿈 · 180 / 머리카락이 빠지거나 대머리가 되는 꿈 · 180 /
머리가 길고 커보이는 꿈 · 180 / 머리가 백발이 되거나 검어진 꿈 · 181 /
머리가 아픈 꿈 · 181 / 머리가 작아지는 꿈 · 181 / 머리에 뿔이난 꿈 · 181 /
목이 유난히 길어 보인 꿈 · 181 / 목이 조이는 꿈 · 182 /
목 한개에 머리가 세 개 달린 꿈 · 182 / 몸에 날개가 달린 꿈 · 182 /
몸에 땀이 많이 나는 꿈 · 183 / 몸에서 뿌연 안개빛이 발산된 꿈 · 183 /
몸에서 황금빛의 광채가 발산된 꿈 · 183 / 몸에 종기가 나는 꿈 · 183 /
몸에 종기가 터져 진물이 나는 꿈 · 183 / 몸에 피고름이 나는 꿈 · 184 /
몸에 혹이 난 꿈 · 184 / 몸이 뚱뚱해 보이는 꿈 · 184 / 몸이 말라 보이는 꿈 · 184 /

몹시 들뜨고 기쁜 마음에 즐거워한 꿈 · 184 / 무릎을 다쳐 걷지 못하는 꿈 · 185 /
발이 무겁고 떨어지지 않는 꿈 · 185 / 발이 부어 오른 꿈 · 185 /
발이 삐어서 절뚝거리는 꿈 · 185 / 벌거벗은 몸으로 돌아다니는 꿈 · 185 /
불구자를 보거나 자신이 불구자가 되는 꿈 · 186 / 세수하는 꿈 · 186 /
소경(장님)이 눈을 뜨는 꿈 · 186 / 소경(장님)이 되는 꿈 · 186 /
손가락이 부러지는 꿈 · 186 / 손가락이 타인에 의해 부러지는 꿈 · 187 /
손등과 손바닥에 털이 많이 나는 꿈 · 187 / 손바닥에 불을 올려놓는 꿈 · 187 /
손이 엄청커지는 꿈 · 187 / 손이 작아지는 꿈 · 187 / 손톱이 끊어지는 꿈 · 188 /
손톱이 길어지는 꿈 · 188 / 수염을 뽑은 꿈 · 188 / 수염이 길게난 꿈 · 188 /
어깨가 살찌고 커 보이는 꿈 · 188 / 얼굴에 사마귀가 나는 꿈 · 189 /
여러개의 유방(젖)이 달린 꿈 · 189 / 여러 사람들과 악수를 한 꿈 · 189 /
유방(젖)에 털이 나는 꿈 · 189 / 유방(젖)에 피가 묻거나 출혈을 한 꿈 · 189 /
유방(젖)이 크고 아름다운 꿈 · 190 / 이마를 다치는 꿈 · 190 /
이빨이 나는 꿈 · 190 / 이빨이 빠지는 꿈 · 190 /
입이 막혀서 말을 못하는 꿈 · 190 / 입이 몹시 커져 있거나 커보인 꿈 · 191 /
입이 벌려지지 않아 음식을 먹지 못한 꿈 · 191 / 입이 커 보이는 꿈 · 191 /
코가 높아지는 꿈 · 191 / 코가 둘이되는 꿈 · 191 /
코가 평소보다 길어보이는 꿈 · 192 / 코를 부상당한 꿈 · 192 /
코뼈가 부러지거나 멍이든 꿈 · 192 / 코피가 나는 꿈 · 192 /
팔에 종기가 나는 꿈 · 192 / 팔에 털이 많이 나는 꿈 · 193 /
팔이 길어지는 꿈 · 193 / 팔이 넘어져서 부러지는 꿈 · 193 /
팔이 부러지는 꿈 · 193 / 함정이나 흙구덩이에 빠져서 허둥거리다 깬 꿈 · 193 /
허벅지를 다치는 꿈 · 194 / 혀 끝에 털이 난 꿈 · 194 /
화상을 입거나 손이 절단되는 꿈 · 194 / 흰 눈썹이 나는 꿈 · 194 /

제14장 하늘, 해, 달, 별, 안개, 구름, 비, 눈, 번개 등에 관한 꿈

강가에 널려있는 조약돌 위에 비가 내리는 꿈 · 197 /
구름을 타고 이리저리 날아다닌 꿈 · 197 /
구름이 물러가고 햇볕이 비치는 꿈 · 197 / 구름이 별을 가리는 꿈 · 198 /
구름이 오색으로 물들어 찬란한 빛을 발한 꿈 · 198 / 구름이 해를 덮는 꿈 · 198 /
길을 가면서 비를 맞는 꿈 · 198 / 눈이나 비가 많이 오는 꿈 · 198 /
눈이 쌓인 위를 뒹굴었는데 눈색깔이 붉은색으로 변한 꿈 · 199 /
달이나 별들이 구름에 가려진 꿈 · 199 / 달이 품안으로 들어오는 꿈 · 199 /
마당이나 벌판에 눈이 쌓여 있는 꿈 · 199 / 맑은 하늘을 본 꿈 · 199 /

바람에 날려서 공중에 떠다니는 꿈 · 200 /
바람에 회색구름이 두둥실 떠가는 꿈 · 200 /
바람이 불어 나무가 뽑히거나 집이 무너지는 꿈 · 200 /
번개가 번쩍거리는 꿈 · 201 / 벼락을 맞는 꿈 · 201 / 별이 날아다니는 꿈 · 201 /
별이 떨어지는 꿈 · 201 / 북두칠성이 반짝이는 꿈 · 201 /
북두칠성이 희미하게 보이는 꿈 · 202 /
비가 오거나 소나기가 오는데 우산이 없어서 비를 맞았던 꿈 · 202 /
비를 피하기 위해 처마밑으로 자신이 들어간 꿈 · 202 /
비바람이 세차게 불거나 비바람을 정면으로 맞으며 걸은 꿈 · 203 /
비와 눈이 뒤섞여 내린 꿈 · 203 /
소복하게 쌓인 눈위를 자신이 뒹굴었던 꿈 · 203 /
수많은 별들이 반짝이는 꿈 · 203 / 안개가 자욱하게 깔린 꿈 · 203 /
우박과 싸락눈이 뒤섞여 내린 꿈 · 204 /
유리창문으로 빗방울이 거세게 들어친 꿈 · 204 /
창문너머로 비오는 것을 구경한 꿈 · 204 / 천둥소리에 놀라서 깨는 꿈 · 204 /
하늘에서 광채가 온몸을 비치는 꿈 · 204 / 하늘에서 우박이 쏟아진 꿈 · 205 /
하늘에서 천사가 내려오는 것을 본 꿈 · 205 / 하늘이 검어보이는 꿈 · 205 /
하늘이 붉어 보이는 꿈 · 205 /
하늘이 잔뜩 찌푸려서 어두운 가운데 눈이 내린 꿈 · 205 /
하얀 뭉개구름이 자신을 감싼 꿈 · 206 / 하얀 솜구름이 뭉개뭉개 펴져있는 꿈 · 206 /
해가 서산에 지는 모습을 본 꿈 · 206 / 해나 달을 향하여 절하는 꿈 · 206 /
해나 달이 입안으로 들어오는 꿈 · 206 / 햇볕이 눈부시게 비치는 꿈 · 207 /
햇볕이 침실에 비치는 꿈 · 207 /

제15장 행동에 관한 꿈

강도에게 협박당한 꿈 · 211 /
거적이나 돗자리를 깔고 앉아 많은 사람들과 얘기를 나눈 꿈 · 211 /
경찰이 되어 죄를 지은 사람을 심문한 꿈 · 211 /
계단이나 사다리에 오르는 꿈 · 212 /
고향이나 오래살던 집을 떠나 도시로 이사간 꿈 · 212 /
공사판의 노동자로 일한 꿈 · 212 / 공사 현장에서 자신이 노동을 하는 꿈 · 213 /
공원에서 느티나무를 보는 꿈 · 213 / 공중 목욕탕에 가서 목욕한 꿈 · 213 /
교실에서 자신이 공부를 하는 꿈 · 213 / 군부대를 방문한 꿈 · 213 /
군대 행렬을 지휘한 꿈 · 214 / 기차를 타고 역을 그냥 지나쳐가는 꿈 · 214 /

길을 잃고 방황하고 있는 꿈 · 214 / 깔깔대고 웃는 꿈 · 215 /
꽃병을 사거나 훔치는 꿈 · 215 / 남의 의자에 앉는 꿈 · 215 /
낯선 사람에게 쫓겨 도망친 꿈 · 215 /
널리 알려진 연예인이나 저명한 인사와 나란히 서 있는 꿈 · 215 /
넓고 반듯하게 닦인 길을 걸어간 꿈 · 216 /
누군가가 그림을 그린후 자신에게 선물한 꿈 · 216 /
누군가가 자신에게 몹시 화를내서 참다못해 싸운 꿈 · 216 /
누군가를 향해 거수경례를 한 꿈 · 216 / 누군가와 말다툼을 한 꿈 · 216 /
누군가와 맞붙어 싸운 꿈 · 217 / 누군가에게 따귀를 맞거나 구타를 당한 꿈 · 217 /
누군가에게 맞거나 봉변을 당한 꿈 · 217 /
누군가에게 목이 졸리는 꿈 · 217 / 누군가에게 심한 꾸지람을 듣는 꿈 · 217 /
누군가에게 자신의 행동을 용서해 달라고 빌었던 꿈 · 218 /
누군가의 일을 도와서 그일이 잘 성사된 꿈 · 218 /
눈에서 뒹굴거나 스키를 능숙하게 탄 꿈 · 218 / 다른 사람과 도박하는 꿈 · 218 /
다른 사람에게 복수하는 꿈 · 218 / 다른 사람이 자신의 사진을 찍어주는 꿈 · 219 /
다른 사람이 읽고 있는 책을 엿보는 꿈 · 219 /
다리를 새로 놓거나 고치는 꿈 · 219 / 담벼락이나 게시판에 낙서를 한 꿈 · 219 /
대문이나 벽에 글씨를 쓰고 있는 꿈 · 219 /
대통령이나 연예인 또는 유명한 인사와 함께 길을 걸은 꿈 · 220 /
땀을 흘리며 일을 하거나 땀을 많이 흘린 꿈 · 220 /
막대기나 지팡이를 짚으면서 걸어가는 꿈 · 220 /
막대기로 다른 사람을 때리는 꿈 · 220 /
목이 말라서 수도꼭지를 틀어보지만 물이 나오지 않는 꿈 · 220 /
무엇인가에 쫓겨서 도망치는 꿈 · 221 /
문을 부수고 들어가거나 벽을 무너뜨린 꿈 · 221 /문패에 못을 박는 꿈 · 221 /
물위를 걸어다니거나 뛰어다닌 꿈 · 221 /
미친 사람이 되어서 사람들이 자신을 피한 꿈 · 221 /
밝은 달을 향해 절을 한 꿈 · 222 / 밧줄이나 새끼줄을 끊은 꿈 · 222 /
배우자와 함께 산책한 꿈 · 222 / 버스를 타고 가는꿈 · 222 /
벽에 못을 박고 있는 꿈 · 222 /
별모양의 장난감을 갖고 놀거나 별모양을 그린 꿈 · 223 /
병(甁)을 만지는 꿈 · 223 / 비구니(여승)들만 사는 절로 거주지를 옮긴 꿈 · 223 /
비누나 샴푸로 자기몸을 깨끗하게 닦고 샤워한 꿈 · 223 /
빛이나는 방패를 들고 다닌 꿈 · 224 / 사당에서 향을 피우고 절하는 꿈 · 224 /
사막을 걸어가는 꿈 · 224 / 산을 짊어지는 꿈 · 224 /

손뼉을 치면서 즐겁게 노래를 부른 꿈 · 224 /
숫자를 고쳐쓰거나 썼다가 지워 버린 꿈 · 225 / 스키를 타는 꿈 · 225 /
시간제로 부업을 한 꿈 · 225 /
실오라기하나 걸치지 않은 알몸으로 거리를 활보한 꿈 · 225 /
쏜살같이 걷는 꿈 · 225 / 아내나 자식들과 함께 서럽게 울었던 꿈 · 226 /
아라비아 숫자를 수첩에 써놓거나 메모지에 쓴 꿈 · 226 /
아르바이트를 하는 꿈 · 226 / 안마사에게 안마를 받은 꿈 · 226 /
약속시간에 늦거나 차시간에 늦어 허둥거리며 뛴 꿈 · 226 /
양 어깨에 짐을지고 걸어가는 꿈 · 227 /
어린아이가 방긋방긋 웃으면서 자신의 주위를 맴도는 꿈 · 227 /
여러사람들과 반갑게 악수를 한 꿈 · 227 /
여러사람들과 화투나 도박을 한 꿈 · 228 / 여성에게 얻어 맞은 꿈 · 228 /
여자 아이를 안아주는 꿈 · 228 / 열매가 달린 나무사이를 산책하는 꿈 · 228 /
외국사람을 만나 대화를 하는데 전혀 말을 알아듣지 못한 꿈 · 229 /
외국인과 유창하게 대화한 꿈 · 229 / 온몸을 웅크리고 있는 꿈 · 229 /
외국으로 여행을 가는 꿈 · 229 /
운전기사나 운전하는 사람과 말다툼을 벌인 꿈 · 229 /
유명 인사의 명함을 받는 꿈 · 230 /
유명한 사람이나 신분이 높은 사람과 오랫동안 깊은 대화를 나눈 꿈 · 230 /
유리그릇을 들고 있다가 깨뜨리는 꿈 · 230 /
유리창을 깨거나 거울, 유리그릇을 깨뜨린 꿈 · 230 /
이불을 깔거나 잠자리를 준비한 꿈 · 230 /
이불이나 침대 시트를 걷었는데 그안에서 보석이나 보물이 나온 꿈 · 231 /
일력을 뜯어내거나 달력을 찢어버린 꿈 · 231 / 입학식에 참석한 꿈 · 231 /
자신의 수저를 부러뜨리는 꿈 · 232 / 자신의 위패(位牌)를 들고 있는 꿈 · 232 /
자신의 의자를 찾은 꿈 · 232 / 자전거를 타는 꿈 · 232 /
잘아는 길을 갔는데도 길을 잃어 이리저리 찾아다닌 꿈 · 232 /
장님(맹인)이 되었다가 눈을 떠서 사방을 바라본 꿈 · 233 /
장식장이나 진열장에 있던 화병이나 도자기를 훔친 꿈 · 233 /
전쟁터에서 싸우다가 부상을 당한 꿈 · 233 /
죄를 저지르고 경찰에게 체포된 꿈 · 233 /
졸업식에 참석하거나 졸업식이 진행되는 것을 본 꿈 · 233 /
좁고 구부러진 길을 걷는 꿈 · 234 /
좁고 초라해 보이는 집으로 이사간 꿈 · 234 / 좁고 험한 길을 걸은 꿈 · 234 /
지붕이나 건물 옥상으로 올라가는 꿈 · 234 / 집안을 깨끗이 청소하는 꿈 · 234 /

철학관이나 점집에 가서 운세를 본 꿈 · 235 / 촛불을 켜놓고 기도한 꿈 · 235 /
친구와 다정하게 지내는 꿈 · 235 /
칼을 빼들고 다른사람이나 적과 싸운 꿈 · 235 /
크레파스나 물감으로 색을 칠한 꿈 · 235 /
큰 강당 안이나 대저택의 넓은 뜰에서 이야기를 나눈 꿈 · 236 /
큰 나무를 짊어지는 꿈 · 236 /
탐스런 열매가 달린 과일나무 사이를 걸어다닌 꿈 · 236 /
피아노를 치고 있는 꿈 · 236 / 함정이나 흙구덩이에 빠져서 허둥거린 꿈 · 236 /
형제나 자매끼리 때리면서 싸운 꿈 · 237 / 호화스런 별장으로 이사간 꿈 · 237 /
화가 나서 소리를 지르고 날뛴 꿈 · 237 /
화투나 카드 등의 도박을 해서 돈을 딴 꿈 · 237 /
흰 가운을 입은 의사를 만난 꿈 · 237

제16장 가족, 친척, 부부에 관한 꿈

가족끼리 모여 앉아 함께 울고 있는 꿈 · 241 / 남매가 연애하는 꿈 · 241 /
남의 부인과 함께 앉아있는 꿈 · 241 / 남의 부인을 껴안은 꿈 · 241 /
남자가 아이를 낳는 꿈 · 241 / 남편이 둘(쌍둥이)로 보이는 꿈 · 242 /
다른 사람의 부인과 다정하게 앉아 있는 꿈 · 242 /
돌아가신 부모님을 만나는 꿈 · 242 /
몹시 마르고 주근깨가 많은 여자와 결혼하는 꿈 · 242 /
미혼자를 중매하는 꿈 · 242 / 부부가 말다툼을 하면서 욕을 하는 꿈 · 243 /
부부가 모의하는 꿈 · 243 / 부부끼리 다정하게 웃으면서 얘기를 한 꿈 · 243 /
부인과 이혼하고 갈라선 꿈 · 244 / 부인과 함께 길을 걸은 꿈 · 244 /
부인과 함께 물에 들어가는 꿈 · 244 / 부인과 함께 여행하는 꿈 · 244 /
부인들이 모여서 우는 꿈 · 244 / 부인의 가슴에 유방이 여러개 생긴 꿈 · 245 /
부인의 가슴에 피가 묻었던 꿈 · 245 /
부인의 음부나 아랫도리를 주의깊게 바라본 꿈 · 245 /
부인을 꼭 껴안은 꿈 · 245 / 부인이 남자로 둔갑되는 꿈 · 245 /
부인이 다른 남자에게 시집가는 꿈 · 246 / 부인이 비구니가 되는 꿈 · 246 /
부인이 실오라기하나 걸치지 않은 알몸으로 거리를 활보한 꿈 · 246 /
부인이 저녁에 화장을 하는 꿈 · 246 /
부인이 천사가 되어 하늘로 올라가는 꿈 · 247 /
부인이 촛불을 켜놓고 절하는 꿈 · 247 / 사위를 맞아들이는 꿈 · 247 /
시집을 가거나 장가가는 것을 보는 꿈 · 247 /

신부가 웃는 얼굴을 하는 꿈 · 247 / 아기를 임신한 부인을 보는 꿈 · 248 /
아내가 죽는 꿈 · 248 / 아들을 낳는 꿈 · 249 /
아름다운 여자나 미남자와 결혼하는 꿈 · 249 / 여동생을 껴안은 꿈 · 249 /
온가족이 한 방에 모이는 꿈 · 249 /
임신부가 아닌 부인이 아이를 낳는 꿈 · 249 /
임신중인 아내가 또 임신하는 꿈 · 250 / 자신의 부인이 강간을 당한 꿈 · 250 /
자신이 남의 사위가 되는 꿈 · 250 / 친척끼리 잔치를 하는 꿈 · 250 /
헤어진 부인을 만나 성행위를 한 꿈 · 250 /
형제간에 다투고 헤어지는 꿈 · 251 /

제17장 물과 불에 관한 꿈

강물에 빠진 꿈 · 255 / 강물이 꽁꽁 얼어있는 것을 본 꿈 · 255 /
강물에나 바다에서 몸을 씻는데 오히려 더러워진 꿈 · 255 /
강물이 다 말라버리고 바닥이 드러난 꿈 · 255 /
계곡이나 산속에서 폭포가 떨어져 내리는 것을 본 꿈 · 255 /
굴뚝에서 연기와 불꽃이 거세게 나온 꿈 · 256 /
남녀가 함께 물놀이를 즐기거나 수영한 꿈 · 256 /
담배불을 붙이거나 또는 피우는 꿈 · 256 /
더러운 물이 흘러가는 것을 본 꿈 · 256 /
동네 공동 우물에서 물을 떠다가 집안에 물통에 채워 넣은 꿈 · 257 /
뚝이나 땜이 무너져 홍수가 난 꿈 · 257 / 맑은 물이 흘러가는 것을 본 꿈 · 257 /
맑은 물이 흙탕물로 변해버린 꿈 · 257 /
맑은 시냇물이나 계곡물이 자신의 집을 덮친 꿈 · 257 /
몇갈래로 나뉘어진 맑은 도랑물이 자기집을 향해 흘러들어오는 꿈 · 258 /
목욕을 하는 꿈 · 258 /
목이 몹시 말라서 샘물을 퍼마시거나 생수를 얻어 목을 축인 꿈 · 259 /
물속에 앉아 있는 꿈 · 259 /
물에 빠져 허우적거리며 살려달라고 소리친 꿈 · 259 /
물에 빠진 사람을 구해서 함께 헤엄쳐 나온 꿈 · 259 /
물위로 왔다 갔다 하는 꿈 · 259 / 물위를 힘차게 달린 꿈 · 260 /
물위에 꼼짝않고 서 있는 꿈 · 260 / 물을 벌컥 벌컥 들이킨 꿈 · 260 /
물을 양동이나 그릇에 담아 집으로 갖고 오는 꿈 · 260 /
물이 더러워 보이는 수영장에서 헤엄친 꿈 · 260 /

물탱크나 마당에 파인 샘에 생수가 가득찬 꿈 · 261 /
물통이나 그릇, 냄비에서 물이 넘쳐 흐른 꿈 · 261 /
밤중에 횃불을 들고 배들 탄 꿈 · 261 /
방문이나 대문앞에 냇물이 흘러간 꿈 · 261 / 배를 씻는 꿈 · 261 /
배를 타고 강을 건너간 꿈 · 262 /
부싯돌이나 성냥 또는 라이터로 불을 켜는 꿈 · 262 /
부엌에 불이 번져 화재가 난 꿈 · 262 / 부엌에서 불이 나는 꿈 · 262 /
부엌에 우물이 생기거난 샘이 생긴 꿈 · 263 /
부엌의 아궁이에서 불이 활활타고 있거나 난로의 불이 잘 타고 있는 꿈 · 263 /
불빛에 온 집안이 환하게 비치는 꿈 · 263 /
불이 갑자기 꺼지면서 연기만 나는 꿈 · 264 /
불이나서 대피를 하다가 화상을 입은 꿈 · 264 /
불이나서 자기집 대문만 태워버리는 꿈 · 264 /
불이 번지자 금고나 지갑, 통장만 들고 도망쳐 나온 꿈 · 264 /
불이 하천물을 태우는 꿈 · 265 / 사는 집이 홍수에 떠내려간 꿈 · 265 /
산불이 크게 나는 것을 본 꿈 · 265 /
샘물이나 연못에서 맑은 물이 솟아 넘치는 꿈 · 265 /
샘물이 바닥나거나 우물이 말라서 물을 먹지 못한 꿈 · 265 /
샘이나 우물이 흙탕물로 변한 꿈 · 266 /
세찬 불길에 의해 자신의 몸이 타는 꿈 · 266 /
소방차의 호스로 화재를 진압한 꿈 · 266 /
수도꼭지를 틀어도 물이 나오지 않는 꿈 · 266 /
수도꼭지를 틀자 물이 콸콸 쏟아진꿈 · 266 /
수돗물이 계속 흘러서 방안을 가득 메운 꿈 · 267 /
수돗물이 흐르지만 물을 받을 그릇이 없어 아깝게 느낀 꿈 · 267 /
얼었던 강물이 풀리는 꿈 · 267 /
여러사람이 화로불 중심으로 둘러앉아 있는 꿈 · 267 /
연못이나 깊은 호수에 빠진 꿈 · 268 / 옷을 입은채로 수영을 하는 꿈 · 268 /
우물 안에서 이상한 소리가 들려 들여다 본 꿈 · 268 /
우물안에서 물고기가 돌아다니고 있는 꿈 · 269 /
우물이 흙더미에 덮여버리거나 없어진 꿈 · 269 /
자기집 전부가 불에 타고 있는 꿈 · 269 /
잔잔한 물결을 이루며 물이 흐르고 있는 꿈 · 269 /
집마당에 우물을 만든 꿈 · 270 /
집안으로 홍수가 들이닥쳐 집이 물에 잠긴 꿈 · 270 /

집이 물에 잠겨 있는 꿈 · 270 / 집이 불에 타버리고 검은 재만 남은 꿈 · 271 /
촛불을 켜놓고 절하는 꿈 · 271 / 큰불이 하늘을 태우는 듯한 꿈 · 271 /
파도가 심하게 일렁이는 꿈 · 271 /
항해 도중에 배가 파손되어 헤엄치다가 구조된 꿈 · 272 /
헤엄을 쳐서 강이나 바다를 건너는 꿈 · 272 /
호수나 강에 자신의 얼굴이나 몸이 비친 꿈 · 272 /
호수로 인해 길이 끊겼거나 길이 보이지 않는 꿈 · 272 /
활활 타는 난로에 손을 쬐거나 몸을 녹인 꿈 · 272 /
활활 타오르는 불덩이가 하늘에서 떨어진 꿈 · 273 /
흐르는 강물이 갑자기 말라버리는 꿈 · 273 /

제18장 배, 자동차에 관한 꿈

가족 모두 같은 배를 타고 물 위에 떠있는 꿈 · 277 /
갑판이나 선장실에서 회의를 하는 것을 본 꿈 · 277 /
갯벌에 엎어진 배를 바로 세워서 노를 저어나간 꿈 · 278 /
거꾸로 뒤집혀진 배를 바로 세워서 탄 꿈 · 278 /
기선이 고동을 울리면서 항구를 떠나가는 꿈 · 278 /
배가 물위에 떠서 나를 향해 쏜살같이 다가오는 꿈 · 278 /
배가 바다 한가운데 떠있는 꿈 · 278 / 배를 타고가서 항구에 도착한 꿈 · 279 /
배를 타고 술을 마시는 꿈 · 279 / 배를 타고 해나 달을 쳐다본 꿈 · 279 /
배에서 목재를 내려 쌓는 꿈 · 280 / 부두에서 아는사람을 전송하는 꿈 · 280 /
여자와 단둘이 배를 타고 노래하는 꿈 · 280 /
자동차가 고장이 나서 못가는 꿈 · 280 /
자동차나 트럭에 치여 자신이 사망한 꿈 · 281 /
자동차 바퀴에 바람이 빠져 있는 꿈 · 281 /
자동차 바퀴축이 부러져 있는 꿈 · 281 /
자동차를 운전하고 가는데 갑자기 시동이 꺼져버린 꿈 · 281 /
자동차를 타고 꽃을 구경하는 꿈 · 282 / 자동차를 타고 여행다니는 꿈 · 282 /
자동차의 뒤를 밀어서 앞으로 나가게 한 꿈 · 282 /
자신이 탄 배가 풍랑을 만나 뒤집히는 꿈 · 282 /
자신이 탄 배가 하늘로 날아다니는 꿈 · 282 /
자신이 탄 배에 물이 가득한 꿈 · 283 / 작은배에서 큰배로 옮겨타는 꿈 · 283 /
항해도중 배가 부서져 다른 배를 얻어 탄 꿈 · 283 /
혼자 배를 타고 강을 건너는 꿈 · 283 /

환자와 같은 배를 타고 강을 건너는 꿈 · 284 /
회사에서 쓰는 업무용 자가용이 불길에 휩싸여 타고 있던 꿈 · 284 /

제19장 전원 오곡에 관한 꿈

곡물이 창고에 가득히 쌓여있는 꿈 · 287 /
금, 은 보석으로 곡식을 맞바꾼 꿈 · 287 /
논가운데 풀이 푸르게 나 있는 꿈 · 287 / 논에 벼를 심는 꿈 · 288 /
논이나 밭에 배추나 무, 고추 등이 무성한 꿈 · 288 /
논이나 밭에서 허수아비를 보는 꿈 · 289 / 논이나 밭이 파괴되어 있는 꿈 · 289 /
다른사람의 논밭을 사들인 꿈 · 289 /
드넓은 벌판을 바라보거나 그곳에서 자신이 일한 꿈 · 290 /
들판에 벼나 보리가 풍년이 든 꿈 · 290 /
마당에 널어둔 곡식을 참새 떼가 쪼아먹는 꿈 · 290 /
밤중에 횃불을 켜놓고 곡식을 탈곡한 꿈 · 290 /
벼와 보리가 풍성하나 아직 익지 않아 보이는 꿈 · 290 /
산중에 농사 짓는 집이 보이는 꿈 · 291 / 손수 벼를 베는 꿈 · 291 /
쌀 위에 앉아 있는 꿈 · 291 / 쌀이나 보리를 땅에 뿌리는 꿈 · 291 /
쌀이나 보리를 말과 되로 담는 꿈 · 291 /
자신이 쌀이나 보리를 얻어오는 꿈 · 292 /
쌀이 하늘에서 비오듯 쏟아지는 꿈 · 292 /
오곡이 잘 익어서 수확하는 꿈 · 292 / 일하는 논에 물이 가득찬 꿈 · 292 /
잡초가 무성한 밭이나 논에 우뚝선꿈 · 292 /
지붕위에 벼이삭이 나 있는 꿈 · 293 /
추수가 끝난 논에 나가서 뒷 마무리를 하거나 논두렁을 걸어다닌 꿈 · 293 /
추수한 곡식을 햇볕에 말리는 꿈 · 293 / 콩이나 보리싹을 보는 꿈 · 293 /
콩이나 팥을 먹는 꿈 · 293 / 콩이나 팥을 멍석에 쌓아 놓은 꿈 · 294 /
황무지나 화전을 일구어 기름진 농토로 개간한 꿈 · 294 /

제20장 연못이나 바다에 관한 꿈

공중으로 물고기가 날아다니는 꿈 · 297 / 금잉어를 치마로 받는 꿈 · 297 /
낚시 또는 그물을 던져서 물고기를 잡는 꿈 · 298 /
냇가나 논에서 바닥을 손으로 더듬어 물고기를 잡은 꿈 · 298 /

몸에서 물고기나 벌레가 나오는 꿈 · 298 /
바다에 물고기가 우굴거리는 꿈 · 298 /
바닷물이 잔잔하고 구름한점 없이 맑은 하늘을 본 꿈 · 298 /
바닷물이 파도를 치는 꿈 · 299 / 뱃속으로 물고기가 들어가는 꿈 · 299 /
새우 또는 두꺼비가 물고기로 변하는 꿈 · 299 /
생선장사가 자신에게 큰 생선을 토막내서 주는 꿈 · 300 /
생선장사로부터 물고기를 사는 꿈 · 300 / 어항속의 금붕어를 관찰하는 꿈 · 300 /
연못에 물이 많이 있는 꿈 · 300 / 연못에 물이 전혀없는 꿈 · 301 /
연못에 붕어가 놀거나 꽃이 핀 것을 본 꿈 · 301 /
연못에 자신이 빠지는 꿈 · 301 /
용이나 하마, 악어, 호랑이 등이 바다로 뛰어들어간 꿈 · 301 /
저수지나 웅덩이에서 물고기를 몽땅잡는 꿈 · 301 /
큰 물고기들이 죽어 물위에 둥둥 떠있는 꿈 · 302 /
폭포위로 커다란 잉어가 뛰어오르는 꿈 · 302 /
흙탕물 속에서 물고기를 잡는 꿈 · 302 /

제21장 문무기구에 관한 꿈

군졸을 거느리고 적을 물리치는 꿈 · 305 / 군졸을 거느리고 행진하는 꿈 · 305 /
남에게 먹이나 벼루를 받은 꿈 · 305 / 달력이나 일력 또는 책을 얻는 꿈 · 305 /
만년필이나 색연필 또는 볼펜에 꽃이 핀 꿈 · 306 /
먹이나 벼루를 보는 꿈 · 306 /
문방구에서 연필이나 볼펜 등의 필기도구를 산 꿈 · 306 /
붓에 꽃이 피는 꿈 · 306 / 색종이를 접거나 취급하는 꿈 · 306 /
서류봉투를 잃어버린 꿈 · 307 / 열심히 글을 읽는 꿈 · 307 /
오색이 영롱한 책을 보는 꿈 · 307 / 인형이나 증서를 보는 꿈 · 307 /
전공서적이나 교과서를 열심히 공부한 꿈 · 308 /
전철이나 버스안에서 잡지책을 읽은 꿈 · 309 /
책상 위에 책이 많이 쌓여있는 꿈 · 309 / 책을 선물받은 꿈 · 309 /
책장이나 책상에 책이 가지런히 꽂혀있는 꿈 · 309 /
하얀 종이에 글씨를 쓴 꿈 · 309 /

제22장 칼, 창, 북, 종, 화살, 방패, 총에 관한 꿈

긴 칼을 허리에 차고 걸어가는 꿈 · 313 /
남에게서 나에게 화살이 날아오는 꿈 · 313 / 남에게서 칼을 얻는 꿈 · 313 /
누군가가 칼이나 흉기에 찔려 피를 흘리는 꿈 · 313 /
몸에 갑옷을 입어보는 꿈 · 313 / 북을 쳐서 소리가 나는 꿈 · 314 /
여자가 긴 칼을 빼어들고 휘두르는 꿈 · 314 /
은장도나 칼을 잃어 버리고 찾아다닌 꿈 · 314 / 자신이 화살을 쏘는 꿈 · 314 /
적군에게 총이나 화살을 겨누어 쏘아 죽인 꿈 · 315 /
전쟁 중 총격으로 사망한 병사의 몸을 헤집어 총알을 빼낸 꿈 · 315 /
종을 쳐도 소리가 나지 않는 꿈 · 315 / 종이 저절로 소리가 나는 꿈 · 316 /
총을 쏘려는데 방아쇠가 끊어져 버린 꿈 · 316 / 칼을 숫돌에 갈아보는 꿈 · 317 /
칼이나 가위등을 갖고 다닌 꿈 · 317 /칼이 침상머리에 놓여있는 꿈 · 317 /
칼, 창(병장기)에 빛과 광채가 나는 꿈 · 317 /화살이 비오듯 쏟아지는 꿈 · 317 /
활 시위가 끊어져 버린 꿈 · 318 /활을 당겨서 활이 부러지는 꿈 · 318 /
활을 쏘아 용이나 뱀을 맞힌 꿈 · 318 / 활을 쏘아 해나 달을 맞힌 꿈 · 318 /
활이나 총 등을 선물받은 꿈 · 318 /

제23장 질병에 관한 꿈

귀가 먹어서 들리지 않는 꿈 · 321 /
머리나 손을 붕대로 감고 있는 사람을 본 꿈 · 321 /
병에 걸려 고생하는 꿈 · 322 / 병원에서 의사에게 진찰을 받는 꿈 · 322 /
병원에서 자신에게 입원일수(날짜)를 정해주는 꿈 · 322 / 불구자가 된 꿈 · 323 /
신체의 한부위를 수술하는데 전혀 통증이 없는 꿈 · 323 /
음식을 먹고 체하거나 배가 아픈 꿈 · 323 /
의사에게 치료를 받다가 죽는 꿈 · 323 / 장님이 눈을 뜨는 것을 보는 꿈 · 324 /
집에 나병(문둥병)환자가 찾아온 꿈 · 324 /

제23장 성(性)과 섹스에 관한 꿈

꿈속에서 성교를 했는데 실제로 사정을 해버린 꿈 · 327 /
검은 피부를 가진 남성과 성행위를 한 꿈 · 327 /
나이가 많은 사람과 성교하는 꿈 · 327 /
나이가 적은 사람과 성교를 하는 꿈 · 327 /

남녀가 공원에서 데이트하는 것을 지켜본 꿈 · 327 /
남에게 강간을 당하는 꿈 · 328 /
낯선타인이나 배우자를 막론하고 만족스럽게 성관계를 가진 꿈 · 328 /
누군가와 성행위를 하면서 잔치를 베푼 꿈 · 329 / 동성연애를 하는 꿈 · 329 /
방바닥이나 침대에 쏟은 정액을 수건이나 휴지 등으로 닦아낸 꿈 · 329 /
부부간에 성교를 한 꿈 · 329 /
성교 도중에 갑자기 동물 또는 사람이 나타나 목적을 달성하지 못한 꿈 · 329 /
술집에서 기생을 희롱하는 꿈 · 330 / 술집 여자들과 육체관계를 맺은 꿈 · 330
아내 외의 여자나 남의 부인을 애무한 꿈 · 330 /
여러명의 여성 또는 남성과 차례대로 성교를 한 꿈 · 330 /
옛날에 헤어졌던 애인을 다시 만나 성교를 한 꿈 · 331 /
인기좋은 연예인과 입맞춤을 하거나 성교를 한 꿈 · 331 /
자신을 비롯한 몇사람이 한이불을 덮고 성교를 한 꿈 · 332 /
자신의 음부나 아랫도리를 누군가가 주의깊게 바라본 꿈 · 332 /
자신이 성교하는 도중 유방에서 피가 쏟아지는 꿈 · 332 /
자신이 성교하는 도중 음부에서 피가 쏟아지는 꿈 · 332 /
천사나 선녀와 성행위를 한 꿈 · 333 /
친척 또는 사귀는 애인과 성교를 한 꿈 · 333 /

제25장 싸움에 관한 꿈

가장 싫어하는 사람과 치고받고 싸운 꿈 · 337 /
남들과 때리고 싸우는 꿈 · 337 / 남들과 말로 다투는 꿈 · 337 /
남에게 얻어맞아 얼굴에 상처를 입은 꿈 · 338 /
남에게 칼로 베어서 부상당한 꿈 · 338 /
누군가와 맞서 싸우다가 상처를 입는 꿈 · 339 /
서로 목소리를 높이면서 말다툼을 벌인 꿈 · 339 /
자기와 타인이 서로 칼로 찌르는 꿈 · 339 / 자신이 칼로 자살하는 꿈 · 340 /
적군을 맞아 여러 사람들을 거느리고 가서 싸운 꿈 · 340 /
전쟁이 일어났는데 치열한 접전이 계속되면서 오랫동안 싸움이 계속된 꿈 · 340 /
전혀 모르는 사람과 심하게 말다툼을 한 꿈 · 340 /
첩이나 부인에게 두들겨 맞는 꿈 · 341 /
사람을 죽이는 꿈 · 341 / 타인과 칼로 싸우는 꿈 · 341 /
타인에게 꾸지람을 당하는 꿈 · 341 / 타인에게 칼로 목을 베이는 꿈 · 341 /

타인을 칼로 베어서 피가 자신의 옷을 물들이는 꿈 • 342 /
형제간에 서로 때리고 싸우는 꿈 • 342 /
흉악해 보이는 강도와 맞서 싸운 꿈 • 342 /

제26장 형벌에 관한 꿈

감옥에 들어가 매를 맞는 꿈 • 345 / 감옥을 탈출하는 꿈 • 345 /
도둑질하다 붙잡혀 감옥에 들어가는 꿈 • 345 /
목에 올가미 줄이 내려오는 꿈 • 346 /
목이 단두대에 짤리고 주변에 피가 흥건이 괸 꿈 • 346 /
사형선고를 받고 죽는 꿈 • 347 / 사형수의 시체를 해부하는 꿈 • 347 /
사형을 당하기 직전에 구조된 꿈 • 347 /
사형을 언도받거나 사형당할 처지에 놓인 꿈 • 347 /
판사가 되어 타인에게 사형선고를 내리는 꿈 • 348 /
포승줄로 묶이는 꿈 • 348 /

제27장 도둑에 관한 꿈

귀중품이나 아끼는 소지품, 서류를 도난당한 꿈 • 351 /
남의 집에 들어가 도둑질하는 꿈 • 351 / 도둑과 함께 걸어가는 꿈 • 351 /
도둑을 뒤쫓아가거나 감시한 꿈 • 351 /
서랍이나 금고에 넣어둔 보석이나 패물을 도난당한 꿈 • 352 /
여러명의 도둑을 한사람씩 차례대로 때려 죽인 꿈 • 352 /
집에 강도가 들어오는 꿈 • 353 /
집에 도둑이 들어와 물건을 전부 가져간 꿈 • 353 /
집에 도둑이 들어와 옷만 가져간 꿈 • 353 / 휴대품을 도둑맞은 꿈 • 354 /

제28장 배설물에 관한 꿈

검고 푸르스름한 빛깔을 띤 대변을 본 꿈 • 357 /
누런똥을 손으로 주물럭거리거나 밟은 꿈 • 357 /
누런대변이 번기를 가득메운 꿈 • 358 / 똥물이나 똥을 뒤집어 쓴 꿈 • 358 /
똥이 자신의 옷이나 몸에 묻어 더러워진 꿈 • 358 /
마당이나 들판에 똥, 오줌이 가득한 꿈 • 358 /

변기통 속에 빠져서 나오지 못하는 꿈 \cdot 359 / 변기통에 빠졌으나 나온 꿈 \cdot 359 / 변소에 빠져서 온몸에 똥이 묻은 꿈 \cdot 359 / 솥단지 아래에 들어가 대변을 본 꿈 \cdot 359 / 자신의 대소변을 도둑맞거나 갑자기 없어진 꿈 \cdot 360 /

제29장 애락병사(哀樂病死)에 관한 꿈

갓난애를 죽인 꿈·363 / 고향의 부모님이 돌아가셨다는 소식을 들은 꿈·363 / 남에게 살해당하는 꿈 • 363 / 돌아가신 부모님이나 가족, 친척 분이 슬피 운 꿈 • 363 / 돌아가신 부모님이 나타난 꿈・363 / 땅을 치면서 슬피 울었던 꿈・364 / 몸에 병이 있어 치료를 위해 약을 먹은 $\mathrm{T}\cdot 364$ / 목을 매달아 죽는 $\mathrm{T}\cdot 365$ / 병자가 약을 먹는 꿈・365 / 부모님이나 친척어른의 임종을 지켜본 꿈・366 / 사람을 죽이고 나서 속시원하게 느낀 꿈・366 / 사람을 죽인 후 다른 사람들에게 정당방위를 주장한 꿈・366 / 사람을 해치려고 시도하지만 끝내 죽지 않은 꿈・366 / 사람이 죽는 것을 본 꿈·366 / 소나 돼지를 죽인 꿈·367 / 손이나 발에서 피고름이 나는 꿈 • 367 / 손뼉을 치며 노래하고 춤을 추는 꿈·367 / 시체를 목욕시키는 꿈·367 / 심장에 칼을 맞고 죽은 꿈・367 / 얼굴에 종기가 많이 나거나 피부병을 앓는 꿈 · 368 / 여러사람과 함께 울고 있는 꿈・368 / 자신을 죽이려고 덤벼든 사람을 통쾌하게 죽인 꿈・369 / 자신의 목을 누군가가 졸라서 졸도한 꿈・369 / 자신의 차에 사람이 받쳐 사망한 꿈 · 369 / 자신이 죽인 사람이 살아나서 자신을 쫓아다닌 꿈 • 369 / 자신이 혼자 울고 있는 꿈・369 / 장례식을 보는 꿈・370 / 절친한 친구를 죽인 꿈·370 / 죽은 사람과 대화를 나누는 꿈·370 / 죽은 사람과 함께 음식을 먹는 꿈·370 / 죽은 사람을 껴안고 우는 꿈·371 / 죽은 사람을 앞에 두고 서럽게 흐느낀 꿈・371 / 죽은사람의 영전에 조상하는 꿈·371 / 죽은 사람이 말없이 웃는 꿈·371 / 죽은 사람이 벌떡 일어나 걸어다닌 꿈ㆍ371 / 중병을 앓는 환자가 뛰어다니는 꿈 • 372 /

칼이나 흉기에 찔려 피를 흘리는 꿈 · 372 /
타인의 차에 받쳐 죽임을 당한 꿈 · 373 / 피리불고 장구를 치며 노는 꿈 · 373 /

제30장 만남과 이별에 관한 꿈

거적을 깔고 앉아 손님들과 대화하는 꿈 · 377 / 거지를 만나는 꿈 · 377 /
경찰이 나타나 자신을 연행하는 꿈 · 377 /
고인이 되신 부모님이나 조상중의 누군가가 나타나 자신을 보고 조용히 웃고 있는 꿈 · 377 /
고향에 계신 부모나 돌아가신 부모가 나타나는 꿈 · 378 /
곤란한 상황에 처했을 때 자신을 도와주는 사람이 나타난 꿈 · 378 /
군인이나 제복을 입은 사람이 자신의 어깨에 견장을 달거나 훈장을 주는 꿈 · 378 /
깡패와 대화를 나누는 꿈 · 378 / 남이 자기를 품에 껴안는 꿈 · 379 /
높은 산꼭대기나 빌딩, 단상에 올라 대중을 상대로 연설한 꿈 · 379 /
누군가가 열쇠나 자물쇠를 주는 꿈 · 380 /
누군가가 자신에게 여행을 함께 떠나자고 제의하거나 재촉한 꿈 · 380 /
누군가와 함께 해외로 여행을 가려하거나 먼길을 떠날 준비를 한 꿈 · 380 /
다른 사람이 자신의 손을 잡아당기는 꿈 · 380 /
대화를 하거나 바라보고 있는 상대가 잠을 자고있는 꿈 · 381 /
많은 사람이 떼를 지어 자신을 향해 몰려온 꿈 · 381 / 면접시험을 보는 꿈 · 381 /
모서리가 진 사각형의 테이블에서 대화를 한 꿈 · 381 /
부모님께 큰절을 올린 꿈 · 382 /
부처, 예수, 산신령 등으로부터 약이나 약초를 받아 먹는 꿈 · 382 /
사우나, 온천, 목욕탕 등에서 여러사람들과 함께 목욕을 한 꿈 · 383 /
산의 정상까지 올라가 누군가를 만난 꿈 · 383 /
산이나 언덕에 여러사람이 모여서 자신을 오라고 손짓하는 꿈 · 383 /
성안으로 걸어들어가는 꿈 · 383 / 성인과 대화를 나누는 꿈 · 383 /
싫어했던 직장상사나 동료, 거래처 사람을 만난 꿈 · 384 /
앞을 향하여 누군가와 손을 맞잡고 함께 뛰어간 꿈 · 384 /
얄미운 사람과 만나는 꿈 · 385 / 어린아이가 죽임을 당하는 꿈 · 385 /
어떤사람을 자신의 부하 직원이나 고용인으로 채용한 꿈 · 385 /
원탁에 둘러앉아 여러사람들과 대화를 한 꿈 · 385 /
이불속에서 귀금속을 꺼내는 꿈 · 385 /
인사를 했지만 상대방이 자기인사를 무시하고 고개를 돌린 꿈 · 386 /

잃어버린 물건을 찾아준 사람에게 일정한 돈을 대가로 지불하려고 했으나 잔돈이 없어 끝내 주지 못한 꿈 · 386 / 임금이나 대통령을 만나는 꿈 · 386 /
임금이나 대통령을 만나 패물이나 증서를 받는 꿈 · 386 /
임신했다고 축하받은 꿈 · 387 / 자기집에 손님이 찾아온 꿈 · 387 /
자신의 알몸을 가리려고 하는 꿈 · 388 /
자신의 이부자리로 모르는 사람이 들어오는 꿈 · 388 /
지위가 높은 사람과 함께 식사를 하는 꿈 · 388 /
직장의 상사나 윗 사람이 자기에게 절을 하는 꿈 · 388 /
천사가 나타나 자신을 어디론가 인도하는 꿈 · 389 /
친한 친구와 심하게 말다툼을 한 꿈 · 389 / 타인과 물건을 바꾸는 꿈 · 389 /
타인의 말이나 행동을 그대로 따라서 흉내낸 꿈 · 389 /
타인이 자기에게 눈짓을 하면서 오라고 한 꿈 · 389 /
학생 때 자신을 아껴주던 선생님을 만나 함께 걷거나 얘기한 꿈 · 390 /

제31장 결혼 또는 편지에 관한 꿈

결혼선물을 교환하는 꿈 · 393 / 결혼식에 신랑이 다른여자와 서있는 꿈 · 393 /
결혼식장에 나가기전 드레스를 입고 자기의 모습을 거울에 비춰보는 꿈 · 393 /
결혼식장에 들어갔는데 하객이 없는 꿈 · 394 /
다른 사람에게 편지를 전해준 꿈 · 394 /
드레스를 입고 결혼식장으로 들어가는 꿈 · 394 /
소년 또는 소녀가 편지를 전해주는 꿈 · 394 /
소포를 받아서 풀어보니 작고한 은사의 유물과 사진이 들어있는 꿈 · 394 /
우체부가 가방이 넘치도록 많은 편지를 담고 걸어오는 꿈 · 395 /
우편함에 편지를 넣는 꿈 · 395 /
자기 앞으로 온 편지를 다른 사람이 대신 가져간 꿈 · 395 /
집배원에게 편지를 받은 꿈 · 395 /
편지봉투에 파란 도장이 선명하게 찍혀있는 꿈 · 396 /
한 장소에서 동시에 여러쌍이 결혼하는 꿈 · 396 /

부록 행운을 불러들이는 부적

제 1 장

태몽(胎夢)풀이 아들인가, 딸인가

* 강에서 잉어가 떼를 지어 이동하는 것을 보는 꿈

태어날 아기는 자부심이 대단하고 지혜가 많으며 판단력이 뛰어나고 개척정신이 강하며 어떤 일이든 상황에 따라 적응력이 빠르고 효성이 지극하며 장차 집안에 기둥이 될 아들이 태어날 태몽이다.

* 강이나 바닷가에서 큰바위를 들고 집으로 돌아오는 꿈

두뇌가 명석하고 생각이 깊으며 이해력이 빨라 다방면으로 아는 것이 많으며 한가지 일에 집중하는 능력이 뛰어나고 사람을 통솔하는 재능이 있으며 장차 집안에 기둥이 될 아들이 태어날 태몽이다.

* 강이나 연못에 나무가 떠다니는 것을 보는 꿈

태어날 아기는 창의력이 풍부하고 두뇌회전이 빠르며 명예와 의리를 중히 여기고 개척정신이 강하며 어떤 일이든 상황에 따라 적응력이 빠르고 대인관계가 원만하며 장차 교육, 예술, 문학, 종교분야 등에서 대성할 아들이 태어날 태몽이다.

* 거북이를 보거나 거북이 등을 타고 강이나 바다를 건너는 꿈

정의감에 불타는 심성이 있어 불의를 보면 그냥보아 넘기지 못하고 매사에 참여하여 해결하려는 적극성이 있으며 말주변이 좋아 매사에 막힘이 없고 한번 마음먹은 일은 끝까지 밀고 나가는 추진력이 있으며 장차 고위관직이나 법관 등으로 출세할 아들이 태어날 태몽이다.

* 공작새가 산계곡을 날아다니는 꿈

태어날 아기는 미모가 출중하고 이해력이 풍부하며 사물에 대한 관찰력이 뛰어나고 예능 방면에 재질이 있으며 인내심이 강하고 인정이 많으며 장차 집안에 기둥이 될 딸이 태어날 태몽이다.

* 구렁이가 교미를 하는 꿈

지혜가 출중하며 각분야마다 이해가 빨라 다방면으로 아는 것이 많으며 포부도 크고 성취욕도 대단하여 늘 새로운 목표를 향해 쉬지않고 도전하는 적극적인 성격이며 장차 작가, 예술가 종교인 등으로 대성할 아들이 태어날 태몽이다.

* 궁전을 거닐거나 도포자락을 잡고 매달리는 꿈

태어날 아기는 두뇌가 비상하고 자존심이 강하며 배짱이 두둑하여 일을 추진하는데 대담하고 정의감에 불타는 심성을 지니고 있어 강자에게는 강하고 약자에게는 약한면이 있으며 장차 의술, 문학, 법조계 등에서 출세할 아들이 태어날 태몽이다.

* 까치가 떼를지어 나무에 앉아 있는 꿈

사물을 관찰하는 예술적 감각이 뛰어나고 머리회전이 빠르며 새로운 것이라면 무엇이든 관심을 보이고 남보다 먼저 시도해보는 적극성이 있으며 장차 교육, 종교, 예술계통 등에서 대성할 아들이 태어날 태몽이다.

* 노랑나비가 산계곡을 날아다니는 꿈

태어날 아기는 천성이 착하고 유순하며 두뇌도 명석하고 재능이 뛰어나며 임기응변에 능하고 대인관계도 원만하며 사물에 대한 관찰력이 뛰어나고 효성이 지극하며 장차 교육, 예술, 문학분야 등에서 대성할 아들이 태어날 태몽이다.

* 닭이 알을 품고 있거나 우는 꿈

미모가 출중하고 뛰어난 창의력과 손재주를 지니고 있으며 말주변이 좋아 매사에 막힘이 없고 이해력이 빨라 다방면으로 아는 것이 많으며 인정이 많고 효성이 지극한 딸이 태어날 태몽이다.

* 대나무 또는 난초를 보는 꿈

재능이 출중하고 매사에 빈틈이 없으며 사리를 판단함이 명석하고 자존심이 강하며 늘 새로운 목표를 향해 쉬지 않고 도전하는 적극적인 성격이며 장차 문학, 종교, 예술, 공무원 계통 등에서 성공할 아들이 태어날 태몽이다.

* 대추가 많이 열린 것을 보거나 대추를 따서 먹는 꿈

총명하고 지혜가 많으며 재주가 뛰어나고 낙천적이며 매사에 충실하고 창의력이 있으며 판단력이 뛰어나고 개척정신이 강하다. 장차 고위관직에 진출하여 권세를 누릴 아들이 태어날 태몽이다.

* 들판에 고추를 많이 널어놓은 것을 본 꿈

모든 일에 이상향을 추구하고 뜻하는 바가 원대하며 매사를 순리대로 해결해 나가는 정의파이니 많은 사람들이 부러워하고 뭇 사람들로부터는 인기가 있으며 장차 정치, 종교, 예술분야 등에서 대성할 아들이 태어날 태몽이다.

* 돼지 우리 속에서 돼지가 교미를 하는 것을 보는 꿈

태어날 아기는 포부도 크고 창의력이 풍부하며 판단력이 뛰어나고 이해력이 빨라 다방면으로 아는 것이 많으며 예능감각이 뛰어나고 말주변이 좋으며 장차 집안에 기둥이될 아들이 태어날 태몽이다.

* 돼지 새끼가 우글거리는 것을 보는 꿈

태어날 아기는 매사에 충실하고 창의력이 있으며 판단력이 뛰어나고 개척정신이 강하며 일단 목표가 설정되면 물불을 가리지 않고 끝까지 물고 늘어지는 끈기가 대단하며 장차 사업가로 떼돈을 벌어 부모에게 효도할 아들이 태어날 태몽이다.

* 많은 새가 날아가거나 앉아 있는 꿈

감정이 풍부하고 뛰어난 사고력과 남다른 손재주를 지니고 있으며 성취욕이 대단하여 늘 새로운 목표를 향해 쉬지 않고 도전하는 적극성이 있으며 장차 문학, 과학, 교육분야 등에서 대성할 아들이 태어날 태몽이다.

* 멧돼지가 떼를 지어 집으로 들어오는 꿈

태어날 아기는 명예와 의리를 중히 여기고 개척정신이 강하며 자존심이 강하고 배짱이 있어 일을 추진하는데 대담하고 어떤 일이든 상황에 따라 적응력이 빠르고 말주변이 좋아 매사에 막힘이 없으며 장차 사업가로 떼돈을 벌어 부모에게 효도할 아들이 태어날 태몽이다.

* 무덤위에 꽃이 피어 있는 것을 보는 꿈

태어날 아기는 자존심이 강하고 배짱이 있어 무슨일을 하든 추진력이 있으며 창의력이 풍부하고 인정이 많으며 말주변이 좋아 매사에 막힘이 없고 글재주가 있으며 장차 예술, 교육, 공무원 계통 등에서 대성할 아들이 태어날 태몽이다.

* 무덤이 크고 높은 것을 보거나 무덤 앞에서 임신부가 절을 하는 꿈

태어날 아기는 자부심이 대단하고 지혜가 많으며 판단력이 뛰어나고 개척정신이 강하며 어떤 일이든 상황에 따라 적응력이 빠르고 효성이 지극하며 장차 정치, 예술, 사업, 공무원계통 등에서 출세할 아들이 태어날 태몽이다.

* 바다에서 해가 떠오르는 것을 보는 꿈

태어날 아기는 사물을 관찰하는 예술적 감각이 뛰어나고 머리회전이 빠르며 새로운 것이라면 무엇이든 관심을 보이고 남보다 먼저 시도해보는 적극성이 있으며 장차 교육, 종교, 의술 또는 법조계 등에서 대성할 아들이 태어날 태몽이다.

* 뱀이 치마폭으로 들어오거나 보는 꿈

감정이 풍부하고 뛰어난 사고력과 남다른 손재주를 지니고 있으며 이해력이 빨라 다방면으로 아는 것이 많으며 대인관계가 원만하고 인정이 많으며 효성이 지극한 딸이 태어날 태몽이다.

* 빨간나비가 산계곡을 날아다니는 꿈

태어날 아기는 총명하고 지혜가 많으며 포부도 크고 성취욕도 대단하여 남들보다 노력도 많이 하는편이며 매사에 충실하고 창의력이 있으며 판단력이 뛰어나고 효성이 지극하며 장차 사업가로 떼돈을 벌어 부모에게 효도할 아들이 태어날 태몽이다.

* 산꼭대기에서 구렁이가 몸을 늘어뜨리고 있는 꿈

자부심이 대단하고 지혜가 많으며 판단력이 뛰어나고 개척정신이 강하며 어떤일이든 상황에 따라 적응력이 빠르고 대인관계가 원만하며 장차 문학이나 종교계통에서 대성할 아들이 태어날 태몽이다.

* 살고 있는 집에 우물의 물이 넘쳐 흐르는 꿈

태어날 아기는 천성이 부지런하고 일욕심이 많으며 말주변이 좋아 매사에 막힘이 없고 모든일에 이상향을 추구하고 뜻하는 바가 원대하며 감정이 풍부하고 뛰어난 사고력과 손재주를 지니고 있으며 장차 집안에 기둥이 될 아들이 태어날 태몽이다.

* 상어를 보거나 상어가 날아다니는 것을 보는 꿈

태어날 아기는 두뇌가 명석하고 주관이 뚜렷하여 한번 결심한 일은 끝까지 밀고 나가는 집념과 추진력이 있으며 어떤 일이든 상황에 따라 적응력이 빠르다. 장차 정치, 종교, 문학, 공무원계통 등에서 대성할 아들이 태어날 태몽이다.

* 수많은 별들이 임신부 입속으로 들어오는 꿈

태어날 아기는 재능이 출중하고 매사에 빈틈이 없으며 사리를 판단함이 명석하고 냉철하며 예능감각이 뛰어나고 자존심이 강하며 늘 새로운 목표를 향해 쉬지않고 도전하는 적극적인 성격이며 장차 문학, 종교, 예술, 공무원계통 등에서 출세할 아들이 태어날 태몽이다.

* 수풀 가운데 큰 나무가 보이는 꿈

태어날 아기는 하나를 알면 열을 깨우치는 비상한 재능이 있으며 감정이 풍부하여 눈물도 많고 웃음도 많고 인정도 많은 편이며 포부도 크고 성취욕도 대단하여 늘 새로운 목표를 향해 쉬지 않고 도전하는 적극적인 성격이며 장차 예술, 교육, 문학, 의술분야 등에서 대성할 아들이 태어날 태몽이다.

* 선녀 또는 천사가 나타나 아기를 품안에 안겨주는 꿈

태어날 아기는 천성이 착하고 유순하며 두뇌도 명석하고 재능이 뛰어나며 임기응변에 능하고 대인관계도 원만하며 사물에 대한 관찰력이 뛰어나고 장차 많은 사람들의 존경을 받으며 사회에 큰 공헌을 할 아들이 태어날 태몽이다.

* 스님(중)이 문앞에서 염불하거나 시주를 하러오는 꿈

매사를 서두르지 않고 차분하게 진행하는 침착성이 있으며 인내심이 강하고 인정이 많으며 장차 교육, 종교, 예술계통 등에서 대성할 아들이 태어날 태몽이다.

* 앵두가 많이 열린 것을 보거나 앵두를 따서 먹는 꿈

태어날 아기는 천성이 어질고 착하며 이해력이 빨라 다방면으로 아는 것이 많으며 한가지 일에 집중하는 능력이 뛰어나고 설령 어려운 일에 처해도 침착하게 해결하는 노력과 재주가 많으며 장차 집안에 기둥이 될 아들이 태어날 태몽이다.

* 어항에 금붕어가 떼를 지어 노는 꿈

인내심이 강하고 주관이 뚜렷하며 한번 결심한 일은 끝까지 밀고 나가는 추진력이 있으며 명예를 존중하고 의리가 있으며 임기응변에 능하고 대인관계도 원만하며 장차 집안에 기둥이 될 아들이 태어날 태몽이다.

* 연못에 연꽃이 피어 있는 것을 보는 꿈

태어날 아기는 천성이 어질고 착하며 두뇌가 명석하고 매사에 빈틈이 없으며 주관이 뚜렷하여 한번 결심한 일은 끝까지 밀고 나가는 추진력이 있으며 장차 집안에 기둥이 될 딸이 태어날 태몽이다.

* 우물이나 강, 바다에서 용이 하늘로 올라가는 것을 본 꿈

태어날 아기는 두뇌가 명석하고 지혜가 많으며 말주변이 좋고 판단력이 뛰어나며 개척정신이 강하고 어떤 일이든 상황에 따라 적응력이 빠르며 장차 많은 사람을 이끌어가는 지도자의 위치에 설 수 있는 아들이 태어날 태몽이다.

* 우물이나 강 또는 바다에서 용과 구렁이가 어우러져 하늘로 오르는 꿈

태어날 아기는 창의력이 풍부하고 끈기가 있으며 판단력이 뛰어나고 이해력이 빨라 다방면으로 아는 것이 많으며 한가지 일에 집중하는 능력과 새로운 상황에 잘 적응하는 융통성을 지니고 있으며 장차 법관, 의사, 교수직 등에서 출세할 아들이 태어날 태몽이다.

* 임금이나 대통령이 은수저를 하사하는 꿈

깊은 추리력과 예민한 관찰력이 있으며 남다른 육감과 손재주를 지니고 있으며 이해력이 빨라 다방면으로 아는 것이 많으며 장차 고위관직에 진출하여 권세를 누릴 아들이 태어날 태몽이다.

* 임신부가 가지를 보거나 가지를 따서 먹는 꿈

태어날 아기는 성격이 온화하고 인정이 있으며 매사에 충실하고 창의력이 있으며 판단력이 뛰어나고 임기응변에 능하며 장차 집안에 기둥이 될 아들이 태어날 태몽이다.

* 임신부가 갓난 아기와 책을 가지고 놀면서 말하는 꿈

태어날 아기는 천성이 어질고 착하며 두뇌가 명석하고 매사에 빈틈이 없으며 새로운 것이라면 무엇이든 남보다 먼저 시도해보는 적극성이 있으며 학문에 관심이 많고 글재주가 있으며 장차 문학, 예술, 공무원계통 등에서 대성할 아들이 태어날 태몽이다.

* 임신부가 강이나 바닷가에서 게를 잡는 꿈

태어날 아기는 기억력이 좋고 이해력이 풍부하며 사물에 대한 관찰력이 뛰어나고 매사에 자부심이 강하고 한번 결심하면 하고야 마는 패기와 집념이 대단하며 장차 많은 사람을 이끌어가는 지도자의 위치에 설 수 있는 아들이 태어날 태몽이다.

* 임신부가 강이나 바닷가에서 빛이나는 돌을 줍는 꿈

태어날 아기는 자부심이 대단하고 지혜가 많으며 판단력이 뛰어나고 개척정신이 강하며 매사를 순리대로 해결해 나가는 정의파이니 많은 사람들이 부러워하고 뭇 사람들로 부터는 인기가 있으며 장차 집안에 기둥이 될 아들이 태어날 태몽이다.

* 임신부가 고구마를 보거나 먹는 꿈

창의력이 풍부하고 두뇌회전이 빠르며 명예와 의리를 중히 여기고 뛰어난 손재주를 지니고 있으며 장차 예술, 공무원, 교육계통 등에서 출세할 아들이 태어날 태몽이다.

* 임신부가 고목나무에 꽃이 피는것을 보는 꿈

태어날 아기는 천성이 어질고 착하며 두뇌가 명석하고 매사에 빈틈이 없으며 새로운 것이라면 무엇이든 남보다 먼저 시도해보는 적극성이 있으며 학문에 관심이 많고 글재주가 있으며 장차 문학, 예술, 정치, 공무원 계통 등에서 출세할 아들이 태어날 태몽이다.

* 임신부가 과일을 따서 상자에 담거나 창고에 넣어두는 꿈

태어날 아기는 천성이 어질고 착하며 두뇌가 명석하고 매사에 빈틈이 없으며 새로운 것이라면 무엇이든 남보다 먼저 시도해보는 적극성이 있으며 관찰력이 뛰어나고 임기응변에 능하며 장차 사업가로 떼돈을 벌어 부모에게 효도할 아들이 태어날 태몽이다.

* 임신부가 궁궐이나 큰집에 문패를 다는 꿈

태어날 아기는 매사를 서두르지 않고 차분하게 진행하는 침착성이 있으며 인내심이 강하고 인정이 많으며 하나를 알면 열을 깨우치는 비상한 재능이 있으며 장차 법관, 의사, 공무원, 교육분야 등에서 출세할 아들이 태어날 태몽이다.

* 임신부가 금관을 쓰고 걸어 다니는 꿈

태어날 아기는 깊은 추리력과 예민한 관찰력이 있으며 포부도 크고 성취욕도 대단하여 늘 새로운 목표를 향해 쉬지않고 도전하는 적극적인 성격이며 장차 집안에 기둥이 될 아들이 태어날 태몽이다.

* 임신부가 금비녀를 보거나 머리에 꽂는 꿈

태어날 아기는 온화하고 인정이 있으며 매사에 충실하고 창의력이 있으며 예능감각이 뛰어나고 말주변이 좋으며 남다른 육감과 손재주를 지니고 있어 장차 집안에 기둥이 될 딸이 태어날 태몽이다.

* 임신부가 금송아지 또는 금두꺼비를 얻는 꿈

태어날 아기는 창의력이 풍부하고 두뇌회전이 빠르며 명예와 의리를 중히 여기고 개척정신이 강하며 어떤 일이든 상황에 따라 적응력이 빠르고 대인관계가 원만하며 장차 교육, 예술, 문학, 종교분야 등에서 대성할 아들이 태어날 태몽이다.

* 임신부가 금실로 수놓아진 옷을 선물로 받는 꿈

태어날 아기는 기억력이 좋고 이해력이 풍부하며 사물에 대한 관찰력이 뛰어나고 말주변이 좋아 매사에 막힘이 없으며 한번 한다면 하고야 마는 패기와 집념이 대단하며 장차 집안에 기둥이 될 아들이 태어날 태몽이다.

* 임신부가 금잉어를 치마로 받는 꿈

태어날 아기는 사물에 대한 관찰력이 뛰어나고 무슨 일을 하든 배짱이 있어 일을 추진하는데 대담하며 기억력이 좋고 이해력이 풍부하며 임기응변에 능하고 글재주가 있으며 장차 교육, 의술, 종교, 공무원분야 등에서 대성할 아들이 태어날 태몽이다.

* 임신부가 꼭지달린 배 또는 사과를 먹는 꿈

태어날 아기는 온화하고 인정이 있으며 매사에 충실하고 창의력이 있으며 판단력이 뛰어나고 총명한 두뇌와 지혜를 발휘하여 목표를 이루려는 집념이 매우 강하며 장차 집안에 기둥이될 아들이 태어날 태몽이다.

* 임신부가 꽃다발을 들고 남에게 꽃을 나누어주거나 보는 꿈

미모가 출중하고 생각이 깊으며 이해력이 빨라 다방면으로 아는 것이 많으며 말주변이 좋아 매사에 막힘이 없고 인정이 많으며 장차 집안에 기둥이될 딸이 태어날 태몽이다.

* 임신부가 꽃다발을 한아름 받아들고 많은 사람들에게 인사를 하는 꿈

태어날 아기는 천성이 어질고 착하며 기억력이 좋고 이해력이 풍부하며 판단력이 뛰어나고 개척정신이 강하며 임기응변에 능하다. 장차 사업가로 떼돈을 벌어 부모에게 효도할 아들이 태어날 태몽이다.

* 임신부가 꽃이 만발한 것을 보는 꿈

인내심이 강하고 합리적인 사고방식과 미적감각을 지니고 있으며 매사에 침착하고 예능방면에 재질이 있으며 인정이 많고 효성이 지극한 딸이 태어날 태몽이다.

* 임신부가 꾀꼬리를 보는 꿈

태어날 아기는 명예를 존중하고 의리가 있으며 임기응변에 능하고 대인관계도 원만하며 사물에 대한 관찰력이 뛰어나고 글재주가 있으며 장차 많은 사람들의 존경을 받으며 사회에 큰 공헌을 할 아들이 태어날 태몽이다.

* 임신부가 꿀벌을 보거나 꿀벌에 쏘이는 꿈

태어날 아기는 명예욕이 강하여 크고 작은 일에 앞장서지 않고는 견디지 못하는 기질이 있으며 사리를 판단함이 명석하고 이해력이 풍부하여 다방면으로 아는 것이 많으며 장차 의술, 공무원, 법조계, 문학분야 등에서 출세할 아들이 태어날 태몽이다.

* 임신부가 나무에 열매가 많이 달려 있는 것을 보거나 열매를 따서 먹는 꿈

태어날 아기는 명예와 의리를 중히 여기고 개척정신이 강하며 자존심이 강하고 배짱이 있어 일을 추진하는데 대담하고 어떤 일이든 상황에 따라 적응력이 빠르고 글재주가 있으며 장차 문학, 종교, 정치, 교육분야 등에서 대성할 아들이 태어날 태몽이다.

* 임신부가 남에게 먹이나 벼루를 받은 꿈

태어날 아기는 자부심이 대단히 강하고 지혜가 많으며 판단력이 뛰어나고 개척정신이 강하며 매사를 순리대로 해결해 나가는 정의파이니 많은 사람들이 부러워하고 뭇사람들로 부터는 인기가 있으며 장차 집안에 기둥이 될 아들이 태어날 태몽이다.

* 임신부가 남에게서 거울을 받는 꿈

태어날 아기는 창의력이 풍부하고 매사에 빈틈이 없으며 사리를 판단함이 명석하고 냉철하며 예능감각이 뛰어나고 강인한 집념과 왕성한 추진력이 있으며 장차 집안에 기둥이될 아들이 태어날 태몽이다.

* 임신부가 남편의 옷을 입는 꿈

태어날 아기는 창의력이 풍부하고 두뇌 회전이 빠르며 합리적인 사고방식과 미적감각을 지니고 있으며 매사에 침착하고 예능방면에 재질이 있으며 인정이 많고 효성이 지극하며 장차 문학, 예술, 공무원계통 등에서 대성할 아들이 태어날 태몽이다.

* 임신부가 달을 보거나 입 속으로 달이 들어오는 꿈

용모가 단정하고 글재주가 있으며 임기응변에 능하고 대인관계도 원만하며 인정이 많고 효성이 지극한 딸이 태어날 태몽이다.

* 임신부가 대문을 다시 만들어 다는 꿈

태어날 아기는 인내심이 강하고 주관이 뚜렷하여 한번 결심한 일은 끝까지 밀고 나가는 추진력이 있으며 명예를 존중하고 의리가 있으며 임기응변에 능하고 효성이 지극하며 장차 문학, 예술, 교육, 공무원계통 등에서 대성할 아들이 태어날 태몽이다.

* 임신부가 도끼를 보거나 도끼로 장작(나무)를 패는 꿈

태어날 아기는 하나를 알면 열을 깨우치는 비상한 재능이 있으며 감정이 풍부하여 눈물도 많고 성취욕도 대단하여 늘 새로운 목표를 향해 쉬지 않고 도전하는 적극적인 성격이며 장차 정치, 예술, 교육, 예술분야 등에서 출세할 아들이 태어날 태몽이다.

* 임신부가 떡시루에 담긴 떡을 보거나 먹는 꿈

태어날 아기는 기억력이 좋고 이해력이 풍부하여 하나를 알면 열을 깨우치는 비상한 재능이 있으며 감정이 풍부하여 눈물, 웃음도 많고 인정도 많은 편이며 장차 집안에 기둥이될 아들이 태어날 태몽이다.

* 임신부가 말을 타고 달리거나 말이 강가에서 물을 먹고 있는 것을 보는 꿈

태어날 아기는 천성이 착하고 인정이 많으며 포부도 크고 성취욕도 대단하여 남들보다 노력도 많이하는 편이며 대인관계도 원만하고 사람을 통솔하는 능력이 뛰어나며 장차 집안에 기둥이 될 아들이 태어날 태몽이다.

* 임신부가 명산대찰을 바라보는 꿈

태어날 아기는 하나를 알면 열을 깨우치는 비상한 지혜가 있으며 말주변이 좋고 판단력이 뛰어나며 공과 사를 분명히 하고 독립심이 강하며 장차 문학, 예술, 종교분야 등에서 대성할 아들이 태어날 태몽이다.

* 임신부가 무지개를 타고 하늘로 걸어 올라가는 꿈

사물에 대한 관찰력이 뛰어나고 한가지 일에 집중하는 능력과 새로운 상황에 잘 적응하는 융통성을 지니고 있으며 인내심이 강하고 인정이 많으며 장차 문학, 예술, 종교, 분야 등에서 성공할 아들이 태어날 태몽이다.

* 임신부가 물건을 한아름 안고 산을 오르는 꿈

태어날 아기는 재능이 출중하고 매사에 빈틈이 없으며 한가지 일에 집중하는 능력과 새로운 상황에 잘 적응하는 융통성을 지니고 있으며 포부도 크고 성취욕도 대단하여 늘 새로운 목표를 향해 쉬지않고 도전하는 성격이며 장차 사업가로 떼돈을 벌어 부모에게 효도할 아들이 태어날 태몽이다.

* 임신부가 반짝거리는 북두칠성을 보는 꿈

천성이 어질고 착하며 기억력이 좋고 이해력이 풍부하며 판단력이 뛰어나고 개척정신이 강하며 장차 많은 사람들의 존경을 받으며 사회에 큰 공헌을 할 아들이 태어날 태몽이다.

* 임신부가 뱀을 보는 꿈

태어날 아기는 천성이 착하고 인정이 많으며 매사에 충실하고 창의력이 있으며 말주변이 좋아 매사에 막힘이 없고 글재주가 있으며 장차 집안에 기둥이 될 딸이 태어날 태몽이다.

* 임신부가 번개, 천둥이 치면서 폭우가 쏟아지는 것을 보는 꿈

태어날 아기는 이해력이 풍부하며 사물에 대한 관찰력이 뛰어나고 남다른 육감과 손재주를 지니고 있으며 매사에 자부심이 강하고 한번 결심하면 하고야 마는 패기와 집념이 대단하여 장차 많은 사람을 이끌어가는 지도자의 위치에 설 수 있는 아들이 태어날 태몽이다.

* 임신부가 벚꽃이 만발한 거리를 걸어가는 꿈

태어날 아기는 하나를 알면 열을 깨우치는 비상한 지혜가 있으며 말주변이 좋고 판단력이 뛰어나며 공과 사를 분명히 하고 독립심이 강하며 장차 교육, 문학, 예술계통 등에서 대성할 딸이 태어날 태몽이다.

* 임신부가 베를 짜거나 베를 짜는 모습을 보는 꿈

태어날 아기는 두뇌가 명석하고 지혜가 많으며 사물에 대한 관찰력이 뛰어나고 감정이 풍부하여 눈물도 많고 웃음도 많고 인정도 많은 편이며 장차 집안에 기둥이 될 딸이 태어날 태몽이다.

* 임신부가 보리를 땅에 뿌리는 꿈

태어날 아기는 이해력이 풍부하여 하나를 알면 열을 깨우치는 비상한 재능이 있으며 감정이 풍부하여 장차 문학, 예술, 교육분야 등에서 대성할 딸이 태어날 태몽이다.

* 임신부가 봉황 또는 학을 타고 하늘을 날아다니는 꿈

다방면으로 아는 것이 많으며 명예욕이 강하여 크고 작은 일에 앞장서지 않고는 견디지 못하는 기질이 있으며 장차 외교관, 정치가, 의사, 법조계 등에서 성공할 아들이 태어날 태몽이다.

* 임신부가 붓에 꽃이 피는 것을 보는 꿈

태어날 아기는 두뇌가 명석하고 주관이 뚜렷하여 한번 결심한 일은 끝까지 밀고 나가는 집념과 추진력이 있으며 말주변이 좋아 매사에 막힘이 없고 독립심이 강하며 장차 교육, 문학, 공무원계통 등에서 대성할 아들이 태어날 태몽이다.

* 임신부가 비둘기를 보는 꿈

용모가 단정하고 글재주가 있으며 임기응변에 능하고 대인관계가 원만하며 인정이 많고 효성이 지극한 딸이 태어날 태몽이다.

* 임신부가 산 속에서 폭포수가 우렁차게 쏟아지는 것을 보는 꿈

태어날 아기는 온화하고 인정이 있으며 매사에 충실하고 창의력이 있으며 판단력이 뛰어나고 새로운 것이라면 무엇이든 남보다 먼저 시도해보는 적극성이 있으며 장차 사업가로 떼돈을 벌어 부모에게 효도할 아들이 태어날 태몽이다.

* 임신부가 쌀가마를 지고 집에 들어오는 꿈

태어날 아기는 기억력이 좋고 이해력이 풍부하며 사물에 대한 관찰력이 뛰어나고 말주변이 좋아 매사에 막힘이 없으며 매사에 자부심이 강하고 한번 한다면 하고야마는 패기와 집념이 대단하며 장차 집안에 기둥이 될 아들이 태어날 태몽이다.

* 임신부가 알밤을 많이 줍거나 알밤을 먹는 꿈

태어날 아기는 자존심이 강하고 배짱이 있어 일을 추진하는데 대담하며 기억력이 좋고 창의력이 풍부하며 판단력이 뛰어나고 효성이 지극하며 한가지 일에 집중하는 능력과 끈기가 있으니 장차 문학, 예술, 교육, 공무원분야 등에서 대성할 아들이 태어날 태몽이다.

* 임신부가 예수, 공자, 석가모니 등의 성인을 만나는 꿈

태어날 아기는 두뇌가 명석하고 정의감에 불타는 심성이 있어 불의를 보면 그냥 보아 넘기지 못하고 매사에 참여하여 해결하려는 적극성이 있으며 말주변이 좋아 매사에 막힘이 없고 한번 결심한 일은 끝까지 밀고 나가는 추진력이 있으며 장차 많은 사람들의 존경을 받으며 사회에 큰 공헌을 할 아들이 태어날 태몽이다.

* 임신부가 오이를 보거나 먹는 꿈

태어날 아기는 지혜가 출중하여 각 분야마다 이해가 빨라 다방면으로 아는 것이 많으며 창의력이 풍부하고 개척정신이 강하며 장차 종교, 문학, 예술계통 등에서 대성할 딸이 태어날 태몽이다.

* 임신부가 옹달샘에서 샘물을 마시는 꿈

태어날 아기는 총명하고 지혜가 많으며 재주가 뛰어나고 낙천적이며 매사에 충실하고 창의력이 있으며 판단력이 뛰어나고 개척정신이 강하며 일단 목표가 설정되면 물불을 가리지 않고 끝까지 물고 늘어지는 끈기가 대단하며 장차 고위관직에 진출하여 권세를 누릴 아들이 태어날 태몽이다.

* 임신부가 절에서 설법을 듣는 꿈

태어날 아기는 명예욕이 강하여 크고 작은 일에 앞장서지 않고는 견디지 못하는 기질이 있으며 창의력이 풍부하고 글재주가 있으며 장차 정치, 문학, 법조계 등에서 성공할 아들이 태어날 태몽이다.

* 임신부가 제비를 보거나 제비에게 모이를 주는 꿈

천성이 인자하고 총명하며 명예와 의리를 존중하고 재주가 많으며 사리를 판단함이 명석하고 냉철하며 장차 작가, 예술가, 교수직 등에서 출세할 아들이 태어날 태몽이다.

* 임신부가 조개를 보거나 조개를 먹는 꿈

태어날 아기는 총명하고 지혜가 많으며 재주가 뛰어나고 낙천적이며 매사에 충실하고 창의력이 있으며 판단력이 뛰어나고 효성이 지극하며 인정이 많은 딸이 태어날 태몽이다.

* 임신부가 책을 얻거나 책을 보는 꿈

태어날 아기는 천성이 어질고 착하여 법 없이도 살아갈 사람이다. 또한 매사에 빈틈이 없으며 새로운 것이라면 무엇이든 남보다 먼저 시도해 보는 적극성이 있으며 학문에 관심이 많고 글재주가 있으며 장차 문학, 교육, 공무원계통 등에서 대성할 아들이 태어날 태몽이다.

* 임신부가 침실에 햇빛이 스며드는 것을 보는 꿈

태어날 아기는 인내심이 강하고 주관이 뚜렷하여 한번 결심한 일은 끝가지 밀고 나가는 추진력이 있으며 명예를 존중하고 의리가 있으며 임기응변에 능하고 대인관계가 원만하며 장차 문학, 교육, 예술, 공무원계통 등에서 대성할 아들이 태어날 태몽이다.

* 임신부가 코끼리를 보거나 코끼리 코를 만지는 꿈

태어날 아기는 천성이 부지런하고 일욕심이 많으며 말주변이 좋아 매사에 막힘이 없고 모든 일에 이상향을 추구하고 뜻하는 바가 원대하며 감정이 풍부하고 뛰어난 사고력과 손재주를 지니고 있으며 장차 집안에 기둥이 될 아들이 태어날 태몽이다.

* 임신부가 하늘과 땅이 합쳐지는 것을 보는 꿈

태어날 아기는 기억력이 좋고 이해력이 풍부하며 사물에 대한 관찰력이 뛰어나고 주관이 뚜렷하여 한번 결심한 일은 끝까지 밀고 나가는 집념과 추진력이 있으며 말주변이 좋아 매사에 막힘이 없고 독립심이 강하며 장차 많은 사람을 이끌어가는 지도자의 위치에 설 수 있는 아들이 태어날 태몽이다.

* 임신부가 하늘에서 쌀이 비오듯 쏟아지는 것을 보는 꿈

태어날 아기는 천성이 부지런하고 일욕심이 많으며 말주변이 좋아 매사에 막힘이 없고 모든일에 이상향을 추구하고 뜻하는 바가 원대하며 감정이 풍부하고 뛰어난 사고력과 손재주를 지니고 있으며 장차 사업가로 떼돈을 벌어 부모에게 효도할 아들이 태어날 태몽이다.

* 임신부 몸에서 밝은 광채가 나는 꿈

재능이 출중하고 매사에 빈틈이 없으며 사리를 판단함이 명석하고 냉철하며 예능감각이 뛰어나고 강인한 집념과 왕성한 추진력이 있으며 장차 정치가, 외교관, 예술분야 등에서 출세할 아들이 태어날 태몽이다.

* 잔디밭에서 말이 풀을 뜯고 있는 꿈

천성이 착하고 유순하며 두뇌도 명석하고 재능이 뛰어나며 임기응변에 능하고 대인관계도 원만하며 사물에 대한 관찰력이 뛰어나고 효성이 지극하며 장차 문학, 종교, 예술계통 등에서 대성할 아들이 태어날 태몽이다.

* 절에서 불공을 드리거나 불상을 만지는 꿈

태어날 아기는 두뇌회전이 빠르고 명예욕이 강하며 말주변이 좋아 매사에 막힘이 없고 사물에 대한 관찰력이 뛰어나며 임기응변에 능하고 베풀기를 좋아하니 뭇 사람들로 부터는 인기가 있으며 장차 많은 사람들의 존경을 받으며 사회에 큰 공헌을 할 아들이 태어날 태몽이다.

* 죽순(대나무 잎)이 쑥쑥 크는 것을 보거나 죽순을 꺾어서 먹는 꿈

태어날 아기는 두뇌가 명석하고 생각이 깊으며 이해력이 빨라 다방면으로 아는 것이 많으며 한가지 일에 집중하는 능력이 뛰어나고 설령 어려운 일에 처해도 침착하게 해결하는 노력과 재주가 많으며 장차 집안에 기둥이 될 아들이 태어날 태몽이다.

* 참새 한 마리가 집안으로 날아드는 것을 보는 꿈

태어날 아기는 창의력이 풍부하고 끈기가 있으며 판단력이 뛰어나고 이해력이 빨라 다방면으로 아는 것이 많으며 예능감각이 뛰어나고 말주변이 좋으며 교육, 문학, 공무원계통 등에서 성공할 딸이 태어날 태몽이다.

* 태양이 임신부 입속으로 들어가거나 보는 꿈

태어날 아기는 명예를 존중하고 의리가 있으며 임기응변에 능하고 말주변이 좋아 매사에 막힘이 없고 사람을 통솔하는 재치가 뛰어나며 장차 지도자의 위치에 설 수 있는 아들이 태어날 태몽이다.

* 포도나무에서 포도를 따서 먹거나 보는 꿈

명예와 의리를 존중하고 글재주가 있으며 사고력이 풍부하고 미적 감각을 지니고 있으며 공과 사를 분명히 하고 독립심이 강하며 장차 문학, 종교, 예술분야 등에서 대성할 아들이 태어날 태몽이다.

* 하늘에서 우박이 많이 떨어지는 것을 보는 꿈

태어날 아기는 자존심이 강하고 배짱이 있어 일을 추진하는데 대담하며 무엇보다도 뛰어난 기억력과 치밀한 계획력을 지니고 있으며 매사에 침착하고 한가지 일에 집중하는 능력과 끈기가 있으니 장차 정치, 예술, 문학, 종교, 법조계 등에서 대성할 아들이 태어날 태몽이다.

* 해가 서산에 지는 모습을 보는 꿈

태어날 아기는 미모가 출중하고 인정이 많으며 이해력이 풍부하여 하나를 알면 열을 깨우치는 비상한 재능이 있으며 말주변이 좋아 매사에 막힘이 없고 효성이 지극하며 장차 교육, 예술, 문학분야 등에서 대성할 딸이 태어날 태몽이다.

* 햇빛이 눈부시게 비치고 사슴이 뛰어노는 꿈

한가지 일에 집중하는 능력과 새로운 상황에 잘 적응하는 융통성을 지니고 있으며 매사를 침착하게 해결하고 성사시키는 집념과 재주가 비상하며 장차 사업가로 대성하여 부모에게 효도할 아들이 태어날 태몽이다.

* 호랑이 또는 사자가 나타나 임신부를 등에 업고 달리는 꿈

두뇌가 명석하고 주관이 뚜렷하여 한번 결심한 일은 끝까지 밀고 나가는 집념이 강하며 장차 많은 사람을 이끌어가는 지도자의 위치에 설 수 있는 아들이 태어날 태몽이다.

제 2 장

우물에 관한 꿈

* 들판이나 산에 우물이 여러개 있는 꿈

이것을 할까 저것을 할까 마음의 결정을 내리지 못해 고민을 하게된다. 또는 이사를 하거나 직장을 옮기게 된다. 사업가는 자신의 능력으로는 감당하기가 어려운 일을 맡아 동업자를 끌어들이게 되고 미혼의 청춘남녀라면 조건이 좋은 배우자가 여러 명 나타나 진정한 나의 배필은 누군인가 고민을 하게 된다.

* 부엌에 우물이 생긴 꿈

수험생은 기대이상의 좋은 성적으로 합격을 하게 되고 실업자는 월급이 많고 적성에도 맞는 직장을 얻게 되며, 직장인은 평소에 원하던 부서로 승진을 하게 된다. 사업가는 매상을 많이 올려줄 거래처를 잡게되고 노총각, 노처녀는 평소에 원하던 이상형의 배우자를 만나 분위기 있는 곳에서 즐거운 시간을 보내게 된다.

* 우물에서 물을 길어다가 자기집의 물독에 가득 채운 꿈

실업자는 근무조건이 좋은 직장을 얻게되고 직장인은 월급이 오르거나 승진을 하게 되며 사업가는 물심양면으로 도와줄 귀인을 만나게 된다. 또한 수험생은 우수한 성적으로 합격을 하게되고, 미혼의 청춘남녀라면 평소에 원하는 이상형의 배우자를 만나 결혼을 하게 된다.

* 우물물을 길어 얼굴이나 손발을 닦은 꿈

계획한 일이 순조롭게 진행되고 안될 것이라고 생각한 일도 귀인이 나타나 물심양면으로 도와주게 된다. 수험생은 기대 이상의 좋은 성적으로 합격을 하게되고 노총각이나 노처녀는 평소에 원하던 이상형의 배우자를 만나 분위기 있는 곳에서 즐거운 시간을 보내게 된다.

* 우물물을 퍼내는 꿈

기다리는 곳에서 반가운 소식이 오거나 생각지 않은 곳에서 선물이나 재물이 들어오게 된다. 또는 빌려준 돈을 받거나 사놓은 부동산, 주식 또는 채권값이 많이 올라 큰 이익을 안겨주게 된다. 수험생은 기대이상의 좋은 성적으로 합격을 하게되고 실업자는 근무조건이 좋은 직장을 얻게된다.

* 우물물이 넘쳐 맑은물이 땅으로 흘러내린 꿈

가정에 경사가 생기거나 기다리던 곳에서 반가운 소식이 오게 된다. 또는 빌려준 돈을 받거나 생각지 않은 곳에서 귀중한 선물을 받게 된다. 수험생은 기대이상의 좋은 성적으로 합격을 하게되고 실업자는 근무조건이 좋은 직장을 얻게되며 직장인은 월급이 오르거나 승진을 하게된다.

* 우물물이 말라버리는 꿈

사기를 당하거나 재물을 잃을 징조이니 보증을 서거나 금전거래, 주식투자, 동업, 어음할인, 낙찰계, 사람소개 등은 좀더 보류하는 것이 좋으리라. 또한 대형사고가 날 조짐이니 먼여행을 떠나거나 자가운전은 하지않는 것이 좋으리라. 임신부는 유산할 징조이니 각별히 몸조심해야 할 것이다.

* 우물물이 펑펑 솟아 오르는 꿈

사놓은 부동산이나 주식, 채권값이 많이 올라 큰 이익을 안겨 주게 된다. 또는 기다리던 곳에서 반가운 소식이 오거나 생각지 않는 곳에서 선물이 들어오게 된다. 직장인은 월급이 오르거나 승진을 하게 되고, 실업자는 월급이 많고 적성에 맞는 직장을 얻게된다. 노총각, 노처녀는 평소에 원하던 이상형의 배우자를 만나 결혼을 하게 된다.

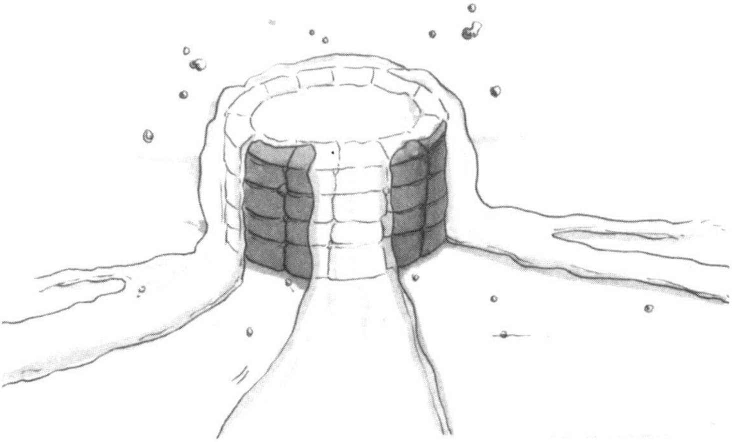

* 우물 속에서 소리가 나는 꿈

재산을 탕진하거나 소송이 일어날 징조이니 보증을 서거나, 주식투자, 금전거래, 낙찰계, 신규사업, 확장, 동업, 어음할인 등은 좀더 보류하는 것이 좋으리라. 임신부는 유산할 징조이니 무리한 운동을 삼가하고 먼여행은 떠나지 않는 것이 좋으며 직장인은 정리해고, 좌천, 감봉처분 등의 불이익을 당할 조짐이니 맡은바 일에 충실하면서 대인관계에 신경써야 할 것이다.

* 우물안에서 물고기가 돌아다니고 있는 꿈

길몽이다. 사놓은 부동산이나 주식, 채권값이 많이 올라 큰 이익을 안겨 주게 된다. 또는 가정에 경사가 있거나 기다리던 곳에서 반가운 소식이 오게 된다. 수험생은 우수한 성적으로 합격을 하게 되고 실업자는 자신의 능력을 마음껏 발휘할 직장을 얻게 되며 직장인은 월급이 오르거나 승진을 하게 된다.

* 우물에 물건을 떨어뜨리는 꿈

사업가는 부도를 맞을 징조이니 신용이 좋은 거래처라도 외상대금에 신경써야하고 직장인은 정리해고, 좌천, 감봉처분 등의 불이익을 당할조짐이니 맡은바 일에 충실하면서 대인관계에 신경써야 할 것이다. 임신부는 유산할 조짐이니 무리한 운동을 삼가하고 먼 여행은 떠나지 않는 것이 좋으리라.

* 우물에 자신의 얼굴을 비춰 보이는 꿈

계획한 일이 순조롭게 진행되고 안될 것이라고 생각한 일도 귀인이 나타나 물심양면으로 도와주게 된다. 직장인은 월급이 오르거나 승진을 하게되며 수험생은 우수한 성적으로 합격을 하게 된다. 미혼의 청춘남녀라면 평소에 원하는 이상형의 배우자를 만나 즐거운 시간을 보내게 된다.

* 우물 옆에 뽕나무가 자란 꿈

흉몽이다. 가족중에 누군가가 건강에 이상이 생겨 병원을 출입하게 될 징조이다. 또는 도둑을 맞을 징조이니 소지품이나 귀중품 보관에 신경써야 할 것이다. 특히 사기를 당하거나 재물을 잃을 징조이니 보증을 서거나 금전거래, 주식투자, 연대보증, 낙찰계, 신규사업, 확장, 동업 등은 보류하는 것이 좋으리라.

* 우물이 무너지는 꿈

친척이나 친구, 애인 또는 부부간에 사소한 일로 다툼이 일어나 결별한 징조이니 자존심 상하게 하는 말을 삼가하고 오해 받는 행동을 피해야 할 것이다. 또한 대형사고가 날 징조이니 먼 여행을 떠나거나 자가운전은 하지 않는 것이 좋으리라. 특히, 임신부는 유산할 징조이니 각별히 몸조심 해야 할 것이다.

* 우물이 흙더미에 덮여 버리거나 없어진 꿈

가족중에 누군가가 건강에 이상이 생겨 병원을 출입하게 될 징조이다. 또한 사기를 당하거나 재물을 잃을 조짐이니 금전거래, 주식투자, 동업, 신규사업, 확장, 낙찰계, 연대보증, 어음할인 등은 좀더 보류하는 것이 좋으리라. 특히 임신부는 유산할 조짐이니 무리한 운동을 삼가하고 먼 여행은 떠나지 않는 것이 좋으리라.

* 자신이 우물에 빠지는 꿈

소송이 일어나거나 재물을 잃을 징조이니 금전거래, 주식투자, 연대보증, 신규사업, 확장, 동업, 낙찰계 어음할인 등은 좀더 보류하는 것이 좋으리라. 또한 대형사고가 날 조짐이니 먼 여행을 떠나거나 자가운전은 하지 않는 것이 좋으리라. 특히 임신부는 유산할 조짐이니 무리한 운동을 삼가하고 먼 여행은 하지 않는 것이 좋으리라.

* 집안에 우물이 있는 것을 본 꿈

수험생은 기대이상의 좋은 성적으로 합격을 하게 되고 직장인은 평소에 원하던 부서로 승진을 하게 되며 사업가는 매상을 많이 올려줄 거래처를 잡게 된다. 또한 실업자는 근무조건이 좋은 직장을 얻게 된다. 다만 감기몸살을 앓거나 질병을 얻게될 징조이니 건강관리에 신경써야 할 것이다.

제 3 장

음식물에 관한 꿈

* 가지를 먹는 꿈

임신부라면 장차 집안에 기둥이 될 아들이 태어날 태몽이다. 수험생은 기대 이상의 좋은 성적으로 합격을 하게되고 직장인은 월급이 오르거나 승진을 하게 되며 실업자는 자신의 능력을 마음껏 발휘할 직장을 얻게 된다. 재물운도 좋고, 매사가 순조로운 길몽이다.

* 꿀이나 엿을 먹는 꿈

매사가 잘되어가는듯 하다가도 꼬일 징조이니 계획을 크게 잡지 말고 축소하는 것이 좋으리라. 또한 도둑을 맞을 징조이니 소지품이나 귀중품보관에 신경써야 할 것이다. 특히 임신부는 유산할 징조이니 무리한 운동을 삼가하고 먼 여행은 떠나지 않는 것이 좋으리라.

* 남에게 술을 주는 꿈

친척이나 친구, 선배, 후배, 애인 또는 부부간에 사소한 일로 다툼이 일어나 결별할 징조이니 자존심 상하게 하는 말을 삼가하고 오해받는 행동을 피해야 할 것이다. 또한 매사가 잘되어가는듯 하다가도 꼬일 조짐이니 계획을 크게 잡지말고 축소하는 것이 좋으리라.

* 떡을 먹는 꿈

기다리던 곳에서 반가운 소식이 오거나 생각지 않은 곳에서 선물이나 돈이 들어올 징조이다. 미혼의 청춘남녀라면 평소에 원하던 이상형의 배우자를 만나 즐거운 시간을 보내게 되고 수험생이라면 우수한 성적으로 합격을 하게 되며 직장인은 월급이 오르게 된다. 실업자는 근무조건이 좋은 직장을 얻게 된다.

* 레스토랑이나 카페, 음식점에 들어간 꿈

사업가는 중요한 계약을 성사시키거나 자금난에서 벗어나게 되고 실업자는 월급이 많고 적성에도 맞는 직장을 얻게되며 직장인은 평소에 원하던 부서로 승진을 하게 된다. 또한 수험생은 우수한 성적으로 합격을 하게 되고 미혼자는 애인을 만나 분위기있는 곳에서 즐거운 시간을 보내게 된다.

* 만두를 먹는 꿈

사업가는 부도를 맞을 징조이니 신용이 좋은 거래처라도 외상대금에 신경써야 하고 직장인은 정리해고, 좌천, 감봉처분 등의 불이익을 당할 징조이니 맡은바 일에 충실하면서 대인관계에 신경써야 할 것이다. 실업자는 오라고 하는데는 여러곳 있으나 월급이 생각보다 적어 보류하게 될 것이다.

* 미역국을 먹는 꿈

흉허물없는 사람과 사소한 일로 다툼이 일어나 결별할 징조이니 지나친 농담을 삼가하고 오해받는 행동을 피해야 할 것이다. 또한 배신을 당하거나 재물을 잃을 징조이니 보증을 서거나 금전대여, 낙찰계, 신규사업, 확장, 동업, 어음할인, 사람소개 등은 보류하는 것이 좋으리라.

* 밥을 먹는 꿈

이사를 하거나 직장을 옮기게 될 징조이다. 혹은 건강에 이상이 생겨 병원을 출입하게 될 조짐이다. 특히 친구나 친척, 애인 또는 부부간에 사소한 일로 다툼이 일어나 결별할 징조이니 자존심 상하게 하는 말을 삼가하고 오해받는 행동을 피해야 할 것이다.

* 사탕이나 과자를 먹는 꿈

직장인은 현재 근무하는 회사를 계속 다닐것인지 그만둘 것인지 고민을 하게 된다. 사업가는 업종을 변경하거나 자금문제로 고민을 하게 되고 미혼의 청춘남녀라면 사귀던 애인과 헤어지고 새로운 애인을 만나게 된다. 수험생은 아슬아슬하게 합격을 하게 된다.

* 산삼이나 약초를 먹는 꿈

기다리던 곳에서 반가운 소식이 오거나 빌려준 돈을 받게 된다. 또한 새로운 일을 시작하거나 직장을 옮기게 된다. 미혼의 청춘남녀라면 애인을 만나 분위기 있는 곳에서 즐거운 시간을 보내게 되고 수험생은 아슬아슬하게 합격을 하게 되며, 실업자는 적성에 맞는 직장을 얻게된다.

* 생선이나 새 종류를 요리해 먹는 꿈

빌려준 돈을 받거나 기다리던 곳에서 반가운 소식이 오게 된다. 소설가, 작가, 시인, 연예인, 서예가, 화가 등은 자신의 작품이 세상에 널리 알려지게 되고 직장인은 월급이 오르거나 부수입이 있는 부서로 옮기게 되며, 실업자는 적성에 맞는 직장을 얻게 된다. 노총각이나 노처녀는 애인을 만나 분위기 있는 곳에서 즐거운 시간을 보내게 된다.

* 술에 취하여 누워 있는 꿈

소송이 일어나거나 재산을 탕진할 징조이니 보증을 서거나 주식투자, 금전대여, 신규사업, 확장, 동업, 어음할인, 낙찰계, 사람소개 등은 보류하는 것이 좋으리라. 또한 대형사고가 날 징조이니 먼 여행을 떠나거나 자가운전은 하지 않는 것이 좋으리라.

* 술을 마시며 신나게 노는 꿈

건강에 이상이 생겨 병원을 출입하게 될 징조이니 몸관리에 신경써야 할 것이다. 또한 흉허물없는 사람과 사소한 일로 다툼이 일어나 결별할 징조이니 지나친 농담을 삼가하고 오해 받는 행동을 피해야 할 것이다. 특히 임신부는 유산할 조짐이니 무리한 운동을 삼가하고 먼 여행은 떠나지 않는 것이 좋으리라.

* 여기저기 호박이 많이 열리거나 자신이 호박을 먹는 꿈

이사를 하거나 직장을 옮기게 된다. 또는 금전문제로 고민하거나 취직문제로 고민하게 된다. 음이 양으로 바뀌는 신호이니 조금만 참고 기다리면 막혔던 일이 풀리고 원하는 것을 얻게 된다. 미혼의 청춘남녀라면 애인을 만나 분위기 있는 곳에서 즐거운 시간을 보내게 된다.

* 오이를 먹는 꿈

오랫동안 만나지 못했던 친척이나 친구, 선배, 후배, 스승 등을 만나 정담을 나누게 된다. 미혼의 청춘남녀라면 사귀던 애인과 헤어지고 새로운 애인을 만나 섹스를 하게 된다. 다만 망신수가 있으니 행동에 조심해야 할 것이다.

* 잼이나 크림을 빵에 발라먹는 꿈

오랫동안 만나지 못했던 친척이나 친구, 후배, 선배 또는 스승을 만나게 된다. 또는 그동안 미루어오던 투자, 계약, 상담 등을 마무리 하게 된다. 미혼의 청춘남녀라면 애인을 만나 분위기 있는 곳에서 즐거운 시간을 보내게 되고 수험생이라면 아슬아슬하게 합격을 하게 된다.

* 파, 마늘을 먹는 꿈

근거없는 구설수에 휘말려 한동안 마음고생을 하게 된다. 또는 자신의 비밀이 탄로나거나 명예롭지 못한일에 자신의 이름이 거론된다. 특히 사기를 당하거나 재물을 잃을 징조이니 금전거래, 주식투자, 연대보증, 낙찰계, 동업, 신규사업, 확장, 어음할인 등은 보류하는 것이 좋으리라.

제 4 장

꽃과 나무에 관한 꿈

* 꽃나무를 뿌리채 캐낸 꿈

임신부라면 효성이 지극한 딸을 낳을 태몽이다. 수험생은 기대이상의 좋은 성적으로 합격을 하게 되고 직장인은 월급이 오르거나 승진을 하게 되며 실업자는 대우가 좋은 직장을 얻게 된다. 노총각이나 노처녀라면 평소에 원하던 이상형의 배우자를 만나 결혼을 하게 된다.

* 꽃이 시들거나 떨어지는 꿈

이사를 하거나 직장을 옮기게 된다. 특히 사기를 당하거나 재물을 잃을 징조이니 보증을 서거나 금전대여, 낙찰계, 신규사업, 확장, 동업, 어음할인, 사람소개 등은 보류하는 것이 좋으리라. 임신부는 유산할 징조이니 무리한 운동을 삼가하고 먼 여행을 떠나지 않는 것이 좋으리라.

* 나무를 심어보는 꿈

걱정했던 일들이 말끔히 해소되고 기다리던 곳에서 반가운 소식이 오거나 빌려준 돈을 받게 된다. 수험생은 우수한 성적으로 합격을 하게되고 직장인은 평소에 원하던 부서로 승진을 하게되며 실업자는 대우가 좋은 직장을 얻게 된다. 또한 미혼의 청춘남녀라면 애인을 만나 섹스를 즐기게 된다.

* 나무에 꽃이 피어 만발해 보이는 꿈

실업자는 월급이 많고 적성에도 맞는 직장을 얻게되고, 직장인은 평소에 원하던 부서로 승진을 하게되며 수험생은 기대이상의 좋은 성적으로 합격을 하게 된다. 또한 사업가는 물심양면으로 도와줄 귀인을 만나게 되고 환자라면 좋은 의사를 만나 건강을 되찾게 된다.

* 나무에서 떨어지는 꿈

대형사고가 날 징조이니 먼 여행을 떠나거나 자가운전은 하지 않는 것이 좋으리라. 또한 배신을 당하거나 재물을 잃을 조짐이니 금전거래, 연대보증, 낙찰계, 어음할인, 신규사업, 확장, 동업, 사람소개 등은 보류하는 것이 좋으리라. 특히 화재수가 있으니 불조심해야 할 것이다.

* 나무에 열매가 많이 달려 있는 것을 본 꿈

태몽이다. 임신부는 장차 많은 사람들의 존경을 받으며 사회에 큰 공헌을 할 아들을 낳을 징조이다. 미혼의 청춘남녀라면 평소에 원하던 이상형의 배우자를 만나 결혼을 하게 되고 수험생은 좋은 성적으로 합격을 하게 되며 직장인은 승진을 하게 된다. 매사가 순조롭게 진행되고 금전운도 좋은 길몽이다.

* 남에게 꽃을 나누어 주는 꿈

사기를 당하거나 재물을 잃을 징조이니 보증을 서거나 금전거래, 낙찰계, 신규사업, 확장, 동업, 어음할인, 사람소개 등은 보류하는 것이 좋으리라. 또한 친척이나 친구, 애인 또는 부부간에 사소한 일로 다툼이 일어나 결별할 징조이니 자존심 상하게 하는 말을 삼가하고 오해받는 행동을 피해야 할 것이다.

* 밤나무를 보거나 밤을 줍는 꿈

흉허물없는 사람과 사소한 일로 다툼이 일어나 결별할 징조이니 지나친 농담을 삼가하고 오해받는 행동을 피해야 할 것이다. 또한 사기를 당하거나 재물을 잃을 징조이니 금전거래, 연대보증, 낙찰계, 신규사업, 확장, 동업, 어음할인 등은 보류하는 것이 좋으리라.
특히 여행을 떠나지 말라. 사고가 날 징조이므로……

* 산에서 나무를 베거나 잘라서 집으로 가져온 꿈

사농은 주식이나 채권 또는 부동산 값이 많이 올라 큰 이익을 안겨 주게 된다. 또는 기다리던 곳에서 반가운 소식이 오거나 빌려준 돈을 받게 된다. 수험생은 우수한 성적으로 합격을 하게되고 실업자는 적성에 맞는 직장을 얻게되며 회사원이나 공무원은 승진을 하게 된다. 또한 미혼자는 애인을 만나 섹스를 즐기게 된다.

* 소나무 또는 대나무가 울창해 보이는 꿈

새로운 일을 시작하거나 직장을 이동하게 된다. 또는 빌려준 돈을 받거나 기다리던 곳에서 반가운 소식이 오게 될 징조이다. 수험생은 기대이상의 좋은 성적으로 합격을 하게 되고 실업자는 근무조건이 좋은 직장을 얻게되며 직장인은 평소에 원하던 부서로 승진을 하게 된다.

* 수풀 가운데 큰나무가 보이는 꿈

임신부라면 장차 집안의 기둥이 될 아들이 태어날 태몽이다. 노총각이나 노처녀라면 평소에 원하던 이상형의 배우자를 만나 결혼을 하게 되고 수험생이라면 기대이상의 좋은 성적으로 합격을 하게 되며 실업자라면 근무조건이 좋은 직장을 얻게 된다. 금전운도 좋고 매사가 순조로운 길몽이다.

* 연못에 연꽃이 피어있는 꿈

임신부라면 효성이 지극한 딸이 태어날 태몽이다. 미혼의 청춘남녀라면 평소에 원하던 이상형의 배우자를 만나 결혼을 하게 되고, 수험생이라면 기대이상의 좋은 성적으로 합격을 하게 되며, 실업자라면 적성에 맞는 직장을 얻게 된다. 재물운도 좋고, 매사가 술술 풀려 나가는 길몽이다.

* 예식장이 온통 화환으로 장식된 꿈

공무원이나 회사원은 승진을 하게되고 실업자는 월급이 많고 적성에도 맞는 직장을 얻게되며 사업가는 물심양면으로 도와줄 귀인을 만나게 된다. 노총각이나 노처녀라면 평소에 원하던 이상형의 배우자를 만나 결혼을 하게 된다. 특히 빌려준 돈을 받거나 사놓은 부동산 또는 주식, 채권등이 값이 많이 오른다.

* 월계수를 본 꿈

이혼녀는 돈많은 남자에게 시집을 가게되고 환자는 좋은 의사를 만나 건강을 되찾게 되며 실업자는 근무조건이 좋은 직장을 얻게 된다. 또한 수험생은 수석이나 차석으로 합격을 하게되고 직장인은 평소에 원하던 부서로 승진을 하게 된다. 특히 사놓은 부동산이나 주식 또는 채권 등이 값이 많이 오르게 된다.

* 큰나무가 부러지는 것을 본 꿈

흉몽이다. 자신이 큰부상을 입거나 흉사할 징조이니 먼 여행을 떠나거나 자가운전을 하지말라. 또한 재산을 탕진할 징조이니 신규사업, 동업, 주식투자, 낙찰계, 어음할인 등은 보류하는 것이 좋으리라. 임신부는 유산할 징조이니 각별히 몸조심해야 할 것이다.

* 큰나무를 짊어지는 꿈

생각지 않는 곳에서 귀중한 선물을 보내오거나 기다리던 곳에서 반가운 소식이 오게 된다. 이혼녀는 돈많은 남자에게 시집을 가게되고 환자는 좋은 의사를 만나 건강을 되찾게 되며 직장인은 많은 부하를 거느리는 부서로 승진을 하게 된다. 금전운도 좋고 매사가 순조롭게 진행되는 길몽이다.

* 큰나무에 올라보는 꿈

수험생은 기대이상의 좋은 성적으로 합격을 하게되고 직장인은 월급이 오르거나 승진을 하게되며 실업자는 근무조건이 마음에 드는 직장을 얻게 된다. 또한 사업가는 매상을 많이 올려줄 거래처를 잡게 되고 미혼자는 애인을 만나 분위기 있는 곳에서 즐거운 시간을 보내게 된다.

제 5 장

죽음에 관한 꿈

* 관속에 살아있는 사람을 넣는 것을 본 꿈

사기를 당하거나 재물을 잃을 징조이니 금전거래, 주식투자, 연대보증, 신규사업, 확장, 동업, 낙찰계, 어음할인 등은 보류하는 것이 좋으리라. 또한 흉허물없는 사람과 사소한 일로 다툼이 일어나 결별할 징조이니 지나친 농담을 삼가하고 오해받는 행동을 피해야 할 것이다. 특히 대형사고가 날 조짐이니 먼 여행을 떠나거나 자가운전은 하지 않는 것이 좋으리라.

* 관속에 시체를 넣는 것을 본 꿈

아파트 추첨에 당첨되거나 생각지 않은 곳에서 목돈이 들어오게 된다. 또는 사놓은 부동산이나 주식 또는 채권값이 많이 올라 큰이익을 안겨주게 된다. 연예인이나 소설가, 작가, 시인, 화가, 서예가 등은 자신의 작품이 세상에 널리 알려지게 된다. 일종의 횡재할 꿈이다.

* 무덤 가운데서 백발노인이 나타나는 꿈

노총각이나 노처녀는 평소에 원하던 이상형의 배우자를 만나 결혼을 하게되고 직장인은 월급이 오르거나 승진을 하게되며 실업자는 근무조건이 좋은 직장을 얻게 된다. 또한 사업가는 매상을 많이 올려줄 거래처를 잡거나 귀인의 도움으로 자금난에서 벗어나게 된다.

* 무덤 앞에 엎드려 절을 한 꿈

실업자는 적성에 맞는 직장을 얻게되고 직장인은 월급이 오르거나 승진을 하게되며 수험생은 우수한 성적으로 합격을 하게 된다. 또한 사업가는 매상을 많이 올려줄 거래처를 잡거나 귀인의 도움으로 자금난에서 벗어나게 된다. 노총각이나 노처녀는 평소에 원하던 이상형의 배우자를 만나 결혼을 하게 된다.

* 무덤에 불이나는 꿈

걱정했던 일들이 말끔히 해소되고 기다리던 곳에서 반가운소식이 오거나 생각지 않은 곳에서 귀중한 선물이 들어오게 된다. 환자는 병이 완쾌될 징조이고 직장인은 월급이 오르거나 부서를 옮기게 되며 실업자는 근무조건이 좋은 직장을 얻게 된다. 미혼의 청춘남녀라면 세명의 애인을 놓고 진정한 내 배필은 누구인지 고민을 하게 된다.

* 무덤 위에 꽃이피어 있는 꿈

사놓은 부동산이나 주식, 채권 등의 값이 많이 올라 큰이익을 안겨 주게 된다. 또는 빌려준 돈을 받거나 기다리던 곳에서 반가운 소식이 오게 된다. 직장인은 평소에 원하던 부서로 승진을 하게되고 노총각이나 노처녀는 결혼을 하게되며 임신부는 집안에 기둥이 될 아들이 태어날 태몽이다.

* 무덤을 보고 있는데 시체 썩은 냄새가 진동하는 꿈

수험생은 우수한 성적으로 합격을 하게되고 실업자는 근무조건이 좋은 직장을 얻게되며 직장인은 평소에 원하던 부서로 승진을 하게된다. 또한 사업가는 물심양면으로 도와줄 귀인을 만나게 된다. 매사가 순조롭게 진행되고 횡재수도 따르는 길몽이다.

* 무덤이 순식간에 없어지고 벌레만 기어다니는 꿈

흉몽이다. 대형사고가 날 징조이니 장거리 여행을 떠나거나 자가운전은 하지 않는 것이 좋으리라. 또한 사기를 당하거나 재산을 탕진할 징조이니 금전거래, 연대보증, 낙찰계, 동업신규사업, 확장, 어음할인 등은 보류하는 것이 좋으리라. 특히 임신부는 유산할 징조이니 각별히 몸조심 해야 할 것이다.

* 무덤이 저절로 벌어지거나 열린 꿈

자신의 능력을 마음껏 발휘할 기회가 주어지게 되고 하는 일마다 금전에 이익이 많이 따르게 된다. 또한 계획한 일은 그간의 노력을 바탕으로 좋은 성과를 보이며 사회적으로 입신출세하여 삶의 보람을 만끽하게 된다. 특히 다른사람에게 돌아갈 행운이 자신의 차지가 된다.

* 무덤이 크고 높은 것을 본 꿈

새로운 일을 시작하거나 직장을 옮기게 된다. 또는 이사를 하거나 기다리던 곳에서 반가운 소식이 오게 된다. 환자는 좋은 의사를 만나 건강을 되찾게 되고 사업가는 물심양면으로 도와줄 귀인을 만나게 되며 신혼살림을 차린 청춘남녀라면 임신을 알리는 태몽이다. 금전운도 양호하고 매사가 순조롭게 진행되는 길몽이다.

* 죽었던 사람이 관에서 살아서 나오는 것을 본 꿈

사업가는 부도를 맞을 징조이니 신용이 좋은 거래처라도 외상대금에 신경을 써야하며 임신부는 유산할 징조이니 무리한 운동을 삼가하고 먼 여행은 떠나지 않는 것이 좋으리라. 특히 친척이나 친구, 애인 또는 부부간에 다툼이 일어나 결별할 징조이니 자존심 상하게 하는 말을 삼가하고 오해받는 행동을 피해야 할 것이다.

제 6 장

가재도구에 관한 꿈

* 가구를 집안으로 들여놓는 꿈

이사를 하거나 직장을 옮기게된다. 미혼자는 평소에 원하던 이상형의 배우자를 만나 결혼할 꿈이다. 수험생은 아슬아슬하게 합격을 하게 되며, 실업자는 월급은 많지 않아도 적성에 맞는 직장을 얻게 된다. 다만 구설수가 따르니 흉허물없는 사이라도 자신의 가정일이나 신상에 관한 일들을 함부로 말하지 말라.

* 가위를 본 꿈

기다리던 곳에서 반가운 소식이 오거나 생각지 않는 곳에서 귀중한 선물 또는 돈이 들어올 징조이다. 특히 오랫동안 만나지 못했던 친구나 친척, 애인, 선배, 후배 또는 스승을 만나 정담을 나누게 된다. 수험생은 아슬아슬하게 합격을 하게되고 실업자는 근무조건이 좋은 직장을 얻게 된다.

* 거울로 자신의 얼굴을 보는 꿈

직장인은 현재 다니고 있는 직장을 계속다닐 것인지, 그만둘 것인지 고민을 하게되며 미혼의 청춘남녀라면 애인을 만나 분위기 있는 곳에서 즐거운 시간을 보내게 된다. 사업가는 매상을 많이 올려줄 거래처를 잡거나 귀인의 도움으로 자금난에서 벗어나게 된다.

* 거울이 깨어지는 것을 본 꿈

임신부는 유산할 징조이니 무리한 운동을 삼가하고 먼 여행을 떠나지 않는 것이 좋으리라. 특히 친척이나 친구, 형제, 애인 또는 부부간에 사소한 일로 다툼이 일어나 결별할 징조이니 자존심 상하게 하는 말을 삼가하고 오해받는 행동을 피해야 할 것이다.

* 깨진 도자기나 금이간 그릇을 취급한 꿈

흉몽이다. 부모, 형제, 부부, 자식 또는 본인이 건강에 이상이 생겨 병원을 출입하게 될 징조이다. 혹은 화재로 인해 집이 전소될 징조이니 각별히 불조심해야 할 것이다. 먼 여행을 떠나려고 계획을 세운사람은 대형사고가 날 징조이니 여행을 보류하는 것이 좋으리라.

* 남에게서 거울을 받는 꿈

노총각이나 노처녀는 평소에 원하던 이상형의 배우자를 만나 결혼을 하게되며 직장인은 출장을 떠나거나 자신의 실적을 놓고 상사와 토론을 벌이게 된다. 임신부라면 장차 집안에 기둥이 될 아들을 낳을 태몽이다. 수험생은 아슬아슬하게 합격을 하게되며 실업자는 월급은 많지 않아도 적성에 맞는 직장을 얻게 된다.

* 남에게서 부채를 얻은 꿈

걱정했던 일들이 말끔히 해소되고 생각지 않은 곳에서 귀중한 선물이 들어오게 된다. 직장인은 이동수가 있으며 노총각, 노처녀는 맞선을 보거나 약혼을 하게 된다. 금전운도 좋고 매사가 순조롭게 진행되는 길몽이다. 그러나 부채를 잃어버리는 꿈은 흉몽이다.

* 남에게서 쟁반이나 주전자를 받은 꿈

오랫동안 만나지 못했던 친척이나 친구, 선배, 후배, 애인 또는 스승을 만나 정담을 나누게 된다. 또는 생각지 않은 곳에서 선물이 들어오거나 빌려준 돈을 받게 된다. 다만 실물수가 있으니 소지품이나 귀중품보관에 신경써야 할 것이다.

* 냄비나 술잔 또는 밥상이 깨져보이는 꿈

도둑을 맞을 징조이니 소지품이나 귀중품보관에 신경써야 할 것이다. 임신부는 유산할 징조이니 무리한 운동을 삼가하고 먼 여행은 떠나지 않는 것이 좋으리라. 매사가 잘되어가는듯 하다가도 꼬일 징조이니 주식투자, 사람소개, 문서계약, 신규사업, 동업등은 보류하는 것이 좋으리라.

* 담요나 이부자리를 까는(펴는) 꿈

친한 사람과 사소한 일로 다툼이 일어나 결별할 징조이니 자존심 상하게 하는 말을 삼가하고 오해 받는 행동을 피해야 할 것이다. 또는 매사가 잘되어가는듯 하다가도 꼬일 징조이니 계획을 크게잡지 말고 축소하는 것이 좋으리라.

* 담요나 이불 또는 커텐을 찢는 꿈

실물수가 있으니 소지품이나 귀중품보관에 신경써야 할 것이다. 또한 사기를 당하거나 재물을 잃을 징조이니 금전거래, 연대보증, 낙찰계, 신규사업, 확장, 동업, 문서계약, 어음할인 등은 보류하는 것이 좋으리라.

* 도끼를 보거나 도끼로 장작을 패는 꿈

임신부라면 장차 집안의 기둥이 될 아들이 태어날 태몽이다. 미혼자는 혼담이 성사되며 수험생은 합격을 하게된다. 또한 직장인은 승진을하게 되며 실업자는 직장을 얻게 된다. 매사가 순조롭게 진행되며 금전운도 좋은 길몽이다.

* 망치(장도리)나 톱을 본 꿈

계획한 일이 금전문제로 뜻밖의 어려움을 당하게 되어 윗사람이나 아랫 사람에게 도움을 요청하게 될 징조이다. 특히 대형사고가 날 징조이니 먼 여행을 떠나거나 자가운전은 하지않는 것이 좋으리라.

* 머리빗을 보는 꿈

직장인은 부서를 옮기거나 월급이 오르게 되며 실업자는 월급은 많지 않아도 적성에 맞는 직장을 얻게 된다. 사업가는 업종을 변경하거나 동업을 하게되며 수험생은 아슬아슬하게 합격을 하게 된다. 미혼의 청춘남녀라면 애인을 만나 섹스를 즐기게 된다. 다만 도둑을 맞을 징조이니 소지품이나 귀중품보관에 신경써야 할 것이다.

* 바둑알 또는 장기알을 본 꿈

실물, 도난, 손재 또는 화재가 일어날 징조이니 주식투자, 금전대여, 연대보증, 신규사업, 확장, 동업, 낙찰계, 어음할인, 사람소개 등은 보류하는 것이 좋으며 각별히 화재예방에 신경써야 할 것이다.

* 방안에 병풍이 둘러쳐 있는 꿈

주위에 오랫동안 병석에 누워있던 분이 사망하거나 본인의 건강이 나빠질 징조이며 사기를 당하거나 재물을 잃을 징조이니 보증을 서거나 금전거래, 주식투자, 신규사업, 확장, 동업, 문서계약, 낙찰계, 어음할인, 사람소개 등은 보류하는 것이 좋으리라.

* 비녀를 사거나 보는 꿈

남편이 바람을 피울 징조이며 남편이 이 꿈을 꾸면 아내가 바람을 피울 징조이다. 미혼자는 애인의 마음이 변할 징조이다. 사업가는 부도를 맞을 징조이니 신용이 좋은 거래처라도 외상대금에 신경써야 할 것이다. 직장인은 정리해고, 좌천, 감봉처분 등의 불이익을 당할 징조이니 맡은바 일에 충실하면서 대인관계에 신경써야 할 것이다.

* 빗자루를 보거나 얻는 꿈

실업자는 취직을 하게되며 수험생은 우수한 성적으로 합격을 하게 된다. 또한 직장인은 월급이 오르거나 승진을 하게되며 노총각, 노처녀는 결혼을 하게 된다. 금전운도 좋고 매사가 순조롭게 진행되는 길몽이다. 그러나 헌(낡은)빗자루를 보거나 얻은 꿈은 흉몽이다. 관재, 구설, 손재 또는 송사가 일어날 징조이니 주식투자, 금전대여, 연대보증, 동업, 낙찰계, 신규사업, 확장, 어음할인, 사람소개 등은 좀더 보류하는 것이 좋으며 각별히 도둑을 조심해야 할 것이다.

* 새로 발을 만들어 문에다는 꿈

직장인은 월급이 오르거나 승진을 하게되며 수험생은 기대이상의 좋은 성적으로 합격을 하게 된다. 실업자는 근무조건이 좋은 직장을 얻게되며 미혼의 청춘남녀라면 애인을 만나 분위기있는 곳에서 즐거운 시간을 보내게 된다.

* 솥 밑에 불을 피우는 꿈

미혼의 청춘남녀라면 애인을 만나 분위기 있는 곳에서 즐거운 시간을 보내게 되며 직장인은 동료나 상사가 못한일을 자신이 성사시켜 신임을 얻게되며 실업자는 월급이 많고 적성에도 맞는 직장을 얻게 된다. 수험생은 아슬아슬하게 합격을 하게 된다. 금전운도 좋고 매사가 순조롭게 풀리는 길몽이다.

* 솥이 깨어지는 꿈

흉몽이다. 건강에 이상이 생겨 병원을 출입하게 될 징조이다. 또는 송사가 일어나거나 재물을 잃을 조짐이니 주식투자, 금전거래, 연대보증, 낙찰계, 어음할인, 신규사업, 확장, 동업, 문서계약, 사람소개 등은 보류하는 것이 좋으리라.

* 솥이나 냄비에 물을 부글부글 끓이는 것을 보는 꿈

임신부는 장차 집안의 기둥이 될 아들을 낳을 태몽이다. 미혼의 청춘남녀라면 평소에 원하던 이상형의 배우자를 만나 결혼할 꿈이며 직장인은 월급이 오르거나 승진을 하게되며 수험생은 기대이상의 좋은 성적으로 합격을 하게된다. 실업자는 월급이 많고 적성에도 맞는 직장을 얻게 된다.

* 수건을 보는 꿈

흉몽이다. 직장인은 정리해고, 좌천, 감봉처분 등의 불이익을 당할 징조이니 맡은바 일에 충실하면서 대인관계에 신경써야 하며 사업가는 부도를 맞거나 동업자가 배신을 할 징조이니 각별히 조심해야 할 것이다. 또한 임신부는 유산할 징조이니 무리한 운동을 삼가하고 먼 여행은 떠나지 않는 것이 좋으리라.

* 수저(숫가락)를 만지는 꿈

미혼의 청춘남녀라면 애인을 만나 섹스를 즐기게 되며 결혼한 여성이라면 남편이 바람을 피울 징조이다. 남녀모두 망신을 당할 징조이니 각별히 행동에 조심을 해야할 것이다. 사업가는 신용이 좋은 거래처라도 경계해야 할 것이다.

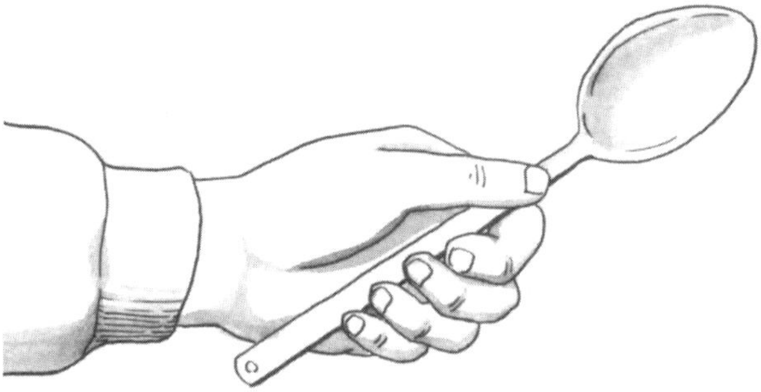

* 자신의 침대에 피가 묻어 있는 꿈

아내가 바람을 피울 징조이며 아내가 이 꿈을 꾸면 남편이 바람을 피울 징조이다. 미혼자는 애인의 마음이 변할 징조이다. 사업가는 부도를 맞을 징조이니 신용이 좋은 거래처라도 외상대금에 신경써야 하며 직장인은 정리해고, 좌천, 감봉처분 등의 불이익을 당할 징조이니 맡은바 일에 충실하면서 대인관계에 신경쓰라.

* 저분(젓가락)을 만지는 꿈

직장인은 평소에 원하던 부서로 승진을 하게되며 수험생은 우수한 성적으로 합격을 하게 된다. 또한 실업자는 근무조건이 좋은 직장을 얻게되며, 사업가는 물심양면으로 도와줄 귀인을 만나게 된다. 노총각이나 노처녀는 혼담이 성사된다.

* 집밖으로 세간살이나 가구를 꺼낸 꿈

가까운 친척이나 친구가 큰사고를 당하거나 본인이 교통사고를 당할 징조이니 각별히 운전조심, 차 조심해야 할 것이다. 또한 재산을 탕진할 징조이니 주식투자, 금전대여, 낙찰계, 신규사업, 확장, 동업, 어음할인, 사람소개 등은 보류하는 것이 좋으리라.

* 집안의 낡은 가구를 새가구로 바꾼 꿈

이사를 하거나 직장을 옮기게 된다. 또는 새로운 일을 시작하거나 이역만리 타국땅으로 이민을 가게 된다. 노총각이나 노처녀는 평소에 원하던 이상형의 배우자를 만나 결혼을 하게되며 사업가는 업종을 변경하거나 동업을 하게 된다. 임신부는 유산할 징조이니 무리한 운동을 삼가하고 먼 여행을 떠나지 않는 것이 좋으리라.

* 책상이나 장롱이 방안에 가득한 꿈

기다리던 곳에서 반가운 소식이 오거나 생각지 않은 곳에서 귀중한 선물이 들어오게 된다. 또는 걱정했던 일들이 말끔히 해소되고 오랫동안 만나지 못했던 친척이나 친구, 선배, 후배, 스승 또는 애인을 만나 회포를 풀게 된다. 수험생은 우수한 성적으로 합격을 하게 되며 실업자는 적성에 맞는 직장을 얻게 된다.

* 침실에 깔아 놓은 이부자리를 파괴하는 꿈

이사를 하게되거나 직장을 옮기게 된다. 사업가는 부도를 맞을 징조이니 신용이 좋은 거래처라도 외상대금에 신경써야 할 것이다. 특히 친한사람과 다툼이 일어날 징조이니 말조심해야 할 것이다.

* 침실에 깔아 놓은 이부자리에 개미나 벌레가 많이 모여드는 꿈

흉몽이다. 대형사고가 날 징조이니 먼 여행을 떠나거나 자가운전은 하지않는 것이 좋으리라. 임신부는 유산할 징조이니 각별히 몸조심해야 할 것이다.

제 7 장

돈과 재물에 관한 꿈

* 가진 재물을 어려운 사람들에게 나눠준 꿈

오랫동안 사귀던 친구나 애인이 멀리 이사를 가거나 해외로 떠나게 된다. 또한 친척이나 친구, 선배, 후배, 동료, 상사 등과 의견충돌로 다툼이 일어날 징조이니 조금씩 이해하고 양보하는 아량을 베풀어야 할 것이다.

* 경마나 도박에 돈을 크게 걸었다가 손해만 본 꿈

사업가는 매상을 많이 올려줄 거래처를 잡거나 귀인의 도움으로 자금난에서 벗어나게 되며 직장인은 월급이 오르거나 부수입이 있는 부서로 이동을 하게 된다. 실업자는 월급은 적어도 적성에 맞는 직장을 얻게되며 미혼의 청춘남녀라면 애인을 만나 즐거운 시간을 보내게 된다.

* 구리반지가 보석반지로 변하는 꿈

상인은 장사가 잘되고 직장인은 승진을 하게 되며 수험생은 합격을 하게 된다. 또한 실업자는 직장을 얻게되며 미혼자는 혼담이 성사된다. 그러나 보석반지가 변색이 되거나 보석이 갈라지는 꿈은 흉몽이다. 사기를 당하거나 재물을 잃을 징조이니 주식투자, 금전거래, 연대보증, 동업, 신규사업, 확장, 문서계약, 사람소개, 어음할인 등은 보류하는 것이 좋으리라. 또한 대형사고가 날 조짐이니 먼 여행을 떠나거나 자가운전은 하지않는 것이 좋으리라.

* 금단추, 금장식 등을 옷에 새로 다는 꿈

실업자는 근무 조건이 좋은 직장을 얻게 되며 직장인은 월급이 오르거나 승진을 하게 된다. 수험생은 우수한 성적으로 합격을 하게되며 노총각, 노처녀는 평소에 원하던 이상형의 배우자를 만나 결혼을 하게 된다. 금전운도 좋고 매사가 순조로운 길몽이다.

* 금송아지 또는 금두꺼비를 얻은 꿈

임신부는 장차 집안의 기둥이 될 아들이 태어날 태몽이다. 아파트 추첨에 당첨되거나 사놓은 주식, 채권 또는 부동산 값이 많이 오를 징조이다. 매사가 순조롭게 진행되고 금전운도 좋은 길몽이다.

* 금시계 또는 새로운 시계를 손목에 차는 꿈

직장인은 월급이 오르거나 승진을 하게되며 실업자는 근무조건이 좋은 직장을 얻게된다. 사업가는 물심양면으로 도와 줄 귀인을 만나게 되며 수험생은 우수한 성적으로 합격을 하게 된다. 노총각, 노처녀는 미모가 빼어난 배우자를 만나 결혼을 하게 된다.

* 금실로 수놓아진 옷을 선물로 받은 꿈

임신부는 장차 집안의 기둥이 될 아들이 태어날 태몽이다. 기다리던 곳에서 반가운 소식이 오거나 빌려준 돈을 받게 된다. 미혼의 청춘 남녀라면 애인을 만나 분위기 있는 곳에서 즐거운 시간을 보내게 되며 수험생은 기대이상의 좋은 성적으로 합격을 하게 된다.

* 금, 은 또는 돈으로 곡식과 바꾸는 것을 본 꿈

이사를 하게 되거나 기다리던 곳에서 반가운 소식이 오게 된다. 또는 사놓은 주식이나 부동산 채권등의 값이 많이 올라 큰이익을 안겨주게 된다. 수험생은 우수한 성적으로 합격을 하게되며 회사원이나 공무원은 승진을 하게 된다. 노총각이나 노처녀는 평소에 원하던 이상형의 배우자를 만나 결혼할 꿈이다.

* 길에서 돈을 주운 꿈

자신의 능력으로 처리하기 힘든 일을 떠맡게 되고 계획한 일이 누군가가 방해를 하거나 경제적인 문제로 지연되거나 포기될 조짐이다.

* 도박으로 큰돈을 벌어들이는 꿈

도둑을 맞을 징조이니 소지품이나 귀중품보관에 신경써야 할 것이다. 또한 건강에 이상이 생겨 병원을 출입할 징조이니 몸관리에 신경쓰는 것이 좋으리라. 참고로 꿈에 도박 기타 승부를 벌이는 꿈을 자주 꾸는 것은 신장이나 폐가 허약한 탓이니 몸보신에 신경쓰는 것이 좋으리라.

* 도둑이 물건을 훔쳐가는 것을 본 꿈

계획한 일들이 경제적인 문제로 지연될 징조이다. 그러나 머지않아 귀인을 만나 해결된다. 직장인은 출장을 떠나거나 자신의 실적을 놓고 상사간에 토론을 벌이게 되며 미혼의 청춘남녀라면 맞선을 보거나 약혼을 하게 된다.

* 돈이 가득 채워진 가방을 길에서 얻는 꿈

명예를 얻거나 합격을 알리는 길몽이다. 직장인은 윗사람으로 부터 칭찬을 많이 받게 되며 미혼자는 혼담이 들어올 징조이다. 사업가는 귀인을 만나 자금난에서 벗어나게 된다. 그러나 낡은 지폐 몇장을 얻거나 길에서 줍는 꿈은 흉몽이다.

* 돈을 다른 사람에게 나누어 주는 꿈

사기를 당하거나 재물을 잃을 징조이니 보증을 서거나 금전거래, 낙찰계, 신규사업, 확장, 동업, 어음할인, 문서계약 등은 보류하는 것이 좋으리라. 또한 건강에 이상이 생겨 병원을 출입하게 될 징조이니 몸관리에 신경써야 할 것이다.

* 동전을 얻는 꿈

계획한일이 순조롭게 진행되고 안될 것이라고 생각한 일도 귀인이 나타나 적극적으로 도와주게 된다. 다만 구설수와 다툼수가 있으니 친척이나 친구, 애인 또는 부부간에 자존심 상하게 하는 말을 삼가하고 오해받는 행동을 피해야 할 것이다. 수험생은 아슬아슬하게 합격을 하게 된다.

* 반지를 손가락에 끼는 꿈

직장인은 월급이 오르거나 승진을 하게 되며 실업자는 월급은 많지 않아도 적성에 맞는 직장을 얻게 된다. 사업가는 물심양면으로 도와줄 귀인을 만나게 되며 노총각, 노처녀는 평소에 원하던 이상형의 배우자를 만나 결혼을 하게 된다. 금전운도 좋고 매사가 순조롭게 진행되는 길몽이다.

* 보물이 산더미처럼 쌓여있는 꿈

흉몽이다. 매사가 잘되어가는듯 하다가도 꼬일 징조이니 계획을 크게 잡지말고 축소하는 것이 좋으리라. 또한 건강에 이상이 생겨 병원을 출입할 징조이니 몸관리에 신경써야 할 것이다. 사업가는 부도가 날 조짐이니 신용이 좋은 거래처라도 외상대금에 신경써야 할 것이다.

* 보석가게에서 물건은 사지않고 진열장만 들여다본 꿈

건강에 이상이 생겨 병원을 출입하게 될 징조이다. 또는 이사를 하게 되거나 직장을 옮기게 된다. 매사가 잘되어가는듯 하다가도 꼬일 징조이니 계획을 크게 잡지 말고 축소하는 것이 좋으리라. 또한 실물수가 있으니 소지품이나 귀중품 보관에 신경써야 할 것이다.

* 비단을 남에게 얻는 꿈

친목회, 동창회 또는 어떤 모임에 참석하여 감투를 쓰게 된다. 또는 빌려준 돈을 받거나 기다리는 곳에서 반가운 소식이 오게 된다. 직장인은 동료나 상사가 해결 못한 일을 자신이 성사시켜 칭찬을 많이 받게되며 수험생은 우수한 성적으로 합격을 하게 된다. 노총각, 노처녀는 혼담이 들어올 징조이다.

* 여러 곳에서 현금이 들어온 꿈

돈을 헤아리기도 벅찰 정도로 많았다면 길몽이다. 계획한 일이 순조롭게 진행되고 안될 것이라고 생각한 일도 귀인이 나타나 적극적으로 도와주게 된다. 그러나 그다지 많지 않은 현금이라면 흉몽이다. 관재, 구설, 손재등이 따르니 분수에 맞는 생활을 해야 한다.

* 은장도를 받은 꿈

동창회 친목회 또는 어떤 모임에 참석하여 감투를 쓰게 되거나 친구로부터 애인을 소개받을 징조이다. 망신수가 따르는 꿈이니 이성문제에 각별히 조심해야 할 것이다. 또한 사고가 날 징조이니 차조심, 운전조심 해야 할 것이다.

* 입으로 보석을 토하는 꿈

오랫동안 만나지 못했던 친척이나 친구가 찾아오거나 먼 곳에서 기쁜 소식이 올 징조이다. 미혼자는 사귀던 애인과 헤어지고 새로운 애인을 만나 섹스를 즐기게 된다. 사업가는 물심양면으로 도와줄 귀인을 만나게 된다. 그러나 보석을 토하다가 목에 걸려서 고통을 느끼며 잠이 깬 꿈은 흉몽이다. 도난, 화재 또는 사기를 당할 징조이니 문서계약이나 금전대여는 좀더 보류하는 것이 좋으며 집안단속과 화재예방에 신경써야 할 것이다.

* 밭이나 길에서 반짝반짝 윤이나는 동전이나 금화를 줍는 꿈

이사를 하게 되거나 승진, 합격 등을 알리는 길몽이다. 미혼자는 혼담이 성사되며 사업가는 물심양면으로 도와줄 귀인을 만나며 헌동전을 줍는꿈은 흉몽이다. 친한사람과 의견충돌로 다툼이 일어날 징조이다.

* 텅비어 있는 반지 상자를 받은 꿈

흉몽이다. 사기를 당하거나 재물을 잃을 징조이니 금전거래, 연대보증, 주식투자, 어음할인, 신규사업, 확장, 동업, 낙찰계, 문서계약 등은 보류하는 것이 좋으리라. 또한 대형사고가 날 징조이니 먼 여행을 떠나거나 자가운전은 하지말라.

제 8 장

옷과 악세서리에 관한 꿈

* 검은 상복이나 흰옷을 입어보는 꿈

환자는 좋은 의사를 만나 건강을 되찾게 되며 실업자는 근무조건이 좋은 직장을 얻게 된다. 직장인은 직장을 옮기거나 부서를 이동하게 되며 수험생은 우수한 성적으로 합격을 하게 된다. 미혼자는 맞선을 보거나 약혼을 하게 된다.

* 금관을 쓰고 있는 꿈

임신부라면 장차 집안의 기둥이 될 아들이 태어날 태몽이다. 수험생은 수석이나 차석으로 합격을 하게되며 직장인은 평소에 원하던 부서로 승진을 하게 된다. 사업가는 물심양면으로 도와줄 귀인을 만나게되며 미혼자는 결혼을 하게 된다.

* 남에게 손수건을 얻는 꿈

건강에 이상이 생겨 병원을 출입하게 될 징조이다. 또는 현재 근무하는 직장을 그만둘 것인지 계속 다닐 것인지 고민을 하게 된다. 특히 도둑을 맞을 징조이니 소지품이나 귀중품 보관에 신경써야 할 것이다.

* 다른 사람에게 실이나 솜을 주는 꿈

직장인은 정리해고 좌천, 감봉처분 등의 불이익을 당할 징조이니 맡은바 일에 충실하면서 대인관계에 신경써야 하며 미혼자는 사랑하는 사람과 이별하게 될 징조이니 각별히 말조심, 행동을 조심해야 할 것이다. 매사가 순조롭지 못한 흉몽이다.

* 다른 사람이 나에게 모자를 주는 꿈

직장인은 월급이 오르거나 승진을 하게되며 실업자는 근무조건이 좋은 직장을 얻게 된다. 수험생은 우수한 성적으로 합격을 하게되며 사업가는 매상을 많이 올려줄 거래처를 잡게 된다. 매사가 순조롭게 진행되고 가는 곳마다 금전에 이익이 많이 따르게 된다.

* 더러운 옷을 입고 많은 사람들 앞에 나서는 꿈

자신의 비밀이 탄로나거나 명예롭지 못한 일에 자신의 이름이 거론된다. 또는 이사를 하게 되거나 직장을 옮기게 된다. 특히 사기를 당하거나 재물을 잃을 징조이니 보증을 서거나 금전거래, 낙찰계, 신규 사업, 확장, 동업, 어음할인, 문서계약 등은 보류하는 것이 좋으리라. 미혼여성은 강간을 당할 징조이니 각별히 몸가짐에 주의해야 할 것이다.

* 바지가 흘러내리는 꿈

걱정했던 일들이 말끔히 해소되고 생각지 않은 곳에서 선물이나 재물이 들어올 징조이다. 미혼의 청춘남녀라면 애인을 만나 섹스를 즐기게 된다. 실업자는 월급은 적어도 적성에 맞는 직장을 얻게되며 수험생은 아슬아슬하게 합격을 하게 된다.

* 발에 잘맞는 구두를 얻거나 신발을 신어본 꿈

미혼의 청춘남녀라면 애인을 만나 분위기 있는 곳에서 즐거운 시간을 보내게 된다. 이혼녀라면 돈많은 남자에게 시집을 가게 될 징조이며 이혼남이라면 돈많은 과부에게서 청혼이 들어오게 된다.

* 베를 짜거나 베짜는 모습을 보는 꿈

임신부라면 효성이 지극한 딸을 낳을 태몽이다. 미혼의 청춘남녀라면 약혼을 하거나 결혼을 하게 되며 사업가는 중요한 계약을 맺게 된다. 실업자는 월급은 적어도 적성에 맞는 직장을 얻게 된다.

* 벨트나 혁대가 끊어져 버린 꿈

대형사고가 날 징조이니 먼 여행을 떠나거나 자가운전은 하지않는 것이 좋으리라. 사업가는 부도를 맞을 징조이니 신용이 좋은 거래처라도 외상대금에 신경써야하며 임신부는 유산할 징조이니 무리한 운동을 삼가하고 먼 여행은 떠나지 않는 것이 좋으리라.

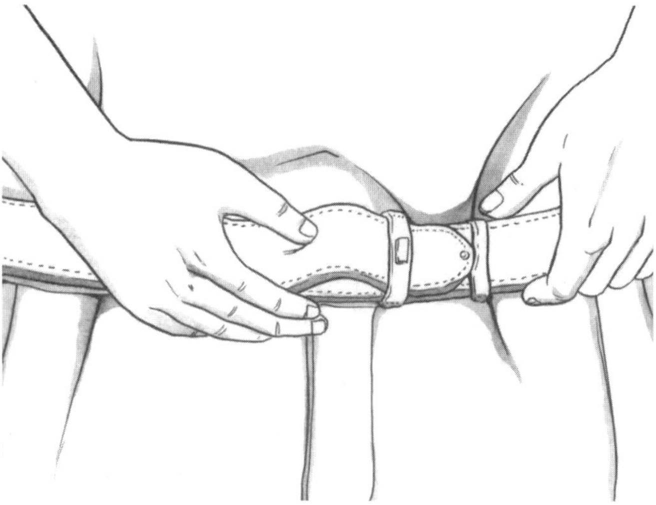

* 벨트나 허리띠를 맨 꿈

친목회, 동창회 또는 어떤 모임에 참석하여 감투를 쓰게 된다. 또는 자신이 해놓은 일이 많은 사람들에게 인정을 받게 된다. 다만 사소한 일로 다툼이 일어날 징조이니 상대방의 약점이나 자존심 상하게 하는 말을 삼가해야 할 것이다.

* 비단옷을 입고 있는 꿈

미혼의 청춘남녀라면 좋은 배필을 만나 결혼할 징조이며 직장인은 평소에 원하던 부서로 승진을 하게 된다. 실업자는 월급은 많지 않아도 적성에 맞는 직장을 얻게되며 사업가는 매상을 많이 올려줄 거래처를 잡게 된다. 또한 빌려준 돈을 받거나 생각지 않은 곳에서 귀중한 선물을 받게 된다.

* 새옷을 만드는 꿈

직장인은 월급이 오르거나 부서를 이동하게되며 미혼자는 맞선을 보거나 약혼을 하게된다. 수험생은 아슬아슬하게 합격을 하게되며 실업자는 월급은 적어도 적성에 맞는 직장을 얻게 된다. 환경의 변화를 뜻하는 꿈이다.

* 손수건을 남에게 주는 꿈

현재 사귀고 있는 애인과 헤어지고 새로운 애인을 사귀게 된다. 망신수가 있으니 각별히 행동에 조심해야 할 것이다. 사업가는 부도를 맞을 징조이니 신용이 좋은 거래처라도 외상대금에 신경써야 할 것이다. 특히 귀중품보관에 신경쓰시라 도둑을 맞을 징조이므로…

* 손이 바늘에 찔리는 꿈

근거없는 구설수에 휘말려 한동안 마음고생을 하거나 명예롭지 못한 일에 자신의 이름이 거론될 징조이다. 특히 사기를 당할 징조이니 동업, 문서계약, 금전거래, 낙찰계, 어음할인 등은 보류하는 것이 좋으리라. 미혼자는 혼담이 깨어질 징조이다.

* 스스로 옷을 입는 꿈

흉허물없는 사람과 다툼이 일어나 결별할 징조이니 지나친 농담을 삼가하고 오해받는 행동을 피해야 할 것이다. 특히 도둑을 맞을 징조이니 소지품이나 귀중품보관에 신경쓰시라. 임신부는 유산할 징조이니 각별히 몸조심해야 할 것이다.

* 신발장에 많은 신발이 놓여 있는 꿈

이사를 하거나 직장을 옮기게 된다. 미혼자는 세명의 애인 중에서 어떤사람이 나의 배필로 적합한지 고민을 많이 하게 된다. 사업가는 물심양면으로 도와줄 귀인을 만나게 되며 실업자는 근무조건이 좋은 직장을 얻게 된다.

* 실을 바늘에 꿰고 있는 꿈

이사를 하거나 직장을 옮기게 된다. 또는 새로운 일을 시작하거나 먼 여행을 떠나 한동안 머물다 오게 된다. 수험생은 남들보다 두배이상 노력을 해야 좋은 결실을 보게되며 노총각, 노처녀는 자존심을 내세우지말고 조금씩 양보하고 이해하는 아량을 베풀어야 결혼이 성사된다.

* 실이 엉키고 흐트러지는 꿈

사기를 당하거나 재물을 잃을 징조이니 보증을 서거나 금전거래, 주식투자, 신규사업, 확장, 동업, 낙찰계, 어음할인, 사람소개 등은 보류하는 것이 좋으리라. 임신부는 유산할 징조이니 무리한 운동을 삼가하고 먼 여행은 떠나지 않는 것이 좋으리라.

* 쓰고 있는 금관을 벗는 꿈

새로운 일을 시작하거나 직장을 옮기게 될 징조이다. 사업가는 금전문제로 고민을 하게 된다. 특히 친척이나 친구, 애인 또는 부부간에 다툼이 일어나 결별할 징조이니 자존심 상하게 하는 말을 삼가하고 오해받는 행동을 피해야 할 것이다. 임신부는 유산할 징조이니 각별히 몸조심해야 할 것이다.

* 옷감을 선물 받거나 옷감을 끊어온 꿈

노총각이나 노처녀는 평소에 원하던 이상형의 배우자를 만나 결혼을 하게 된다. 직장인은 부서를 옮기거나 더 좋은 직장으로 이동을 하게 되며 사업가는 업종을 변경하거나 확장을 하게 된다.

* 옷과 몸에 진흙이 묻는 꿈

건강에 이상이 생겨 병원을 출입하게 될 징조이니 몸관리에 신경써야 할 것이다. 또한 구설수에 휘말려 한동안 마음고생을 할 징조이니 자신의 가정일이나 신상에 관한 일들을 흉허물없는 사이라도 함부로 말하지 말라.

* 옷을 벗고 있는 꿈

미혼여성이라면 애인을 만나 섹스를 즐기게 되며 미혼남성이라면 여행을 떠나 한동안 머물다 오게 된다. 다만 흉허물 없는 사람과 다툼이 일어나 결별할 징조이니 지나친 농담을 삼가하고 오해받는 행동을 피해야 할 것이다.

* 옷을 세탁하는 꿈

현재 사귀고 있는 애인과 헤어지고 새로운 애인을 사귀게 된다. 또는 근거없는 구설수에 휘말려 한동안 마음고생을 하거나 명예롭지 못한 일에 자신의 이름이 거론되는 흉몽이다.

* 옷을 여자가 입혀 주는 꿈

가정에 경사가 있거나 기다리던 곳에서 반가운 소식이 오게 된다. 또는 빌려준 돈을 받거나 생각지 않은 곳에서 선물이 들어오게 된다. 미혼의 청춘남녀라면 맞선을 보거나 약혼을 하게되며 실업자는 직장을 얻게될 꿈이다.

* 옷이 바람에 날리는 꿈

감기몸살을 앓거나 질병을 얻게될 징조이니 건강관리에 신경써야 하며 도둑을 맞을 징조이니 소지품이나 귀중품보관에 신경써야 할 것이다. 미혼여성이라면 강간을 당할 징조이니 몸가짐에 주의해야 할 것이다.

* 잠옷을 입은 어린아이가 나타나거나 어린이용 잠옷을 얻은 꿈

오랫동안 사귀던 애인과 결별하거나 친한사람과 사소한 일로 다툼이 일어나 사이가 멀어질 징조이다. 특히 도둑을 맞을 징조이니 소지품이나 귀중품 보관에 각별히 신경써야 할 것이다.

* 진흙탕에 넘어져서 옷이 더러워진 꿈

임신부는 유산할 징조이니 무리한 운동을 삼가하고 먼 여행은 떠나지 않는 것이 좋으리라. 사업가는 부도를 맞을 징조이니 신용이 좋은 거래처라도 외상대금에 신경써야 한다. 수입보다 지출이 많이 늘어나게 되며 걱정했던 일들이 현실로 나타나는 흉몽이다.

* 헝클어진 실을 푸는 꿈

계획한 일이 뜻대로 되지 않아도 실망하지 말고 계속 끈기있게 밀고 나가면 성공할 징조이다. 수험생은 아슬아슬하게 합격을 하게되며 미혼자는 애인과 다투고 화해를 하게 된다. 실업자는 오라고 하는데는 여러곳 있으나 월급이 적어 망설이게 된다.

제 9 장

불도(佛道)에 관한 꿈

* 가족이 절에서 제사 지내는 꿈

이사를 하게 되거나 직장을 옮기게 된다. 또는 빌려준 돈을 받거나 생각지 않은 곳에서 기쁜소식이 오게된다. 노총각이나 노처녀는 혼담이 들어올 징조이며 수험생은 기대이상의 좋은 성적으로 합격을 하게 된다.

* 늙은 스님 또는 백발 노인을 본 꿈

아파트 추첨에 당첨되거나 생각지 않은 곳에서 귀중한 선물이 들어오게 된다. 또는 사놓은 주식이나 부동산, 채권 등의 값이 많이 올라 큰이익을 안겨주게 된다. 승진, 합격, 취직, 당선 등에 좋은소식을 알리는 길몽이다.

* 명산 대찰을 바라보는 꿈

임신부는 귀한 아들을 낳을 태몽이며 직장인은 월급이 오르거나 승진을 하게 된다. 실업자는 근무조건이 좋은 직장을 얻게되며 수험생은 우수한 성적으로 합격을 하게 된다. 노총각이나 노처녀는 좋은 배필을 만나 결혼을 하게 된다.

* 불공을 드리는 스님께 쌀이나 돈 보석 등을 시주한 꿈

가정에 경사가 있거나 기다리는 곳에서 반가운 소식이 오게 된다. 또한 빌려준 돈을 받거나 싸웠던 사람과 화해를 하게 된다. 회사원, 공무원은 승진을 하게 되고 수험생은 기대이상의 좋은 성적으로 합격을 하게 된다. 매사가 순조롭게 진행되는 길몽이다.

* 불상 앞에서 춤을 추는 꿈

직장인은 월급이 오르거나 부수입이 있는 부서로 이동을 하게되며 실업자는 월급은 적어도 적성에 맞는 직장을 얻게 된다. 미혼자는 혼담이 성사될 징조이며 사업가는 물심양면으로 도와줄 귀인을 만나게 된다.

* 불상에 절하는 꿈

계획한 일이 순조롭게 진행되고 안될 것이라고 생각한 일도 귀인이 나타나 물심양면으로 도와주게 된다. 미혼자는 평소에 원하던 이상형의 배우자를 만나 결혼할 징조이며 임신부는 장차 집안의 기둥이 될 아들이 태어날 태몽이다.

* 불상이나 석탑을 세워보이는 꿈

생각지 않은 곳에서 목돈이 들어오거나 기다리던 곳에서 반가운 소식이 오게 된다. 직장인은 평소에 원하던 부서로 승진을 하게 되며 사업가는 매상을 많이 올려줄 거래처를 잡게 된다. 수험생은 기대이상의 좋은 성적으로 합격을 하게 되며 노총각이나 노처녀는 평소에 원하던 이상형의 배우자를 만나 결혼할 꿈이다.

* 비구니(여승)들만 사는 절로 거주지를 옮긴 꿈

가정에 우환이 생기거나 본인이 질병을 얻게될 징조이니 각별히 건강관리에 신경써야 할 것이다. 또한 사기를 당할 징조이니 친한 사람이 달콤한 유혹을 하더라도 한귀로 듣고 한귀로 흘려버려야할 것이다. 특히 대형사고가 날 징조이니 먼 여행을 떠나거나 자가운전은 하지 않는 것이 좋으리라.

* 스님에게 경문을 배우는 꿈

오랫동안 만나지 못했던 친구나 친척, 선배, 후배, 애인 또는 스승을 만나 정담을 나누게 된다. 미혼자는 세명의 애인을 놓고 진정한 내 배필은 누구인지 고민을 하게 되며 사업가는 동남방에서 귀인이 나타날 징조이다.

* 스님이나 백발 노인에게 침을 맞는 꿈

환자라면 좋은 의사를 만나 건강을 되찾게 되며 수험생은 아는 문제도 놓칠 징조이니 시간안배에 신경써야 한다. 실업자는 오라고 하는 데는 여러곳 있으나 조건이 마음에 안들어 고민을 하게 된다. 임신부는 유산할 징조이니 몸조심해야 할 것이다.

* 스님이 되는 꿈

이사를 하게되거나 직장을 옮기게 된다. 혹은 먼 여행을 떠나 한동안 머물다오게 될 징조이다. 다만 흉허물없는 사람과 다툼이 일어나 결별할 징조이니 지나친 농담을 삼가하고 오해받는 행동을 피해야 할 것이다.

* 절에서 설법을 듣는 꿈

임신부는 집안의 기둥이 될 아들이 태어날 태몽이다. 미혼자는 좋은 배필을 만나 결혼할 꿈이며 수험생은 아슬아슬하게 합격을 하게 된다. 직장인은 출장을 떠나거나 자신이 해놓은 일을 놓고 토론을 벌이게 된다.

제 10 장

집과 건물에 관한 꿈

* 낡은 집으로 이사를 가는 꿈

걱정했던 일들이 현실로 나타날 징조이다. 또는 이사를 하게되거나 직장을 옮기게 된다. 특히 배신을 당하거나 재물을 잃을 징조이니 금전거래, 주식투자, 낙찰계, 신규사업, 동업, 확장, 연대보증, 어음할인, 문서계약, 사람소개 등은 보류하는 것이 좋으리라. 임신부는 유산할 징조이니 무리한 운동을 삼가하고 먼 여행은 떠나지 않는 것이 좋으리라.

* 대문에 구멍이 뚫린 꿈

자신의 비밀이 탄로나거나 명예롭지 못한 일에 자신의 이름이 거론된다. 또는 친척이나 친구, 선배, 후배, 애인 또는 부부간에 사소한 일로 다툼이 일어나 결별할 징조이니 자존심 상하게 하는 말을 삼가하고 오해받는 행동을 피해야 할 것이다. 임신부는 유산할 징조이니 각별히 몸조심해야 할 것이다.

* 대문을 다시 만들어 다는 꿈

임신부라면 장차 집안의 기둥이 될 아들이 태어날 태몽이다. 미혼자는 평소에 원하던 이상형의 배우자를 만나 결혼을 하게되며 실업자는 월급은 적어도 적성에 맞는 직장을 얻게 된다. 금전운도 좋고 매사가 순조로운 길몽이다.

* 대문이 부서진 꿈

정리해고, 좌천, 감봉처분 등의 불이익을 당할 징조이니 회사원이나 공무원은 맡은 일에 충실하면서 대인관계에 신경써야 할 것이다. 사업가는 부도를 맞을 징조이니 신용이 좋은 거래처라도 경계해야하며 임신부는 유산할 징조이니 무리한 운동을 삼가하고 먼 여행은 떠나지 않는 것이 좋으리라.

* 대문이 불에 타는 꿈

파출소나 경찰서에 불려가 취조를 당하게 될 징조이다. 또는 도둑을 맞을 징조이니 소지품이나 귀중품 보관에 신경써야 할 것이다. 특히 금전적인 문제로 어려움을 겪게 될 징조이니 계획을 크게 잡지말고 축소하는 것이 좋으리라.

* 대문이 저절로 열리는 꿈

아내가 바람을 피울 징조이다. 또한 흉허물없는 사람과 다툼이 일어나 결별할 징조이니 지나친 농담을 삼가하고 오해받는 행동을 피해야 할 것이다. 그러나 대문이 활짝 열리는 꿈은 매사가 순조롭게 진행되며 횡재수도 따르는 길몽이다.

* 사는 집 마당 한 가운데로 큰 길이 난 꿈

직장인은 월급이 오르거나 승진을 하게되며 실업자는 자신의 능력을 마음껏 발휘할 직장을 얻게 된다. 수험생은 기대이상의 좋은 성적으로 합격을 하게되며 노총각이나 노처녀는 평소에 원하던 이상형의 배우자를 만나 보금자리를 꾸미게 된다. 금전운도 좋은 길몽이다.

* 사는 집이 홍수에 떠내려간 꿈

대형사고가 날 징조이니 먼 여행을 떠나거나 자가운전은 하지 않는 것이 좋으리라. 또한 사기를 당하거나 재물을 잃을 징조이니 주식투자, 금전거래, 연대보증, 낙찰계, 동업, 신규사업, 확장, 문서계약, 어음할인, 사람소개 등은 보류하는 것이 좋으리라.

* 새 집으로 이사를 가는 꿈

장사를 하는사람은 사무실이나 점포를 옮기게 될 징조이며 직장인은 월급이 오르거나 승진을 하게 된다. 미혼자는 평소에 원하던 이상형의 배우자를 만나 결혼할 꿈이며 실업자는 근무조건이 좋은 직장을 얻게 된다.

* 이사를 간 집에서 전에 살던 집주인이 집을 비워주지 않아 말다툼을 벌인 꿈

자신의 비밀이 탄로나거나 명예롭지 못한 일에 자신의 이름이 거론된다. 또는 경제적인 문제로 어려움을 겪게 되어 윗사람이나 친구 또는 친척 등에게 도움을 요청하게 될 징조이다. 미혼의 청춘남녀라면 애인의 마음이 변할 징조이며 임신부라면 유산할 징조이니 각별히 몸조심해야 할 것이다.

* 자기 집을 수리하는 꿈

걱정했던 일들이 말끔히 해소되고 생각지 않은 곳에서 선물이나 재물이 들어오게 된다. 직장인은 월급이 오르거나 부서를 옮기게 되며 수험생은 아슬아슬하게 합격을 하게 된다. 미혼의 청춘남녀라면 맞선을 보거나 약혼을 하게 된다.

* 자기 집이 무너지는 것을 본 꿈

흉몽이다. 대형사고가 날 징조이니 먼 여행을 떠나거나 자가운전은 하지 않는 것이 좋으리라. 또한 사기를 당하거나 재물을 잃을 징조이니 보증을 서거나 금전대여, 낙찰계, 주식투자, 신규사업, 확장, 동업, 문서계약, 어음할인 등은 보류하는 것이 좋으리라. 임신부는 유산할 징조이니 각별히 몸조심해야 할 것이다.

* 자신의 집을 짓는 꿈

계획한 일이 순조롭게 진행되고 안될것이라고 생각한 일도 귀인이 나타나 물심양면으로 도와주게 된다. 또한 빌려준 돈을 받거나 기다리던 곳에서 반가운 소식이 올 징조이다. 미혼자는 평소에 원하던 이상형의 배우자를 만나 결혼할 꿈이다.

* 집 대들보가 부러지는 꿈

대형사고가 날 징조이니 먼 여행을 떠나거나 자가운전은 하지 않는 것이 좋으리라. 또한 친구나 친척, 애인 또는 부부간에 다툼이 일어나 결별할 징조이니 자존심 상하게 하는 말을 삼가하고 오해받는 행동을 피해야 할 것이다.

* 집안에 풀이 많이 나 있는 꿈

가정에 우환이 생기거나 자신이 건강에 이상이 생겨 병원을 출입하게 될 징조이다. 특히 사기를 당하거나 재물을 잃을 조짐이니 보증을 서거나 금전거래, 낙찰계, 주식투자, 신규사업, 확장, 동업, 문서계약, 어음할인, 사람소개 등은 보류하는 것이 좋으리라.

* 집에 벽지를 바르는 꿈

감기 몸살을 앓거나 질병을 얻게될 징조이니 건강관리에 힘써야 할 것이다. 또한 도둑을 맞을 징조이니 소지품이나 귀중품 보관에 신경 써야 한다. 임신부는 유산할 징조이니 몸조심해야 할 것이다.

* 집에 화재가 나서 활활 불길이 치솟고 있는 꿈

길몽이다. 빌려준 돈을 받거나 사놓은 부동산이나 주식 또는 채권값이 많이 올라 큰이익을 안겨주게 된다. 수험생은 우수한 성적으로 합격을 하게되며 직장인은 월급이 오르거나 승진을 하게 된다. 실업자는 근무조건이 좋은 직장을 얻게되며 미혼자는 평소에 원하던 이상형의 배우자를 만나 보금자리를 꾸미게 된다.

* 집을 깨끗이 청소하는 꿈

오랫동안 만나지 못했던 친척이나 친구, 선배, 후배, 애인 또는 스승을 만나 정담을 나누게 된다. 미혼자는 평소에 원하던 이상형의 배우자를 만나 결혼할 꿈이며 환자일 경우 좋은 의사를 만나 건강을 되찾게 된다. 실업자는 월급은 적어도 적성에 맞는 직장을 얻게 된다. 다만 실물수가 있으니 소지품이나 귀중품 보관에 신경써야 할 것이다.

* 집을 팔고 사는 꿈

집을 파는 꿈은 걱정했던 일들이 말끔히 해소되고 생각지 않는 곳에서 선물이 들어오게 된다. 또는 빌려준 돈을 받거나 가정에 경사가 있을 징조이다. 반대로 집을 사는 꿈은 환자일 경우 좋은 의사를 만나 건강을 되찾게 된다.

* 집이나 건물 어느 지역의 위치가 그려진 지도나 약도를 받은 꿈

걱정했던 일들이 말끔히 해소되고 기다리던 곳에서 반가운 소식이 올 징조이다. 혹은 사놓은 부동산이나 주식, 채권등의 값이 많이 오르게 된다. 특히 빌려준 돈을 받거나 매사가 순조롭게 진행된다.

* 집이 불에 다 타버리고 시커먼 재만 남은 꿈

흉몽이다. 사업가는 부도를 맞을 징조이니 신용이 좋은 거래처라도 외상대금에 신경써야 하며 직장인은 정리해고, 좌천 등을 당하게 될 징조이니 맡은바 일에 충실하면서 대인관계에 신경써야 할 것이다. 임신부는 유산할 징조이니 각별히 몸조심해야 한다.

* 자기집 창문을 열어 보이는 꿈

생각지 않은 곳에서 선물이 들어오거나 반가운 손님이 찾아오게 된다. 또는 이사를 하게되거나 직장을 옮기게 될 징조이다. 실업자는 적성에 맞는 직장을 얻게되며 미혼자는 맞선을 보게 된다.

* 자기집 창문이 닫혀있는 꿈

도둑을 맞을 징조이니 소지품이나 귀중품 보관에 신경써야 할 것이다. 또한 재물을 잃거나 송사수가 있으니 주식투자, 금전거래, 낙찰계, 신규사업, 확장, 동업, 연대보증, 사람소개 등은 보류하는 것이 좋으리라.

* 창고가 무너지는 꿈

대형사고가 날 징조이니 먼 여행을 떠나거나 자가운전은 하지 않는 것이 좋으리라. 또한 사기를 당하거나 재물을 잃을 징조이니 주식투자, 금전거래, 신규사업, 확장, 동업, 문서계약, 보증, 낙찰계, 어음할인 등은 보류하는 것이 좋으리라.

* 창고를 짓는 꿈

직장인은 월급이 오르거나 승진을 하게되며 사업가는 매상을 많이 올려줄 거래처를 잡게 된다. 실업자는 월급은 적어도 적성에 맞는 직장을 얻게되며 노총각이나 노처녀는 맞선을 보거나 약혼을 하게 된다.

제 11 장

지리(地理)에 관한 꿈

* 넓은 들판을 혼자서 걸어가는 꿈

직장인은 현재 근무하는 회사를 계속다닐 것인지 그만둘 것인지를 고민하게 될 징조이며 사업가는 금전적인 문제로 어려움을 겪게 된다. 특히 흉허물없는 사람과 사소한 일로 다툼이 일어나 결별할 징조이니 지나친 농담을 삼가하고 오해받는 행동을 피해야 할 것이다.

* 논에 나가서 모내기를 한 꿈

집안에 경사가 생겨 사람을 초대하여 잔치를 베풀게 된다. 혹은 다른 사람이 초대한 모임에 참석하여 즐거운 시간을 보내게 된다. 특히 사농은 부동산이나 주식 또는 채권, 영업, 활동 등으로 많은 소득을 올리게 된다. 노총각이나 노처녀는 평소에 원하던 이상형의 배우자를 만나 보금자리를 꾸미게 된다.

* 높은 산에서 내려오는 꿈

수입보다 지출이 많이 늘어날 징조이며 친한 사람이 배신을 하게 된다. 또는 이사를 하게되거나 직장을 옮기게 된다. 그러나 높은 산을 오르는 꿈은 평소 소망하던 일이 이루어지게 되며 환자는 좋은 의사를 만나 건강을 되찾게 된다.

* 높은 산을 구름이 뒤덮는 꿈

임신부라면 유산할 징조이니 무리한 운동을 삼가하고 먼 여행을 떠나지 않는 것이 좋으리라. 사업가는 부도를 맞을 징조이니 신용이 좋은 거래처라도 경계해야 하며 미혼자는 애인과 다툼이 일어나 결별할 징조이니 각별히 말조심해야 한다.

* 동굴속에서 나오는 꿈

계획한 일이 순조롭게 진행되고 기다리던 곳에서 반가운 소식이 올 징조이다. 미혼의 청춘남녀라면 세명의 애인 중에서 진정 내 배필은 누구인가 마음의 결정을 내리지 못해 고민할 징조이다.

* 들에 나가 씨를 뿌린 꿈

수험생은 기대이상의 좋은 성적으로 합격을 하게 되며 직장인은 월급이 오르거나 승진을 하게 된다. 실업자는 근무조건이 좋은 직장을 얻게 되며 사업가는 물심양면으로 도와줄 귀인을 만나게 된다. 미혼의 청춘남녀라면 애인을 만나 섹스를 즐기게 될 꿈이다.

* 들판에 누워 잠을 잔 꿈

실업자는 월급이 많고 적성에도 맞는 직장을 얻게되며 직장인은 평소에 원하던 부서로 승진을 하게 된다. 수험생은 우수한 성적으로 합격을 하게되며 미혼의 청춘남녀라면 애인을 만나 분위기 있는 곳에서 즐거운 시간을 보내게 된다.

* 땅구덩이를 파서 자신을 묻는 꿈

직장인은 월급이 오르거나 승진을 하게되며 실업자는 근무조건이 좋은 직장을 얻게된다. 수험생은 우수한 성적으로 합격을 하게 되며 사업가는 장사가 잘 된다. 미혼의 청춘남녀라면 맞선을 보거나 약혼을 하게 된다.

* 땅에 누워있는 꿈

이사를 하게 되거나 직장을 옮기게 된다. 또는 빌려준 돈을 받거나 반가운 손님이 찾아올 징조이다. 특히 오랫동안 만나지 못했던 친척이나 친구, 애인 또는 스승을 만나 정담을 나누게 된다.

* 땅을 일구어 농사를 짓는 꿈

기다리던 곳에서 반가운 소식이 오거나 생각지 않은 곳에서 선물이나 돈이 들어올 징조이다. 또는 사놓은 부동산이나 주식 또는 채권값이 많이 올라 큰이익을 안겨주게 된다. 연예인이나 소설가, 작가, 시인, 화가, 서예가라면 자신의 작품이 큰 인기를 끌게 된다.

* 벼가 누렇게 황금물결을 이루며 출렁인 꿈

운세가 상승되어 사업은 날로 번창하고 업무능력을 인정받아 승진대열에 들어서게 된다. 실업자는 자신의 능력을 마음껏 발휘할 직장을 얻게되며 수험생은 기대이상의 좋은 성적으로 합격을 하게된다. 노총각이나 노처녀는 평소에 원하던 이상형의 배우자를 만나 보금자리를 꾸미게 된다.

* 산계곡에 물이 흐르는 꿈

노총각이나 노처녀는 맞선을 보거나 약혼을 하게되며 사업가는 매상이 많이 오르게 된다. 직장인은 출장을 가게되거나 부수입이 생기게

되며 실업자는 월급은 적어도 적성에 맞는 직장을 얻게 된다. 수험생은 아슬아슬하게 합격을 하게 된다.

* 산 꼭대기에서 홀로 서 있는 꿈

배신을 당하거나 재물을 잃을 징조이니 주식, 투자, 금전거래, 낙찰계, 연대보증, 신규사업, 확장, 동업, 어음할인, 사람소개 등은 보류하는 것이 좋으리라. 특히 사고가 날 징조이나 차조심 운전조심해야 할 것이다.

* 산에 나무가 전혀 없는 꿈

근거 없는 구설수에 휘말려 한동안 마음고생을 하게 된다. 혹은 명예롭지 못한 일에 자신의 이름이 거론될 징조이다. 특히 사고가 날 징조이니 차조심, 운전조심 해야 할 것이다.

* 산에 물건을 안고 올라가는 꿈

임신부라면 장차 집안의 기둥이 될 아들이 태어날 태몽이다. 계획한 일이 순조롭게 진행되고 안될것 이라고 생각한일도 귀인이 나타나 적극적으로 도와주게 된다. 특히 사놓은 부동산이나 주식 또는 채권 값이 많이 올라 큰 이익을 안겨주게 된다.

* 산에서 돌을 운반하여 집으로 가져오는 꿈

가정에 경사가 있거나 기다리던 곳에서 반가운 소식이 오게 된다. 또는 빌려준 돈을 받거나 생각지 않은 곳에서 귀중한 선물이 들어올 징조이다. 계획한 일이 순조롭게 진행되고 가는 곳마다 금전에 이익이 많이 따르는 길몽이다.

* 산에서 불이 나는 꿈

직장인은 월급이 오르거나 승진을 하게되며 실업자는 취직을 하게 된다. 사업가는 매상이 많이 오르게되며 수험생은 좋은 성적으로 합격을 하게 된다. 노총각이나 노처녀는 평소에 원하던 이상형의 배우자를 만나 보금자리를 꾸미게 된다.

* 산중에서 농사는 짓는 꿈

계획한 일이 순조롭게 진행되고 안될 것이라고 생각한 일도 귀인이 나타나 적극적으로 도와주게 된다. 또한 빌려준 돈을 받거나 기다리던 곳에서 반가운 소식이 오게 된다. 다만 구설수가 따르니 각별히 말조심해야 할 것이다.

* 산중에서 보물을 얻는 꿈

오랫동안 만나지 못했던 친척이나 친구, 선배, 후배 또는 애인을 만나 회포를 풀게 된다. 수험생은 우수한 성적으로 합격을 하게되고 실업자는 취직을 하게 된다. 직장인은 부수입이 생기거나 상사로부터 칭찬을 듣게 된다.

* 지진이 일어나서 집이 흔들리는 꿈

대형사고가 날 징조이니 먼 여행을 떠나거나 자가운전은 하지 않는 것이 좋으리라. 또한 재물을 잃을 징조이니 주식투자, 금전거래, 동업, 낙찰계, 신규사업, 확장, 연대보증, 어음할인 등은 보류하는 것이 좋으리라.

* 흙덩어리를 주고 받는 꿈

직장인은 상사나 동료가 해결못한 일을 자신이 성사시켜 칭찬을 많이 받게되며 사업가는 매상을 많이 올려줄 거래처를 잡게 된다. 실업자는 월급은 적어도 적성에 맞는 직장을 얻게되며 노총각이나 노처녀는 맞선을 보거나 약혼을 하게 된다. 환자는 병이 완쾌될 징조이다.

제 12 장

동물에 관한 꿈

* 게가 기어가는 것을 본 꿈

계획한 일이 누군가 방해를 하여 뜻대로 이루지 못한다. 또한 이성 문제로 고민하게 될 조짐이다. 매사를 서둘지말고 한발 양보하면 무난하리라.

* 개가 대로변을 가로질러 달려간 꿈

사업가는 경쟁업체에게 일감을 간발의 차로 뺏기거나 부도를 맞을 조짐이다. 특히 도둑을 맞거나 사기를 당할 징조이니 매사 조심을 해야 할 것이다.

* 개가 서로 싸우는 꿈

건강에 이상이 생길 징조이니 몸관리에 신경써야 할 것이다. 또한 친한 사람과 사소한 일로 다툼이 일어나 결별할 조짐이니 자존심 상하게 하는 말을 삼가하고 처신에 주의해야 할 것이다.

* 개구리들이 물가에서 오가는 꿈

구설수에 휘말려 한동안 마음고생을 하게될 조짐이니 처신에 주의하고 남의 신상에 관한 일들은 보고도 못본척 알고도 모르는 척하는 것이 좋으리라. 또한 실없는 약속은 하지 않는 것이 좋다.

* 개똥벌레가 풀밭에 앉아 있는 꿈

자신이 믿고 또 믿었던 사람에게 배신을 당하거나 사기를 당할 조짐이다. 금전운이 쇠퇴할 조짐이며 도둑을 맞을 징조가 있으니 귀중품 단속에 신경써야 할 것이다.

* 개짖는 소리가 멀리에서 들린 꿈

윗 사람이나 친구 또는 부부사이에 자신의 일을 놓고 상의할 일이 생긴다. 특히 과음과식을 하여 오랫동안 고생할 조짐이니 음식조절에 신경써야 한다.

* 거미를 본 꿈

오랫동안 만나지 못했던 친구나 친척에게서 전화가 오거나 만나게 될 꿈이다. 해도좋고 안해도 좋은 일은 서둘러서 하지 말라. 결과가 좋지않은 꿈이니…

* 거북이를 본 꿈

임신부라면 장차 집안의 기둥이 될 아들이 태어날 태몽이다. 재물운과 명예운이 상승할 징조이다. 군인, 경찰, 공무원이라면 특진을 하게 되고 일반회사 직장인이라면 부수입이 있는 자리로 옮기게 된다.

* 잡은 물고기를 다시 놓아준 꿈

취직, 승진, 합격, 추첨 등에 좋은 소식을 알리는 길몽이다. 미루어 두어던 일이 깔금하게 해결되고 생각지 않은 곳에서 선물이나 재물이 들어오게 된다. 또한 새로운 친구나 애인을 사귀게 된다.

* 검은색 말이나 얼룩말을 본 꿈

계획한 일이 누군가 훼방을 놓거나 모함을 하게 될 조짐이다. 금전운이 쇠퇴할 징조이며 걱정했던 일들이 현실로 나타나게 된다. 특히 사고날 징조이니 먼 여행은 떠나지 말라.

* 고래를 본 꿈

몸과 마음이 편하고 계획했던 일들이 순조롭게 진행 된다. 금전에 많은 이익이 따르게 되며 오랫동안 만나지 못했던 친구나 친척을 만나게 된다. 다만 관재수가 따르니 각별히 차조심해야 할 것이다.

* 고양이가 쥐를 잡아 먹는 꿈

평소보다 금전의 수입은 많이 생기나 지출도 많이 따르게 된다. 특히 현재 사귀고 있는 애인과 좀더 깊은 관계로 발전하고 청혼하여 마침내 결혼승낙을 받게 된다.

* 고양이를 본 꿈

흉몽이다. 믿고 있었던 사람이 배신을 하거나 모함을 하게될 조짐이다. 또한 생각지 않은 지출이 많아지게 된다. 특히 건강에 이상이 생길조짐이니 몸관리에 신경써야 할 것이다.

* 곰을 본 꿈

수입은 있으나 생각지 않은 지출이 많을 조짐이다. 또한 친구, 친척, 애인 또는 부부사이에 대수롭지 않은 일로 다툼이 일어나 결별할 징조이니 각별히 말조심해야 할 것이다. 특히 도둑을 조심하라.

* 공작새를 본 꿈

식구가 늘어나거나 신상에 기쁜일이 생기게 된다. 또한 자신이 담당하고 있는 일에서 능력을 발휘하여 승진을 하게 된다. 미혼의 청춘남녀라면 멀지 않아 결혼을 하게되며 금전운이 좋아진다.

* 기러기를 본 꿈

추첨, 합격, 승진, 당선, 취직 등에 좋은 소식을 알리는 길몽이다. 또한 나갔던 돈이 들어오게 된다. 연예인, 소설가, 작가라면 자신의 이름이 세상에 널리 얼려지게 될 길몽이다.

* 기린을 본 꿈

매사에 적극성을 보이면 일이 더 잘 풀린다. 금전운이 좋으니 생각지 않은 곳에서 재물이 들어오게 된다. 다만 구설수가 있으니 각별히 말조심해야 할 것이다. 미혼자는 멀지않아 결혼을 하게 된다.

* 기린을 타고 달린 꿈

매사가 마음먹은 대로 진행되고 안될것이라 생각한 일도 귀인이 나타나 도와주게 된다. 금전운이 날로 좋아지게 되며 임신부라면 귀한 아들이 태어날 태몽이다.

* 꾀꼬리를 본 꿈

오랫동안 만나지 못했던 친척이나 친구 또는 애인에게서 전화 또는 편지가 오거나 만나게 된다. 수험생이라면 좋은 성적을 기대하기 어려우며 직장인이라면 먼 곳으로 부서를 옮기게 된다.

* 까마귀를 본 꿈

친한 사람에게 사기를 당할조짐이니 달콤한 유혹을 하더라도 경계해야 할 것이다. 또한 계획한 일이 누군가 훼방을 하여 지연되거나 포기될 조짐이다. 특히 사고가 날 조짐이니 먼 여행은 떠나지 않는 것이 좋으리라.

* 까마귀와 까치가 함께 놀고 있는 꿈

불편한 관계로 있던 사람과 화해를 하여 사이가 좋아지게 되며 미루어 두었던 일이 깔끔하게 해결된다. 또한 여행을 떠날 일이 생긴다.

* 까치를 본 꿈

가정에 경사가 생기거나 뜻밖의 좋은 소식을 듣게 된다. 혹은 생각지 않은 곳에서 선물이나 돈이 들어오게 된다. 사업가라면 중요한 계약을 맺게되며 연예인, 소설가, 작가라면 자신의 작품이 많은 인기를 얻게 된다.

* 꿀벌을 본 꿈

귀인의 도움을 받아 계획한 일이 술술 풀려나가게 된다. 또한 금전에 많은 이익이 따르게 되며 기다리던 곳에서 반가운 소식이 오게된다. 미혼자는 좋은 배필을 만나 결혼하게 된다.

* 나비가 날아가는 것을 본 꿈

사고가 날 조짐이니 장거리 여행은 떠나지 않는 것이 좋으며 친한 사람과 사소한 일로 다툼이 일어나 결별할 징조이니 처신에 주의해야 한다. 금전운도 좋지않을 조짐이다.

* 날아가는 매를 바라본 꿈

자신이 해놓은 일이 주변 사람들에게 인정을 받게 된다. 또한 미루어 두었던 일들이 귀인을 만나 해결 된다. 특히 오해를 했던 일들이 풀리고 음식을 나눠먹을 일이 생긴다.

* 날아가는 새를 잡은 꿈

배신을 당하거나 사기를 당할 조짐이니 매사에 조심을 해야 한다. 금전운이 쇠퇴할 징조이며 하는 일마다 장애물이 있어 어려움을 겪게 된다. 장거리 여행은 피하는 것이 좋으리라.

* 노루를 본 꿈

자신이 해놓은 일이 결실을 보게되며 금전에 이득이 많이 따른다. 또한 가정에 경사가 있거나 반가운 손님이 찾아 온다. 다만 사소한 일로 다툼이 생길 조짐이니 처신에 유의해야 할 것이다.

* 누에가 한무더기로 있던 꿈

오랫동안 만나지 못했던 친척, 친구 또는 스승을 만나게 된다. 혹은 생각지 않은 곳에서 반가운 소식이 오게 된다. 다만 소화기 장애가 있으니 과음과식은 금물, 미혼자는 멀지않아 결혼을 하게 된다.

* 늑대를 본 꿈

계획한 일들을 귀인이 나타나 도와주게 된다. 금전운이 좋아질 징조이며 기다리던 곳에서 반가운 소식이 오게 된다. 다만 건강에 이상이 생길 조짐이니 몸관리에 신경써야 한다.

* 늑대에서 물려서 상처를 입은 꿈

친척, 친구 또는 부부간에 사소한 일로 다툼이 일어나 결별할 조짐이니 각별히 말조심, 처신에 주의해야 할 것이다. 또한 도둑을 맞을 징조이니 귀중품 단속에 신경써야 한다. 특히 먼 여행을 떠나지 말라. 사고가 날 징조이므로…

* 달팽이를 보거나 만진 꿈

친한 사람에게 사기를 당하거나 배신을 당할 조짐이니 매사 조심해야 할 것이다. 또한 수입은 있으나 생각지 않은 지출이 많을 징조이다. 특히 과음이나 과식으로 탈이날 조짐이니 음식조절에 신경써야 한다.

* 닭 우는 소리를 들으며 잠에서 깬 꿈

귀인이 나타나 당신이 하고자 하는 일을 적극적으로 도와주게 된다. 금전운은 날로 좋아지게 되며 생각지 않은 곳에서 반가운 소식이 오거나 재물이 들어오게 된다.

* 닭이 냇가에서 물을 먹고 있는 꿈

가정에 경사가 있거나 기다리던 곳에서 반가운 소식이 오게된다. 혹은 자신이 해놓은 일이 많은 사람들에게 인정을 받게되며 가는 곳마다 금전에 이익이 많이 따른다. 다만 의견충돌이 생길 조짐이니 말조심해야 한다.

* 닭이 마당에서 모이를 쪼고 있는 꿈

경제적으로 여유로운 생활을 유지하며 살아가게 될 길몽이다. 직장인은 승진운이 환하게 열려 책임자가 되거나 많은 부하를 거느리게 된다. 미혼자는 결혼을 하게 된다.

* 닭이 서로 싸우는 것을 본 꿈

이성문제로 다툼이 일어나 결별할 조짐이다. 부부라면 애정전선에 위기가 다가오고 있음을 알리는 흉몽이다. 또한 구설수에 휘말릴 조짐이니 오해받는 행동을 삼가하고 각별히 말조심하면 좋으리라.

* 닭이 알을 품고 있는곳을 본 꿈

기다리던 곳에서 반가운 소식이 오게 되며 생각지 않은 곳에서 선물이나 재물이 들어오게 된다. 또한 담당하고 있는 일에서 능력을 발휘하여 신임을 받게 된다. 미혼자는 결혼을 하게 된다.

* 닭이 지붕위에 올라가 있는 것을 본 꿈

흉몽이다. 아내가 이꿈을 꾸면 남편이 바람을 피울 조짐이고 남편이 이꿈을 꾸면 아내가 바람을 피울 징조이다. 특히 도둑을 맞을 조짐이니 귀중품 보관에 신경쓰면 좋으리라.

* 도마뱀을 보며 두려움에 떤 꿈

친한 사람에게 배신을 당하거나 사기를 당할 조짐이니 각별히 조심을 해야 한다. 또한 구설수가 예상되니 남의 신상에 관한 일들은 말하지말라. 여행을 떠나는것도 좋지 않다.

* 독수리를 본 꿈

취직, 승진, 당선, 합격, 추첨 등에 좋은 소식을 알리는 길몽이다. 가는곳마다 금전에 이익이 많이 따르고 미혼자는 멀지 않아 결혼을 하게되고 사업가라면 회사의 흥망성쇠가 걸린 계약을 하게 된다.

* 돼지를 본 꿈

걱정했던 일들이 해소되고 귀인이 나타나 당신을 돕는다. 승진, 취직, 합격, 추첨 등에 좋은소식을 알리는 길몽이다. 금전운도 매우 좋다.

* 두꺼비가 갑자기 물고기로 변한 꿈

도둑을 맞을 조짐이니 소지품이나 귀중품 단속에 신경써야 한다. 또한 친구, 친척 또는 부부간에 사소한 일로 다툼이 일어나 결별할 징조이니 자존심 상하게 하는 말을 삼가하고 처신에 주의해야 한다.

* 말을 타고 달리는 꿈

연예인이나 작가, 소설가라면 자신의 이름이 세상에 널리 알려지게 된다. 또한 가는곳마다 이익이 따르게 되며 자금난에 허덕이는 사람이라면 귀인이 나타나 당신을 돕는다.

* 말이 서로 싸우는 꿈

흉몽이다. 사기를 당하거나 배신을 당할 조짐이니 각별히 조심해야 할 것이다. 또한 친구, 친척, 부부간에 사소한 일로 다툼이 일어나 결별할 조짐이니 자존심 상하게 하는 말을 자제하고 처신에 주의해야 할 것이다.

* 메뚜기를 본 꿈

친구, 동료 또는 부부사이에 사소한 일로 다툼이 일어나 결별할 조짐이니 자존심 상하게 하는 말을 자제하고 처신에 주의해야 한다. 특히 돈을 빌려주면 받기어려우니 조심해야 할 것이다.

* 물오리를 본 꿈

흉몽이다. 도둑을 맞을 조짐이니 소지품이나 귀중품 보관에 각별히 신경쓰면 좋으리라. 또한 친척이나 친구 또는 부부간에 사소한 일로 다툼이 일어나 결별할 징조이니 오해받는 행동을 삼가하고 말조심하면 좋으리라.

* 몸에 거머리가 붙은 꿈

과음이나 과식으로 탈이 날 조짐이니 음식조절에 신경써야 한다. 또한 사고가 날 징조이니 먼 여행은 떠나지 않는 것이 좋다. 금전운은 쇠퇴할 조짐이다.

* 몸에 거미줄이 붙은 꿈

건강에 이상이 생길조짐이니 몸관리에 신경써야 할 것이다. 또한 도둑을 맞을 징조이니 소지품이나 귀중품 단속에 신경써야 할 것이다. 특히 사고가 날 징조이니 먼 여행이나 자가운전은 피하는 것이 좋으리라.

* 몸에 파리가 앉아 있는 꿈

삼각관계에 빠져 사랑의 줄다리기를 하거나 윗사람 또는 친구, 부부사이에 상의할 일이 생긴다. 금전운은 쇠퇴할 조짐이며 건강운도 좋지 않은 꿈이니 몸관리에 신경써야 할 것이다.

* 박쥐를 본 꿈

걱정했던 일이 현실로 나타나 한동안 마음고생을 하게 된다. 또한 친한사람과 대수롭지도 않은일로 다툼이 일어나 사이가 멀어질 징조이다. 특히 도둑을 맞을 징조이니 귀중품 보관에 신경쓰면 좋으리라.

* 백로가 날아가거나 소나무에 앉아 있는 꿈

귀인을 만나 걱정했던 일들이 해결된다. 금전에 많은 이익이 따르게 되며 기다리던 곳에서 반가운 소식이 온다. 미혼자는 맞선을 보거나 결혼이 성사된다.

* 백마를 타거나 백마를 얻은 꿈

승진, 합격, 취직, 추첨 등에 좋은 소식을 알리는 길몽이다. 연예인이나 작가, 소설가라면 자신의 이름이 세상에 널리 알려지게 된다. 사업가라면 자금난에서 벗어나게 된다.

* 백조가 우는 꿈

친척이나 친구 또는 부부간에 대수롭지 않은 일로 다툼이 일어나 결별할 조짐이니 오해받는 행동을 삼가하고 각별히 말조심 해야할 것이다. 특히 도둑을 맞을 징조이니 귀중품 보관에 신경써야 한다.

* 백조를 본 꿈

승진, 합격, 취직, 당선, 추첨 등에 좋은소식을 알리는 길몽이다. 생각지 않은 곳에서 목돈이 들어올 조짐이며 오랫동안 만나지 못했던 친구나 애인을 만나 회포를 풀게 된다. 또한 오랫동안 미루어오던 일이 깔끔하게 해결 된다.

* 뱀의 머리를 칼로 자른 꿈

자신이 해놓은 일을 주변사람들이 인정을 해주게 된다. 또한 생각지 않은 곳에서 선물이나 재물이 들어오게 된다. 특히 오랫동안 만나지 못했던 친척이나 친구를 만나게 된다.

* 뱀이 사람을 쫓아 가는 것을 본 꿈

가정에 우환이 생기거나 자신의 건강에 이상이 생길 조짐이다. 또한 구설수에 휘말려 한동안 마음고생을 하게될 징조이니 오해받는 행동을 삼가하고 말조심 해야할 것이다. 특히 사고가 날 조짐이니 장거리 여행은 피하는 것이 좋으리라.

* 뱀이 자신의 몸을 칭칭 감는데도 두렵게 느껴지지 않은 꿈

추첨, 승진, 취직, 합격 등에 좋은 소식을 알리는 길몽이다. 가는곳마다 많은 이익이 따르게 되며 평소에 사이가 좋지 않았던 사람과도 화해를 하여 친하게 지내게 된다.

* 뱀이 칼을 삼킨 꿈

기다리던 곳에서 반가운 소식이 오게되며 가는 곳마다 이익이 따른다. 다만 친한사람과 사소한 일로 다툼이 일어나 결별할 조짐이니 각별히 말조심해야 할 것이다.

* 벌에 쏘여 상처가 점점 부어 오른 꿈

친척, 친구, 애인 또는 부부간에 사소한 일로 다툼이 일어나 결별할 조짐이니 자존심 상하게 하는 말을 삼가하고 처신에 주의해야 한다. 또한 장거리여행은 사고가 날조짐이니 떠나지 않는 것이 좋으리라.

* 벌집을 찾거나 벌집을 들고온 꿈

취직, 승진, 합격, 추첨 등에 좋은 소식을 알리는 길몽이다. 가는 곳마다 금전에 많은 이익이 따르게되며 미루어 두었던 일들이 깔끔하게 해결된다. 매사가 순조롭다.

* 벼룩을 본 꿈

도둑을 맞을 조짐이니 소지품이나 귀중품 단속에 신경써야 할 것이다. 또한 친한 사람과 사소한 일로 다툼이 있을 징조이니 자존심 상하게 하는 말을 자제하고 처신에 주의해야 한다.

* 부엉이를 본 꿈

건강에 이상이 생길 조짐이니 몸관리에 신경써야 한다. 또한 친척, 친구, 동료 또는 부부간에 사소한 일로 다툼이 일어날 징조이니 자존심 상하게 하는 말을 자제하고 처신에 주의해야 한다.

* 봉황새를 본 꿈

취직, 승진, 합격, 추첨 등에 좋은 소식을 알리는 길몽이다. 사업가라면 자금난에서 벗어나게 되고 연예인, 작가, 소설가라면 자신의 이름에 세상에 널리 알려지게 된다.

* 봉황을 타고 날아다닌 꿈

소설가, 작가, 연예인이라면 자신의 이름이 세상에 널리 알려지게 된다. 또한 승진, 합격, 취직, 추첨 등에 좋은 소식을 알리는 길몽이다. 금전운도 매우 좋으며 매사가 술술풀려 나가는 길몽이다.

* 비단붕어나 번쩍이는 비늘을 가진 물고기가 헤엄쳐 다닌 꿈

직장이나 주거지를 옮기게 될 조짐이다. 혹은 새로운 일이나 사업을 시작하게 될 꿈이기도 하다. 또한 오랫동안 만나지 못했던 친척이나 친구를 만나 회포를 풀게 된다. 수험생은 좋은 성적으로 합격을 하게 된다.

* 비둘기를 본 꿈

직장이나 주거지를 옮기게 될 조짐이다. 미혼자는 사귀던 애인과 헤어지고 새로운 애인을 만나게 된다. 사업가라면 다른업체와 공동의 이익을 위해서 함께 일하게 될 조짐이다.

* 빈대를 본 꿈

하던 업종을 바꾸거나 친한 사람이 당신을 배신하게 된다. 혹은 근거없는 소문에 한동안 시달리게 될 조짐이다. 특히 실없는 약속은 하지 않는 것이 좋다.

* 뽕잎을 먹는 누에를 본 꿈

자신의 능력만 믿지말고 현실과 적당히 타협하라는 꿈이다. 또한 근거없는 구설수에 올라 명예를 훼손당하거나 직장에서의 위치가 불안정해지는 꿈이기도 하다.

* 사슴을 본 꿈

대인관계에 특히 신경을 써야 매사가 원만하게 진행된다. 또한 선물을 받거나 칭찬을 들을 일이 생긴다. 금전운이 대체로 좋은편이며 애정운도 좋다. 미혼자라면 멀지않아 결혼을 하게 된다.

* 사슴이 떼를지어 산위로 올라가는 꿈

오랫동안 미루어 두었던 일이 귀인을 만나 깔끔하게 해결될 길몽이다. 걱정했던 일들이 해소되고 생각지 않은 곳에서 재물이 들어오게 된다. 미혼자는 결혼을 하게 된다.

* 사자 등을 타고 달린 꿈

연예인, 작가, 소설가라면 자신의 이름이 세상에 널리 알려지게 되는 작품을 발표하게 된다. 금전운은 날로 좋아지게되며 가정에 식구가 늘어나게 된다. 취직, 승진, 추첨, 합격, 당선 등에 좋은 소식을 알리는 길몽이다.

* 사자를 본 꿈

승진, 합격, 취직, 당선, 추첨 등에 좋은 소식을 알리는 길몽이다. 환자라면 좋은 의사를 만나 건강을 되찾게 된다. 미혼자라면 멀지않아 결혼을 하게 되며 사업가라면 중요한 계약을 맺게된다.

* 사자와 싸워서 이긴 꿈

장사하는 사람, 상업분야 종사자에게는 대 길몽이다. 사람들로 문전성시를 이루며 날로 번창하여 큰 돈을 벌어 들인다. 환자라면 질병이 씻은 듯이 낫게 된다.

* 새들이 떼를 지어 하늘을 날아간 꿈

사업가라면 자금난에서 벗어나게 된다. 추첨, 승진, 취직, 합격 등에 좋은 소식을 알리는 길몽이다. 특히 남모르게 한 일이 득이 되어 돌아온다.

* 새장에 새를 넣어 기른 꿈

친한 사람에게 사기를 당하거나 금전적인 손해를 보게될 조짐이니 각별히 조심해야 한다. 특히 사고가 날 징조이니 장거리 여행은 떠나지말라.

* 소가 피를 흘리고 있는 꿈

생기는 수입은 없어도 가는 곳마다 환영을 받게 된다. 또한 기다리던 곳에서 반가운 소식이 오게되며 새로운 친구나 애인을 소개 받게 될 조짐이다. 특히 과음, 과식으로 탈이 날 징조이니 음식조절에 신경쓰라.

* 소라를 본 꿈

정신적, 육체적으로 모두 피곤한 일이 생길 조짐이다. 특히 먼여행은 사고날 징조이니 떠나지 않는 것이 좋으리라. 또한 도둑을 맞을 징조이니 소지품이나 귀중품 단속에 신경써야 할 것이다.

* 소를 타고 가는 꿈

생각지 않은 곳에서 선물이나 재물이 들어오게 된다. 혹은 기다리던 곳에서 반가운 소식이 올 조짐이다. 하는 일마다 귀인이 나타나 당신을 도와주게 된다. 사업가라면 자금난에서 벗어나게 된다.

* 소의 뿔에 받힌 꿈

뿔에 받혀서 부상을 당했다면 누명을 쓰거나 부주의로 인해 사고가 나서 경찰서를 출입하게 될 흉몽이다. 그러나 뿔에 받히고도 아무 상처가 없다면 오랫동안 만나지 못했던 친구나 친척을 만나 회포를 풀게 될 것이다.

* 수십마리의 학이 자신을 바라보고 있던 꿈

생각지 않은 곳에서 선물이나 재물이 들어오게 된다. 또한 기다리던 곳에서 반가운 소식이 온다. 재산이 날로늘어 부자가 될 꿈이며 미혼자는 결혼을 하게 된다.

* 쓰레기더미나 화장실 등의 불결한 곳에 파리가 모여든 꿈

근거없는 구설수에 휘말려 한동안 마음고생을 하거나 친한 사람과 사소한 일로 다툼이 일어나 몸에 상처가 날 조짐이니 매사 조심을 해야 할 것이다. 또한 도둑을 조심하라.

* 송충이를 본 꿈

당신이 하는 일에 누군가 훼방을 놓거나 모함을 하게 된다. 또한 윗사람에게 꾸중을 듣게 된다. 특히 이성문제로 망신을 당할조짐이니 각별히 처신에 주의해야 할 것이다. 임신부라면 유산할 조짐이니 몸 조심해야 한다.

* 앵무새를 본 꿈

친척이나 친구 또는 부부간에 사소한 일로 다툼이 일어나 결별할 조짐이니 오해받는 행동을 삼가하고 각별히 말조심하면 좋으리라. 특히 사고가 날 징조이니 장거리 여행을 피하는 것이 좋으리라.

* 앵무새와 대화를 나눈 꿈

환경이 바뀔 조짐이다. 이사를 하게된다거나 직장을 옮기게 된다거나 혹은 이민을 가게된다거나 장기간 여행을 떠나게 된다. 중환자라면 삶이 얼마 남지 않았음을 예고하는 대흉몽이다.

* 양이 자신의 집으로 들어온 꿈

걱정했던 일들이 해소되고 경제적으로 여유가 생길 조짐이다. 또한 싸웠던 사람과 화해를 하게된다. 특히 금전에 이득이 많이 따른다. 미혼자는 좋은 배필을 만나 결혼을 하게 된다.

* 엄청나게 많은 파리가 자신에게 몰려든 꿈

소설가, 작가, 연예인 등의 인기를 먹고사는 직업에 종사하는 사람이라면 자신의 이름이 세상에 널리 알려지게 된다. 또한 금전에 많은 이익이 따른다. 사업가라면 자금난에서 벗어나게 된다.

* 여우를 본 꿈

자신의 비밀이 탄로나거나 누명을 쓰게될 조짐이다. 또한 사고날 징조이니 장거리 여행은 피하는 것이 좋으리라. 특히 화재가 날 조짐이니 불조심에 만전을 기하는 것이 좋으리라.

* 여우에게 쫓기는 꿈

마음이 불안하고 뭔가에 쫓기는 듯 심신이 안정이 안되는 꿈이다. 특히 사고가 날 조짐이니 먼 여행은 떠나지 않는 것이 좋으리라. 또한 도둑을 맞을 징조이니 귀중품 보관에 신경써야 할 것이다.

* 올빼미를 본 꿈

승진은 좌절되고 명예퇴직이나 정리해고의 위기에 처할 조짐이다. 사업가라면 부도가 날 조짐이니 신용이 좋은 거래처라도 경계해야 할 것이다. 결혼을 앞둔 사람이라면 혼인이 파기될 징조이다.

* 용이 죽어 있는 것을 본 꿈

친한 사람에게 배신을 당하거나 사기를 당할 징조이니 달콤한 유혹을 하더라도 경계해야 할 것이다. 또한 도둑을 맞을 조짐이니 소지품이나 귀중품 보관에 신경써야 한다. 특히 사고가 날 징조이니 장거리 여행이나 자가운전은 피하는 것이 좋으리라.

* 용이 하늘로 올라가는 것을 본 꿈

승진, 합격, 취직, 추첨 등에 좋은 소식을 알리는 길몽이다. 생각지 않은 곳에서 목돈이 들어오게 되고 하는일마다 귀인이 나타나 당신을 도와주게 된다. 임신부라면 집안에 기둥이 될 아들이 태어날 태몽이다.

* 원숭이가 품에 안기는 꿈

흉몽이다. 친구, 친척 또는 부부간에 사소한 일로 다툼이 일어나 결별할 조짐이니 자존심 상하게 하는 말을 삼가하고 처신에 조심해야 할 것이다. 특히 도둑을 맞을 징조이니 귀중품 단속에 신경써야 할 것이다.

* 원숭이를 본 꿈

건강에 이상이 생길 조짐이니 몸관리에 신경쓰면 좋으리라. 또한 친한 사람과 사소한 일로 다툼이 일어나 결별할 징조이니 오해받는 행동을 삼가하고 각별히 말조심하면 좋으리라.

* 원앙새를 본 꿈

오랫동안 끌어오던 일이 결과를 맺게 된다. 또한 기다리던 곳에서 반가운 소식이 오거나 생각지 않은 곳에서 선물이나 목돈이 들어오게 된다. 직장인은 월급이 오르거나 부수입이 있는 부서로 가게 된다.

* 잉어가 물위로 튀어 오른 꿈

자신이 해놓은 일이 많은 사람들에게 인정을 받게 되고 가는곳마다 금전에 이익이 많이 따른다. 연예인, 작가, 소설가라면 자신의 작품이 세상에 널리 알려지게 되며 직장인이라면 승진하게 된다. 실업자는 근무조건이 좋은 직장을 얻게 된다.

* 잉어가 헤엄쳐 다닌 꿈

매사를 차분하게 진행해야 바라던 결과를 얻게 된다. 금전운은 날로 좋아지게 되며 생각지 않은 곳에서 재물이 들어오거나 기쁜소식이 오게된다. 미혼자라면 결혼이 성사된다.

* 자신의 몸에 뱀이 물어 놀라서 깬 꿈

친척이나 친구 또는 부부간에 사소한 일로 다툼이 일어나 결별할 조짐이니 자존심 상하게 하는 말을 삼가하고 처신에 주의해야 할 것이다. 또한 도둑을 맞을 조짐이니 귀중품 보관에 신경써야 할 것이다.

* 자신이 잉어가 된 꿈

잘 되어가던 일이 누군가 훼방을 하여 수포로 돌아갈 조짐이다. 금전운이 쇠퇴할 징조이며 친한사람과 사소한 일로 다툼이 일어나 결별할 조짐이니 각별히 말조심하고 처신에 주의해야 한다.

* 잠자리가 날아가는 것을본 꿈

동분서주 바쁘기는 하나 노력의 대가가 따르지 않을 조짐이다. 혼자서 무리하지 말고 역할을 분담하라. 또한 구설수가 예상되니 자신의 가정일이나 남의 신상에 관한 일들을 말하지 말라.

* 잠자리가 짝을지어 공중을 날아다니는 꿈

사이가 멀어져있는 사람과 화해를 하여 친하게 지내게 되며 미혼의 청춘남녀라면 맞선을 보게 되거나 결혼이 성사된다. 사업가라면 귀인을 만나게 된다.

* 제비를 본 꿈

자신이 해놓은 일이 많은 사람들로부터 칭찬을 받게 된다. 또한 계획한 일이 순조롭게 진행되고 안될것이라 생각한 일도 귀인이 나타나 도와주게 된다. 임신부라면 귀한 아들이 태어날 태몽이다.

* 쥐가 자신의 옷을 물어 뜯는 꿈

걱정했던 일들이 말끔히 해소되고 심신의 안정을 찾게 된다. 또한 계획한일이 순조롭게 진행되고 안될것이라 생각한 일도 술술 풀려나간다. 인기업에 종사하는 사람이라면 자신의 이름이 세상에 널리 알려지게 된다.

* 쥐와 개가 함께 노는 꿈

승진, 합격, 취직, 추첨 등에 좋은 소식을 알리는 길몽이다. 금전운이 좋으며 생각지 않은 곳에서 선물이나 재물이 들어오게 된다. 미혼자는 멀지않아 결혼을 하게 된다.

* 조개를 본 꿈

윗사람이나 친구, 동료 또는 부부사이에 상의할 일이 생길 조짐이다. 사업가라면 잘 되어가던 일이 뜻밖의 장애나 방해로 침체 국면에 들어설 징조이다. 특히 사고날 징조이니 차조심해야 할 것이다.

* 족제비를 본 꿈

건강에 이상이 생길 조짐이니 몸관리에 신경써야 한다. 특히 친한사람과 사소한 일로 다툼이 일어나 결별할 조짐이니 자존심 상하게 하는 말을 삼가하고 처신에 주의해야 할 것이다.

* 지네를 본 꿈

금전문제로 인한 다툼이 생길 조짐이다. 연예인이나 인기직업에 종사하는 사람은 인기가 하락할 징조이다. 특히 주거지나 직장을 옮기게 되는 꿈이며 미혼여성은 강간을 당할 징조이니 몸관리에 신경써야 할 것이다.

* 지렁이를 본 꿈

하는 일마다 실수가 예상되니 좀더 깊이 생각한 후 행동해야 한다. 또한 도둑을 맞을 조짐이니 소지품이나 귀중품 단속에 신경써야 할 것이다. 특히 사고가 날 조짐이니 차조심해야 할 것이다.

* 집안의 사방에 거미줄이 쳐져 있는 꿈

보증을 서거나 금전거래를 하게될 일이 생긴다. 그러나 보증을 서주거나 돈을 빌려주게 되면 결과가 좋지 않으니 보류하는 것이 좋으리라. 또한 지킬 수 없는 약속은 하지말라.

* 참새가 떼를 지어 하늘을 날아다닌 꿈

승진, 취직, 합격, 추첨 등에 좋은 소식을 알리는 길몽이다. 또한 생각지 않은 곳에서 재물이 들어오게 된다. 특히 미루어 두었던 일들이 깔끔하게 해결 된다.

* 참새끼리 싸우는 것을 본 꿈

흉몽이다. 친구나 친척 또는 부부간에 사소한 일로 다툼이 일어나 결별할 조짐이니 자존심 상하게 하는 말을 삼가하고 오해받는 행동을 피하면 좋으리라. 또한 귀중품 보관에 신경쓰면 좋으리라.

* 참새를 본 꿈

생각지 않은 곳에서 선물이나 목돈이 들어오게 된다. 또한 자신이 해놓은 일이 많은 사람들에게 인정을 받게 되거나 기쁜소식을 듣게 될 조짐이다. 임신부라면 효성이 지극한 딸을 낳을 태몽이다.

* 창이나 작살로 물고기를 찌른 꿈

건강에 이상이 생길 조짐이니 몸관리에 신경써야 할 것이다. 또한 사기를 당하거나 도둑을 맞을 징조이니 금전거래를 삼가하고 귀중품 단속에 산경써야 한다. 특히 먼 여행을 떠나지 말라. 사고가 날 징조이므로…

* 코끼리를 본 꿈

자신이 해놓은 일이 주변사람들에게 인정을 받게 되며 가는 곳마다 금전에 이익이 많이 따른다. 또한 오랫동안 만나지 못했던 친척이나 친구 또는 애인을 만나 즐거운 시간을 보내게 된다.

* 토끼를 본 꿈

진행중인 일에 대해 칭찬과 격려를 받게 된다. 매사에 적극적으로 임하라. 일이 잘 풀린다. 애정운도 좋으며 금전운도 날로 좋아질 조짐이다. 다만 차조심해야 할 것이다.

* 풀밭이나 목장에서 양이 풀을 뜯고 있는 꿈

직장이나 주거지를 옮기게 되는 꿈이다. 자신의 능력만 믿지말고 좀 더 분발 노력해야 좋은 결과를 얻게 된다. 특히 많은 사람이 모인자리에 동석하지 말라. 왜냐하면 큰 다툼이 일어날 징조이므로…

* 학을 본 꿈

계획한 일이 순조롭게 진행되고 오랫동안 만나지 못했던 친척이나 친구 또는 애인을 만나게 된다. 또한 자신이 해놓은 일이 주변사람들로부터 칭찬을 받게 된다. 임신부라면 귀한 아들을 낳을 태몽이다.

* 학이 날아가거나 둥지를 틀고 앉아 있는 꿈

임신부라면 장차 집안에 기둥이 될 아들이 태어날 태몽이다. 금전에 이익이 많이 따르게 되며 하는일 마다 귀인이 나타나 당신을 돕게 된다. 시험운, 취직운 모두 좋다.

* 한가로운 시골길을 소를 끌면서 간 꿈

손님이 찾아와 오랫동안 머물다 갈 조짐이다. 금전에 이익이 많이 따르게 되며 사이가 좋지 않았던 사람과 화해를 하게 될 징조이다. 특히 자신의 일을 놓고 윗사람이나 부부간에 상의할 일이 생긴다.

* 황소가 송아지를 낳는 꿈

승진, 합격, 취직, 추첨 등에 좋은 소식을 알리는 길몽이다. 금전융통이 순조롭고 계획한 일들이 술술풀려 나간다. 미혼자는 맞선을 보게 되거나 결혼이 성사 된다.

* 황소를 본 꿈

황소가 산이나 언덕을 올라가는 것을 본 꿈은 길몽이다. 오랫동안 만나지 못했던 친구나 친척을 만나거나 생각지 않은 곳에서 선물이나 돈이 들어오게 된다. 그러나 황소가 집안으로 들어오거나 집밖으로 나가는 꿈은 흉몽이다. 친한사람과 다툼이 일어나거나 도둑을 맞을 조짐이니 귀중품 단속에 신경써야 할 것이다.

* 흰 뱀이 산위로 올라가는 것을 본 꿈

승진, 취직, 합격, 추첨 등에 좋은 소식을 알리는 길몽이다. 금전운이 좋아지게 되며 하는 일마다 귀인이 나타나 도와주게 된다. 미혼자는 청혼을 받거나 즐거운 데이트를 하게 된다.

* 흰 쥐의 인도를 받으며 어딘가로 간 꿈

남의 일에 바빠 자신이 세워놓은 중요한 일을 놓치게 된다. 그러나 열심히 노력한 만큼의 대가가 돌아온다. 다만 혼자서 모든 것을 해결하려고 하지말라.

제 13 장

사람의 몸에 관한 꿈

* 귀가 떨어져 나가거나 부상당한 꿈

오랫동안 사귀어 오던 사람과 이별을 하거나 반갑지 않은 소식을 듣게된다. 또한 금전운이 쇠퇴할 조짐이니 돈거래나 주식투자 등은 하지않는 것이 좋으리라. 특히 장거리 여행을 떠나지 말라.

* 귀가 먹어 잘 안들리는 꿈

기다리던 곳에서 반가운 소식을 듣게되고 생각지 않은 곳에서 선물이나 재물이 들어오게 된다. 또한 몸은 힘들어도 계획한 일은 순조롭게 진행된다. 다만 생각지 않은 지출이 생긴다.

* 귀가 여러 개로 보이는 꿈

바라고 바라던 일이 성사될 조짐이다. 나갔던 돈이 들어오거나 반가운 손님이 찾아오게 된다. 또한 가는곳마다 금전에 이익이 따르며 가정에 식구가 늘어나게 된다. 매사가 순조롭다.

* 귀가 짐승의 귀가 되는 꿈

윗사람이나 친구 또는 동료등에게 배신을 당하거나 모함을 쓰게될 조짐이다. 혹은 금전운이 쇠퇴하니 돈거래를 하지 말라는 꿈이다. 특히 사고가 날 조짐이니 먼 여행을 떠나지 말라.

* 귀가 크고 아름다워 보이는 꿈

문서를 잡거나 목돈이 들어올 조짐이다. 계획한 일이 귀인을 만나 술술 풀려나가게 된다. 소설가나 작가라면 좋은 소재를 얻게되며 연예인이라면 자신이 출연한 작품이 인기를 얻게 된다.

* 귀에 쌀이나 보리가 들어가는 꿈

고민하던 일이 귀인을 만나 해결되고 금전운이 날로 좋아질 꿈이다. 세를 들어사는 사람이라면 멀지않아 내집을 장만하게 된다. 직장인이라면 월급이 오르거나 부수입이 있는 직책을 맡게 된다.

* 귀에 이물질이 들어가 잘 안들리는 꿈

직장이나 거주지를 옮기게 될 조짐이다. 또한 생각지 않은 지출이 생기게 된다. 사업가라면 신용이 좋은 거래처라도 경계하라는 꿈이며 임신부라면 유산할 조짐이니 몸조심하라는 꿈이다.

* 긴머리를 단정하게 다듬은 꿈

승진, 취직, 합격, 추첨 등에 좋은소식을 알리는 길몽이다. 하는일마다 귀인이 나타나 당신을 돕게되며 금전에도 많은 이익이 따른다. 미혼의 청춘남녀라면 멀지않아 결혼을 하게 된다.

* 긴머리를 짧게 자르거나 깎아버린 꿈

경제적으로 어려움을 겪게되거나 오랫동안 사귀어오던 사람과 사소한 일로 결별할 조짐이다. 혹은 직장이나 주거지를 옮기게 될 징조이다. 특히 도둑을 조심해야 할 것이다.

* 눈썹을 깎는 꿈

수입보다 지출이 많아질 징조이며 친한 사람에게 사기를 당하거나 배신을 당할 징조이니 매사 조심해야 할 것이다. 특히 사고가 날 조짐이니 장거리 여행은 떠나지 말라.

* 눈썹이 길어지는꿈

노력한 만큼 대가가 따르고 걱정하던 문제가 귀인을 만나 해결된다. 또한 자신을 진정으로 이해해줄 마음의 벗을 만나게 된다. 다만 수입보다 지출이 많으리라.

* 눈썹이 빠지는 꿈

재물과 명예를 잃게될 조짐이다. 또한 직장에서 해고를 당하거나 위치가 불안정하여 다른 직장을 알아보게 될 징조이다. 혹은 거주지를 옮기게 될 조짐이다.

* 눈에서 광채가 나는 꿈

자신이 노력한 보람을 찾게되며 안될 것이라 생각한 일이 귀인을 만나 해결 된다. 또한 생각지 않은 곳에서 선물이나 재물이 들어오게 된다. 미혼자라면 좋은 배필을 만나게 될 징조이다.

* 눈이 붉게 충혈되어 사물을 본 꿈

자신의 비밀이 탄로되거나 누명을 쓰게될 징조이니 오해받는 행동을 삼가하고 입을 무겁게 해야 할 것이다. 사업가라면 신용이 좋은 거래처라도 경계해야 한다. 특히 도둑을 조심하라.

* 눈 한쪽을 다치거나 눈 한쪽에서 피가 나는 꿈

세를 들어 사는 사람이라면 집주인이 집을 비워 달라고 요구할 꿈이며 약혼한 사람이라면 결혼이 늦어지거나 약혼이 파기될 조짐이다. 사업가라면 자금난으로 고민하게 될 징조이다.

* 다리가 부러지는 꿈

흉몽이다. 교통사고를 당하거나 건강에 이상이 생길조짐이니 각별히 조심해야 한다. 특히 장거리여행은 떠나지 않는 것이 좋으리라. 사업가라면 부도를 맞을 징조이니 거래처를 조심하라.

* 다리를 붕대로 칭칭 휘감은 꿈

생각지 않은 지출이 생기게되며 반갑지 않은 소식을 듣게 된다. 혹은 계획한 일이 경제적인 문제로 취소되거나 누군가 훼방을 하여 정신적으로 시달리게 될 조짐이다. 특히 사고가날 징조이니 먼 여행은 떠나지 않는 것이 좋으리라.

* 다리에서 피가 나는 꿈

정신적으로 의지가 될만한 사람을 만나거나 경제적으로 도움을 받을 수 있는 사람을 만나게 된다. 특히 복잡하게 뒤엉켰던 일들이 서서히 해결의 기미를 보이게 된다.

* 대머리에 머리털이 나는 꿈

안될것이라고 생각한 일이 귀인이 나타나 적극적으로 도와주게 되며 금전에도 많은 이익이 따른다. 또한 자신이 해놓은 일이 윗 사람이나 동료들에게 인정을 받게 된다. 매사가 순조로운 꿈이다.

* 머리를 감은 꿈

빌려준 돈을 받거나 오랫동안 사이가 좋지않은 사람과 화해를 하여 친하게 지내게 된다. 또는 기다리던 곳에서 반가운 소식이 오거나 생각지 않은 곳에서 선물이나 재물이 들어오게 된다.

* 머리를 염색한 꿈

건강에 이상이 생길 조짐이니 몸관리에 신경써야 한다. 또한 도둑을 맞을 징조이니 소지품이나 귀중품 보관에 신경써야 할 것이다. 금전운도 쇠퇴할 조짐이니 투자는 경계해야 좋으리라.

* 머리카락을 깎는 꿈

친한사람에게 배신을 당하거나 사기를 당할 조짐이니 각별히 조심해야 한다. 또는 도둑을 맞을 징조이니 소지품이나 귀중품 단속에 신경써야 할 것이다. 특히 먼 여행을 떠나지 말라.

* 머리카락이 빠지거나 대머리가 되는 꿈

직장이나 주거지를 옮기게 될 조짐이며 생각지 않은 지출이 생기게 된다. 또한 친구, 친척 또는 부부간에 대수롭지 않은 일로 다툼이 일어나 결별할 징조이니 말조심 처신에 주의해야 한다.

* 머리가 길고 커보이는 꿈

기다리던 곳에서 반가운 소식이 오거나 목돈이 들어올 조짐이다. 혹은 오랫동안 미루어 오던일이 주변사람들의 도움으로 해결된다. 직장인이라면 윗 사람이나 동료들에게 칭찬을 받게 된다.

* 머리가 백발이 되거나 검어진 꿈

꼬인일이 귀인을 만나 서서히 풀려나가게 되며 가는곳 마다 금전에 이익이 따른다. 또한 생각지 않은 곳에서 선물이나 재물이 들어오게 된다. 미혼의 청춘남녀라면 결혼을 하게 된다.

* 머리가 아픈 꿈

기다리던 곳에서 반가운 소식이 오거나 생각지 않은 곳에서 선물 또는 재물이 들어오게 된다. 또한 미루어 두었던 일들이 귀인을 만나 해결 된다. 다만 도둑을 조심하라. 손재수가 있으므로…

* 머리가 작아지는 꿈

윗사람이나 친구 또는 부부간에 사소한 일로 다툼이 일어날 조짐이니 말조심 처신에 주의해야 할 것이다. 특히 도둑을 맞을 징조이니 소지품이나 귀중품 단속에 신경써야 한다.

* 머리에 뿔이난 꿈

두개의 뿔이나면 친구, 친척 또는 부부간에 사소한 일로 다툼이 일어나 결별할 조짐이며 한 개의 뿔이나면 계획한 일들이 순조롭게 진행되고 가는곳 마다 금전에 이익이 많이 따른다.

* 목이 유난히 길어 보인 꿈

계획한 일이 순조롭게 진행되고 생각지 않은 곳에서 선물이나 목돈이 들어오게 된다. 또한 오랫동안 만나지 못했던 친구나 친척 또는 애인을 만나 회포를 풀게 된다. 직장인은 승진을 하게 된다.

* 목이 조이는 꿈

계획한 일이 경제적인 어려움으로 인해 지연되거나 포기할 상황이 될 조짐이다. 혹은 가정에 우환이 생겨 병원출입을 하게 되거나 친한사람과 다툼이 생겨 결별할 징조이다.

* 목 한개에 머리가 세 개 달린 꿈

취직, 승진, 합격, 추첨 등에 좋은 소식을 알리는 길몽이다. 하는일마다 귀인이 나타나 당신을 돕는다. 특히 생각지 않은 곳에서 목돈이 들어오거나 평생 반려자를 만나게 된다.

* 몸에 날개가 달린 꿈

고민하던 일이 귀인을 만나 순조롭게 해결되며 가는곳 마다 금전에 이익이 따른다. 또한 자신이 해놓은 일이 주변 사람들에게 인정을 받게 된다. 미혼자라면 맞선을 보거나 결혼이 성사된다. 그러나 날개가 부러지는 꿈은 흉몽이니 장거리 여행을 삼가하고 각별히 말조심해야 할 것이다.

* 몸에 땀이 많이 나는 꿈

건강에 이상이 생길 조짐이니 몸관리에 신경써야 할 것이다. 또한 친한사람과 사소한 일로 다툼이 일어나 결별할 징조이니 말조심 처신에 주의해야 할 것이다.

* 몸에서 뿌연 안개빛이 발산된 꿈

건강에 이상이 생길 조짐이니 몸관리에 신경써야 할 것이다. 또한 금전운이 쇠퇴할 징조이니 돈거래를 하지말라는 꿈이다. 아울러 구설수도 있으니 오해받는 행동을 삼가하고 말조심하라는 계시이기도 하다.

* 몸에서 황금빛의 광채가 발산된 꿈

오랫동안 미루어 오던일이 귀인을 만나 속시원하게 해결 된다. 또한 승진, 취직, 합격, 추첨 등에 좋은 소식을 알리는 대 길몽이다. 세를 들어 사는 사람이라면 멀지않아 내집을 장만하게 된다.

* 몸에 종기가 나는 꿈

남의 일에 참견하다 망신을 당할 조짐이다. 또한 무심코 흘린 말 한마디가 구설이 되어 한동안 마음고생 할 징조이니 말조심해야 한다. 특히 사고가 날 조짐이니 먼 여행을 떠나지 말라.

* 몸에 종기가 터져 진물이 나는 꿈

계획한 일이 순조롭게 진행되고 꼬였던 일이 좋은 방향으로 흘러간다. 직장인이라면 자신의 직장 상사나 경영주에게 능력을 인정 받거나 도움을 받는다.

* 몸에 피고름이 나는 꿈

승진, 취직, 합격, 추첨 등에 좋은소식을 알리는 길몽이다. 금전운이 좋아지게 되며 오랫동안 만나지 못했던 친척, 친구 또는 애인을 만나 회포를 풀게 된다.

* 몸에 혹이 난 꿈

애정운과 금전운이 좋아질 조짐이다. 또한 계획한 일들이 순조롭게 진행되고 안될것이라 생각한 일도 풀려나가게 된다. 직장인이라면 윗 사람에게 신임을 받게 된다.

* 몸이 뚱뚱해 보이는 꿈

신경성 질환이나 정신적인 질환으로 한동안 마음 고생을 하게 될 조짐이다. 또한 먼 여행은 사고가 날 징조이니 떠나지 않는 것이 좋으리라. 특히 주식투자나 돈거래를 하지말라.

* 몸이 말라 보이는 꿈

구설수에 휘말려 한동안 마음 고생할 조짐이니 남의 신상에 관한 일들을 말하지 하는 것이 좋으리라. 수입은 노력한 만큼의 대가는 얻을것이나 생각지 않은 지출이 따른다.

* 몹시 들뜨고 기쁜 마음에 즐거워한 꿈

오랫동안 만나지 못했던 친구나 친척 또는 애인을 만나 회포를 풀게 된다. 혹은 사이가 좋지않은 사람과 화해를 하여 친하여 지낼 조짐이다. 다만 실없는 약속을 하지말라는 꿈이기도 하다.

* 무릎을 다쳐 걷지 못하는 꿈

직장이나 거주지를 이동할 조짐이다. 혹은 실직을 하거나 감봉처분 또는 좌천을 당하게될 징조이다. 임신부는 유산할 조짐이니 무리한 운동을 삼가하고 먼 여행은 떠나지 않는 것이 좋으리라.

* 발이 무겁고 떨어지지 않는 꿈

건강에 이상이 생길 징조이니 몸관리에 신경써야 할 것이다. 금전운이 쇠퇴할 조짐이며 가까운 사람과 이별하는 일이 생길 징조이다. 특히 실없는 약속을 하지말라.

* 발이 부어 오른 꿈

도둑을 맞거나 사기를 당할 조짐이니 소지품이나 귀중품 단속에 신경쓰고 금전거래를 하지말라. 또한 보증을 서지 말라. 특히 장거리여행은 떠나지 말라. 사고가 날 징조이니…

* 발이 삐어서 절뚝거리는 꿈

걱정했던 일들이 현실로 나타날 조짐이다. 구설수에 휘말리거나 배신을 당할 징조이니 남의 일에 쓸데없이 관여하지 말고 믿는 사람도 한번 더 검토하고 일을 추진해야 할 것이다.

* 벌거벗은 몸으로 돌아다니는 꿈

뜻밖의 좋은 소식을 듣게되며 생각지 않은 곳에서 선물이나 재물이 들어오게 된다. 또한 오랫동안 미루어 두었던 일이 깔끔하게 해결된다. 다만 내주장만 세우지 말고 남의 의견에 귀를 기울여라.

* 불구자를 보거나 자신이 불구자가 되는 꿈

사고가 날 조짐이니 먼 여행을 떠나지 말라는 꿈이다. 또한 돈거래를 하면 받지 못하니 경계하라는 꿈이다. 특히 아파트나 주택을 살 때 재수없는 집을 살 우려가 있으니 계약을 보류하라는 꿈이다.

* 세수하는 꿈

금전운이 좋아질 조짐이며 자신이 해놓은 일이 윗 사람이나 주변사람들에게 칭찬을 받게 된다. 사업가라면 자금난에서 벗어나게 되고 미혼자라면 맞선을 보거나 결혼이 성사 된다.

* 소경(장님)이 눈을 뜨는 꿈

추첨, 승진, 합격, 취직 등에 좋은 소식을 알리는 길몽이다. 나갔던 돈이 들어오게 되며 새로운 친구 또는 애인을 소개받아 즐거운 시간을 보내게 된다. 환자라면 병이 완쾌될 징조이다.

* 소경(장님)이 되는 꿈

친한 사람과 사소한 일로 다툼이 일어나 결별할 조짐이니 자존심 상하게 하는 말을 삼가하고 처신에 주의하라. 또한 도둑을 맞을 징조이니 귀중품 단속에 신경써야 할 것이다.

* 손가락이 부러지는 꿈

흉몽이다. 친한사람에게 사기를 당하거나 배신을 당할 조짐이니 각별히 조심해야 한다. 특히 장거리여행은 떠나지 않는 것이 좋으리라. 사고가 날 징조이므로…

* 손가락이 타인에 의해 부러지는 꿈

직장을 잃거나 시험에 낙방할 조짐이다. 또한 경제적인 문제로 자신이 계획한 일들이 지연되거나 포기할 수도 있는 흉몽이다. 임신부라면 유산할 징조이니 몸관리에 신경써야 한다.

* 손등과 손바닥에 털이 많이 나는 꿈

무심코 흘린말이 구설이 되어 한동안 마음 고생을 하게 된다. 또한 금전운이 쇠퇴할 조짐이며 주거지나 직장을 옮기게 된다. 특히 건강에 이상이 생길 징조이니 몸관리에 신경써야 한다.

* 손바닥에 불을 올려놓는 꿈

자신의 사회적 출세를 도와줄 귀인을 만나게 되거나 새로운 친구 또는 애인을 소개받게 된다. 금전운이 좋아질 조짐이며 연예인, 작가, 소설가라면 자신의 이름이 세상에 널리 알려지게 된다.

* 손이 엄청커지는 꿈

생각지 않은 곳에서 재물이 들어오게 된다. 또한 추첨, 승진, 합격, 취직 등에 좋은 소식을 알리는 길몽이다. 연예인이나 작가, 소설가, 화가라면 자신의 작품이 큰 인기를 얻게 된다.

* 손이 작아지는 꿈

자신의 비밀이 탄로 나거나 누명을 쓰게될 조짐이다. 또한 도둑을 맞을 징조이니 소지품이나 귀중품 관리에 신경써야 할 것이다. 특히 사람들에게 따돌림을 당하거나 직위상실이 예시된 흉몽이다.

* 손톱이 끊어지는 꿈

친구, 친척 또는 부부간에 사소한 일로 다툼이 일어나 결별할 징조이니 자존심 상하게 하는 말을 삼가하고 처신에 주의해야 한다. 또한 먼 여행은 사고가 날 조짐이니 떠나지 않는 것이 좋으리라.

* 손톱이 길어지는 꿈

조금 더 노력하면 좋은 결과가 오게되며 생각지 않은 곳에서 선물이나 재물이 들어오게 된다. 특히 새로운 친구나 애인을 소개받게 된다. 또한 마무리하지 못한 일이 깔끔하게 해결 된다.

* 수염을 뽑은 꿈

가정에 우환이 생기거나 건강에 이상이 생길 조짐이니 몸관리 신경써야 할 것이다. 특히 구설수에 휘말려 한동안 마음고생을 하게될 징조이니 남의 신상에 관한 일들은 말하지 말라. 또한 처신에 주의해야 한다.

* 수염이 길게난 꿈

그동안 닦았던 실력을 발휘하게되며 가는 곳마다 융숭한 대접을 받게된다. 또한 금전운이 좋아질 징조이며 연예인이라면 자신의 이름이 세상에 널리 알려지게 된다.

* 어깨가 살찌고 커 보이는 꿈

친목회나 동창회 또는 어떤 모임의 단체에서 감투를 쓰게 된다. 또는 오랫동안 만나지 못했던 친척이나 친구 또는 애인을 만나게 된다. 다만 다툼이 생길 우려가 있으니 말조심해야 할 것이다.

* 얼굴에 사마귀가 나는 꿈

엉뚱한 고민이 많이 생기게 되고 하는일에 누군가 훼방을 놓거나 모함을 하게 될 조짐이다. 혹은 가족이나 친척중에서 질병을 앓는 사람이 생길 조짐이다. 특히 대형 사고가 날 조짐이니 먼 여행이나 자가운전은 하지 않는 것이 좋으리라.

* 여러개의 유방(젖)이 달린 꿈

잘 되어가던 일들이 누군가 훼방을 하여 중단될 조짐이다. 또한 금전운이 쇠퇴할 징조이며 미혼의 여자라면 강간을 당할 조짐이요 임신부라면 유산할 징조이니 몸관리에 신경써야 할 것이다.

* 여러 사람들과 악수를 한 꿈

자신이 해놓은 일이 주변사람들에게 인정을 받게 되거나 생각지 않은 곳에서 선물이나 재물이 들어오게 된다. 그러나 악수한 손이 차갑게 느껴졌다면 구설수가 있을 조짐이니 오해받는 행동을 삼가하고 각별히 말조심해야 할 것이다.

* 유방(젖)에 털이 나는 꿈

근거없는 구설수에 휘말려 한동안 마음고생을 하게 된다. 혹은 주변사람들에게 따돌림을 당하거나 소지품 또는 귀중품을 도난당할 우려가 있으니 조심해야 할 것이다.

* 유방(젖)에 피가 묻거나 출혈을 한 꿈

자신 또는 가족 중에 누군가 병원을 출입하게 될 조짐이다. 혹은 근거없는 구설수에 휘말려 한동안 마음고생을 하게될 징조이다. 특히 사고가 날 조짐이니 장거리 여행은 떠나지 않는 것이 좋으리라.

* 유방(젖)이 크고 아름다운 꿈

자신이 해놓은 일이 윗 사람 또는 주변 사람들에게 인정을 받게 된다. 또는 새로운 친구나 애인을 소개받을 조짐이다. 특히 오랫동안 미루어 두었던 일이 깔끔하게 해결 된다.

* 이마를 다치는 꿈

근거없는 구설수에 휘말려 한동안 마음고생을 하게 된다. 또한 금전운이 쇠퇴할 조짐이며 도둑을 맞을 징조이니 소지품이나 귀중품 단속에 신경써야 할 것이다.

* 이빨이 나는 꿈

사회적인 위치가 안정되고 직장에서의 신임도 높아진다. 또한 금전운이 좋아지게되며 하는 일마다 귀인이 나타나 도와주게 된다. 환자라면 병이 완쾌될 조짐이다.

* 이빨이 빠지는 꿈

흉몽이다. 친척이나 친구가 사망할 징조이다. 윗니는 남자, 아랫니는 여자를 뜻한다. 어금니가 빠지고 피가 안나오면 부모상을 당할 징조이다. 이꿈을 꾸면 먼 여행을 떠나지 말라. 사고가날 조짐이니…

* 입이 막혀서 말을 못하는 꿈

흉몽이다. 건강에 이상이 생길 징조이니 각별히 몸관리에 신경써야 한다. 혹은 친한사람과 사소한 일로 다툼이 일어나 결별할 조짐이니 말조심 처신에 주의해야 할 것이다.

* 입이 몹시 커져 있거나 커보인 꿈

경제적으로 여유가 생길 징조이다. 또한 기다리던 곳에서 반가운 소식이 오거나 감투를 쓰게 된다. 직장인이라면 상사나 동료들에게 칭찬을 받게되고 사업가라면 귀인을 만나게 된다.

* 입이 벌려지지 않아 음식을 먹지 못한 꿈

건강에 이상이 생길 조짐이니 몸관리에 신경써야 할 것이다. 또한 친한 사람과 사소한 일로 다툼이 일어날 징조이니 자존심 상하게 하는 말을 삼가하고 처신에 주의해야 할 것이다.

* 입이 커 보이는 꿈

일이 많아 예상외로 분주하게 된다. 그러나 분주한 만큼 수익도 따른다. 혹은 자신이 해놓은 일이 주변사람 또는 윗 사람에 인정을 받게된다. 사업가라면 귀인을 만나 자금난에서 벗어나게 된다.

* 코가 높아지는 꿈

남들이나 부부간에 사소한 일로 다툼이 일어나 결별할 조짐이니 상대방의 약점에 관한 말들을 삼가해야 할 것이다. 미혼의 여자라면 강간을 당할 징조이니 몸조심해야 한다.

* 코가 둘이되는 꿈

부부, 친척 또는 친구간에 사소한 일로 다툼이 일어나 결별할 조짐이니 말조심. 처신에 주의해야 한다. 또한 수입보다 지출이 많아질 징조이며 도둑을 맞을 징조이니 귀중품 단속에 신경써야 할 것이다.

* 코가 평소보다 길어보이는 꿈

평소 원하던 일이 현실화되고 계획한 일이 순조롭게 진행 된다. 금전운이 좋아질 징조이며 실업자라면 좋은직장을 얻게 된다. 환자라면 질병이 완쾌될 조짐이다.

* 코를 부상당한 꿈

친한 사람에게 사기를 당하거나 배신을 당할 조짐이니 각별히 조심을 해야 할 것이다. 직장인이라면 해고를 당하거나 위치가 불안정해진다. 또한 생각지 않은 지출이 늘어나게 된다.

* 코뼈가 부러지거나 멍이든 꿈

걱정했던 일들이 현실로 나타날 조짐이다. 또한 친척, 친구, 부부간에 대수롭지 않은 일로 다툼이 일어나 결별할 징조이니 오해받는 행동을 삼가하고 말조심해야 할 것이다.

* 코피가 나는 꿈

고민하던 일이 해결되고 기다리던 곳에서 반가운 소식이 오게 된다. 가는곳 마다 금전에 많은 이익이 따르게 되며 새로운 친구나 애인을 소개받게 된다.

* 팔에 종기가 나는 꿈

대수롭지 않게 던진 말한마디가 큰 다툼으로 이어질 조짐이니 입을 무겁게 해야 할 것이다. 사업가라면 잘나가던 거래처에서 좋지 않은 소식이 들려올 조짐이로다.

* 팔에 털이 많이 나는 꿈

귀인이 나타나 당신이 하고자하는 일을 적극적으로 도와주게 된다. 또한 사이가 좋지 않은 사람과 화해를 하여 친하게 지내게 된다. 사업가라면 중요한 계약을 맺게 된다.

* 팔이 길어지는 꿈

안될것이라 생각한 일이 귀인을 만나 해결 된다. 또한 빌려준 돈이 있다면 들어올 조짐이요, 애인이 없는 사람은 애인이 생길 징조로다. 특히 환자라면 병이 완쾌될 조짐이로다.

* 팔이 넘어져서 부러지는 꿈

오랫동안 친하게 지내던 사람과 이별을 하거나 경제적인 어려움으로 자신이 세워좋은 계획이 지연되거나 취소될 조짐이다. 특히 타인과 시비가 붙어 몸을 다칠 우려가 있는 흉몽이다.

* 팔이 부러지는 꿈

보증을 서주게 되면 재산을 날릴 조짐이요. 돈을 꾸어주면 받지 못할 꿈이로다. 특히 도둑을 맞거나 친한 사람과 다툼이 일어나 결별할 징조이니 매사 조심해야 할 것이다.

* 함정이나 흙구덩이에 빠져서 허둥거리다 깬 꿈

건강에 이상이 생길 조짐이니 몸관리에 신경써야 한다. 또한 친한 사람에게 사기를 당할 징조이니 달콤한 말을 하더라도 경계해야 할 것이다. 특히 사고가 날 조짐이니 먼 여행을 떠나지 말라.

* 허벅지를 다치는 꿈

임신부는 유산할 조짐이니 무리한 운동을 삼가하고 먼 여행은 떠나지 않는 것이 좋으리라. 금전운이 쇠퇴할 징조이며 친한 사람에게 사기를 당하거나 배신을 당할 조짐이니 매사 조심해야 한다.

* 혀 끝에 털이 난 꿈

승진, 합격, 취직, 추첨 등에 좋은 소식을 알리는 길몽이다. 또한 생각지 않은 곳에서 선물이나 재물이 들어오게 된다. 혹은 오랫동안 마무리 하지 못한 일이 깔끔하게 해결 된다.

* 화상을 입거나 손이 절단되는 꿈

오랫동안 사귀어왔던 사람과 이별을 하게될 조짐이다. 또는 자신이 하는일에 누군가 훼방을 놓거나 비방을 하게된다. 특히 운세가 쇠퇴하여 실직, 좌천, 자금난 등으로 고민할 흉몽이다.

* 흰 눈썹이 나는 꿈

오랫동안 미루어 두었던 일이 깔끔하게 해결 된다. 또한 금전에 이익이 많이 따르게 되며 자신의 능력을 주변사람에게 인정을 받게 된다. 특히 기다리던 소식을 듣게 된다.

제 14 장

하늘, 해, 달, 별, 안개, 구름, 비, 눈, 번개 등에 관한 꿈

* 강가에 널려있는 조약돌 위에 비가 내리는 꿈

오랫동안 미루어오던 일이 깔끔하게 해결 된다. 또한 투자, 계약, 승진, 취직, 추첨 등 좋은소식을 알리는 길몽이다. 미혼의 청춘남녀라면 멀지않아 결혼을 하게되며 금전운이 날로 좋아질 징조이다.

* 구름을 타고 이리저리 날아다닌 꿈

하던일을 멈추고 잠시 휴식을 취하거나 직장 또는 주거지를 옮기게 된다. 또한 새로운 친구나 애인을 소개받을 징조이다. 인기업에 종사하는 사람이라면 구설수에 휘말릴 조짐이니 처신에 주의해야 한다.

* 구름이 물러가고 햇볕이 비치는 꿈

걱정했던 일들이 해소되고 자신이 해놓은 일이 주변 사람들에게 인정을 받게 된다. 사업가라면 중요한 계약을 맺게되고 수험생이라면 우수한 성적으로 합격을 하게 된다. 특히 재물운이 좋다.

* 구름이 별을 가리는 꿈

친척이나 친구 또는 부부간에 사소한 일로 다툼이 일어나 결별할 조짐이니 자존심 상하게 하는 말을 삼가하고 처신에 주의해야 할 것이다. 임신부라면 유산할 징조이니 몸관리에 신경써야 한다.

* 구름이 오색으로 물들어 찬란한 빛을 발한 꿈

세를 들어사는 사람이라면 멀지않아 내집 장만을 하게 된다. 하는일마다 귀인이 나타나 당신이 하는일을 적극적으로 도와주게 된다. 승진, 취직, 합격, 추첨 등에 좋은 소식을 알리는 대길몽이다.

* 구름이 해를 덮는 꿈

친한 사람에게 사기를 당하거나 배신을 당할 조짐이니 돈거래, 문서계약, 보증 등 각별히 경계해야 할 것이다. 또한 건강에 이상이 생길 징조이니 몸관리에 신경써야 할 것이다.

* 길을 가면서 비를 맞는 꿈

친한 사람과 사소한 일로 다툼이 일어나 결별할 조짐이니 오해받는 행동을 삼가하고 각별히 말조심해야 할 것이다. 특히 도둑을 맞을 조짐이니 소지품이나 귀중품 보관에 신경쓰시라.

* 눈이나 비가 많이 오는 꿈

기다리던 곳에서 반가운 소식을 듣거나 생각지 않은 곳에서 목돈이 들어오게 된다. 또한 오랫동안 만나지 못했던 친척이나 친구 또는 애인을 만나 회포를 풀게 된다. 연예인이라면 광고계약을 맺게 된다.

* 눈이 쌓인 위를 뒹굴었는데 눈색깔이 붉은색으로 변한 꿈

계획한 일이 순조롭게 진행되고 안될것 이라 생각한 일도 귀인이 나타나 해결해주게 된다. 금전운이 날로 좋아지게 되며 생각지 않은 곳에서 목돈이 들어올 조짐이다. 미혼자라면 결혼을 하게 된다.

* 달이나 별들이 구름에 가려진 꿈

건강에 이상이 생길 조짐이니 몸관리에 신경써야 할 것이다. 또한 도둑을 맞을 징조이니 소지품이나 귀중품 보관에 신경써야 한다. 수험생이나 직장인이라면 기대하던 합격이나 승진은 어려우리라.

* 달이 품안으로 들어오는 꿈

오랫동안 만나지 못했던 친척이나 친구 또는 애인에게서 전화가 오거나 직접 찾아오게 된다. 나갔던 돈이 들어올 조짐이며 임신부라면 효성이 지극한 딸이 태어날 태몽이다.

* 마당이나 벌판에 눈이 쌓여 있는 꿈

가는곳마다 금전에 이익이 많이 따르게 된다. 또는 승진, 취직, 합격, 추첨 등에 좋은 소식을 알리는 길몽이다. 소설가, 작가 연예인이라면 자신의 이름이 세상에 널리 알려지게 된다.

* 맑은 하늘을 본 꿈

계획한 일이 순조롭게 진행되고 생각지 않은 곳에서 선물이나 재물이 들어오게 된다. 미혼의 청춘남녀라면 맞선을 보거나 결혼이 성사된다. 명예운도 좋으니 어떤단체의 감투를 쓸 징조이다.

* 바람에 날려서 공중에 떠다니는 꿈

자신 또는 가족중에 누군가 건강에 이상이 생겨 병원을 출입할 징조이다. 또한 남의일에 관여하여 망신을 당하거나 싸움이 일어날 조짐이니 말조심해야 할 것이다. 특히 금전운이 쇠퇴할 징조이다.

* 바람에 회색구름이 두둥실 떠가는 꿈

건강에 이상이 생길 조짐이니 몸관리에 신경써야 할 것이다. 또한 친척이나 친구 또는 부부간에 사소한 일로 다툼이 일어나 결별할 조짐이니 자존심 상하게 하는 말을 삼가하고 처신에 주의해야 한다.

* 바람이 불어 나무가 뽑히거나 집이 무너지는 꿈

건강에 이상이 생길 조짐이니 몸관리에 신경써야 할 것이다. 또한 소송이 일어날 징조이니 금전거래는 신중해야 한다. 특히 사고가 날 조짐이니 장거리 여행이나 자가운전은 피하는 것이 좋으리라.

* 번개가 번쩍거리는 꿈

자신이 해놓은 일이 많은 사람들에게 인정을 받게 된다. 또한 기다리던 곳에서 반가운 소식이 오게되며 가는 곳마다 금전에 많은 이익이 따른다. 특히 오랫동안 미루어오던 일이 깔끔하게 해결 된다.

* 벼락을 맞는 꿈

세를 들어 사는 사람이라면 멀지않아 집장만을 하게 된다. 또한 승진, 취직, 합격 등에 좋은소식을 알리는 길몽이다. 사업가라면 자금난에서 벗어나게 된다. 매사가 순조로운 꿈이다.

* 별이 날아다니는 꿈

일신상에 변화가 생길 조짐이다. 이를테면 이사를 하게되거나 직장을 옮기게 된다. 혹은 가족중에 누군가 병원을 출입할 징조이다. 특히 사기를 당할 조짐이니 믿는 사람이라도 경계해야 할 것이다.

* 별이 떨어지는 꿈

부모, 형제, 친척, 친구 또는 부부간에 이별을 하게되는 흉몽이다. 또한 사기를 당할 징조이니 믿는사람이라도 경계해야 할 것이다. 특히 화재가 나거나 차 사고가 날 조짐이니 각별히 조심해야 한다.

* 북두칠성이 반짝이는 꿈

자신이 노력한 보람을 찾게될 조짐이며 생각지 않은 곳에서 선물이나 목돈이 들어오게 된다. 또한 사이가 좋지 않은 사람과 화해를 하여 친하게 지내게 된다. 임신부라면 귀한 아들이 태어날 태몽이다.

* 북두칠성이 희미하게 보이는 꿈

가족중에 누군가 몸이 아파 고생을 하거나 도둑을 맞을 징조이다. 사업가라면 계약이 취소되거나 자금난으로 고생할 조짐이다. 임신부라면 유산할 징조이니 몸관리에 신경써야 할 것이다.

* 비가 오거나 소나기가 오는데 우산이 없어서 비를 맞았던 꿈

비밀로 했던 일이 탄로나거나 사기를 당할 조짐이다. 또한 친척이나 친구 또는 부부간에 사소한일로 다툼이 일어나 결별할 징조이니 오해받는 행동을 삼가하고 각별히 말조심해야 할 것이다. 특히 사고가 날 조짐이니 장거리 여행은 피하는 것이 좋으리라.

* 비를 피하기 위해 처마밑으로 자신이 들어간 꿈

자신이 해놓은 일을 타인이 비방을 하거나 모함을 하게될 조짐이다. 또한 친한사람과 사소한 일로 다툼이 일어나 결별할 징조이니 자존심 상하게 하는말을 삼가하고 오해받는 행동을 피해야 할 것이다.

* 비바람이 세차게 불거나 비바람을 정면으로 맞으며 걸은 꿈

가족중에 누군가 병원을 출입할 일이 생기게 된다. 혹은 자신의 건강에 이상이 생길 조짐이다. 또한 근거없는 구설수에 휘말려 한동안 마음고생을 하게 된다. 사업가라면 신용이 좋은 거래처라도 부도를 낼 우려가 있으니 경계해야 할 것이다.

* 비와 눈이 뒤섞여 내린 꿈

당신이 하는 일에 누군가 훼방을 하여 일이 지연되거나 포기될 조짐이다. 또한 생각지 않은 지출이 생기거나 친한 사람과 다툼이 일어나 결별할 징조이다. 특히 사고가 날 조짐이니 먼 여행은 떠나지 않는 것이 좋으리라.

* 소복하게 쌓인 눈위를 자신이 뒹굴었던 꿈

오랫동안 만나지 못했던 친척이나 친구 또는 애인을 만나 회포를 풀게된다. 또한 생각지 않은 곳에서 목돈이 들어오거나 중요한 계약을 맺게 된다. 승진, 취직, 합격 등 좋은 소식을 알리는 길몽이다.

* 수많은 별들이 반짝이는 꿈

임신부라면 귀한 아들이 태어날 태몽이다. 금전운이 날로 좋아질 조짐이며 자신이 해놓은 일이 많은 사람들에게 인정을 받게 된다. 미혼자라면 멀지않아 결혼을 하게 된다.

* 안개가 자욱하게 깔린 꿈

건강에 이상이 생길 조짐이니 각별히 몸관리에 신경써야 할 것이다. 또한 도둑을 맞을 징조이니 소지품이나 귀중품 보관에 신경써야 한다. 중병을 앓는 환자라면 삶이 얼마남지 않았음을 알리는 대흉몽이다.

* 우박과 싸락눈이 뒤섞여 내린 꿈

계획한 일이 누군가 훼방을 하여 지연되거나 경제적인 문제로 포기될 조짐이다. 또한 친척이나 친구 또는 부부간에 사소한 일로 다툼이 일어나 결별할 징조이니 처신에 주의해야 할 것이다.

* 유리창문으로 빗방울이 거세게 들어친 꿈

가는곳 마다 금전에 이익이 많이 따르게 되며 오랫동안 만나지 못했던 친척이나 친구 또는 애인을 만나 회포를 풀게 된다. 직장이라면 멀지않아 승진을 하게되고 수험생이라면 우수한 성적으로 합격할 징조이다.

* 창문너머로 비오는 것을 구경한 꿈

계획한 일이 순조롭게 진행되고 생각지 않은 곳에서 선물이나 목돈이 들어오게 된다. 또한 오랫동안 미루어오던 일이 깔끔하게 해결된다. 그러나 이슬비가 오는 것을 구경하였다면 근심걱정이 일어날 흉몽이다.

* 천둥소리에 놀라서 깨는 꿈

이것을 할까 저것을 할까 마음의 결정을 못해 고민하게 될 조짐이다. 그러나 쉽게 결정하지 말라. 후회하는 일이 생긴다. 특히 사람이 많이 모인 장소에 가지말라. 좋지않은 일이 생길 조짐이므로…

* 하늘에서 광채가 온몸을 비치는 꿈

승진, 취직, 합격, 추첨 등에 좋은 소식을 알리는 길몽이다. 또한 생각지 않은 곳에서 선물이나 목돈이 들어오게 된다. 사업가라면 중요한 계약을 맺게되고 연예인이면 광고계약을 맺게 된다.

* 하늘에서 우박이 쏟아진 꿈

승진, 취직, 합격, 추첨 등에 좋은 소식을 알리는 길몽이다. 세를 들어사는 사람이라면 멀지않아 내집을 장만하게 된다. 사업가라면 자금난에서 벗어나게 되고 임신부라면 아들을 낳을 태몽이다.

* 하늘에서 천사가 내려오는 것을 본 꿈

세를 들어사는 사람이라면 머지않아 내집 장만을 하게되며 소설가, 작가, 연예인이라면 자신의 이름이 세상에 널리 알려지게 된다. 승진, 합격, 취직, 추첨 등에 좋은 소식을 알리는 대길몽이다.

* 하늘이 검어보이는 꿈

계획한 일이 경제적인 어려움으로 인해 취소되거나 연기될 조짐이다. 또한 생각지 않은 지출이 생기게 되며 친한 사람과 사소한 일로 다툼이 일어나 결별할 징조이다.

* 하늘이 붉어 보이는 꿈

귀인이 나타나 당신이 하고자 하는 일을 적극적으로 도와주게 된다. 또한 기다리던 곳에서 반가운 소식이 올 징조이다. 특히 오랫동안 미루어오던 일이 깔끔하게 해결 된다.

* 하늘이 잔뜩 찌푸려서 어두운 가운데 눈이 내린 꿈

친척이나 친구 또는 부부간에 사소한 일로 다툼이 일어나 결별할 조짐이니 자존심 상하게 하는 말을 삼가하고 처신에 주의해야 할 것이다. 특히 사고가 날 징조이니 장거리 여행은 피하는 것이 좋으리라.

* 하얀 뭉개구름이 자신을 감싼 꿈

희망적인 일들이 곳곳에서 전개되니 이것을 할까 저것을 할까 마음의 결정을 못내리게 된다. 또한 새로운 친구나 애인을 소개받게 되며 가는곳 마다 먹을복이 터지게 된다. 다만 다툼이 일어날 조짐이니 말조심해야 할 것이다.

* 하얀 솜구름이 뭉개뭉개 퍼져있는 꿈

마음이 흔들리지말고 주관대로 밀고나가면 좋은 결과를 얻게 된다. 또한 가정에 생각지 않은 경사가 있게되며 금전운이 좋아질 징조이다. 미혼자라면 멀지않아 결혼을 하게되고 환자라면 병이 완쾌 된다.

* 해가 서산에 지는 모습을 본 꿈

친한사람에게 배신을 당하거나 사기를 당할 조짐이니 달콤한 유혹을 하더라도 경계해야 할 것이다. 또한 직장이나 주거지를 옮기게 될 징조이다. 특히 사고가 날 징조이니 먼 여행을 떠나지 말라.

* 해나 달을 향하여 절하는 꿈

귀인이 나타나 당신이 하는일을 적극적으로 도와주게 된다. 또한 생각지 않은 곳에서 선물이나 재물이 들어오게 된다. 임신부라면 귀한 아들이 태어날 태몽이다.

* 해나 달이 입안으로 들어오는 꿈

계획한일이 순조롭게 진행되고 안될것이라 생각한 일도 귀인이 나타나 해결해 주게 된다. 금전운이 날로 좋아지게 되며 임신부라면 귀한 아들을 낳을 태몽이다.

* 햇볕이 눈부시게 비치는 꿈

모든일이 수월하게 풀려나갈 징조이며 기다리던 곳에서 반가운 소식이 온다. 또한 생각지 않은 곳에서 선물이나 재물이 들어오게 된다. 사업가라면 자금난에서 벗어나게 된다.

* 햇볕이 침실에 비치는 꿈

승진, 취직, 합격, 추첨 등에 좋은 소식을 알리는 길몽이다. 또한 금전에 많은 이익이 따르게 되며 오랫동안 만나지 못했던 친척이나 친구 또는 애인을 만나 회포를 풀게 된다.

제 15 장

행동에 관한 꿈

* 강도에게 협박당한 꿈

재물을 잃을 징조이니 금전대여, 주식투자, 보증, 낙찰계 등에 손대지 않는 것이 좋으리라. 또한 친한 사람과 다툼이 일어날 조짐이니 자존심 상하게 하는말을 삼가하고 오해받는 행동을 피해야 할 것이다.

* 거적이나 돗자리를 깔고 앉아 많은 사람들과 얘기를 나눈 꿈

친척이나 친구 또는 부부간에 사소한 일로 다툼이 일어나 결별할 조짐이니 자존심 상하게 하는 말을 삼가하고 오해받는 행동을 삼가해야 할 것이다. 사업가는 계약직전까지 갔던일이 어긋날 징조이다.

* 경찰이 되어 죄를 지은 사람을 심문한 꿈

미혼여성이라면 강간을 당할 조짐이니 몸관리에 신경써야 하며 직장인은 상사에게 꾸지람을 당할 징조이다. 사업가는 부도를 맞을 조짐이니 신용이 좋은 거래처라도 외상대금에 신경써야 할 것이다.

* 계단이나 사다리에 오르는 꿈

모처럼 마음이 후련하고 편안한 날이 될 조짐이다. 정계에 발을 들여 놓을려고 일을 추진한 사람이라면 당선될 꿈이요. 환자라면 좋은 의사를 만나 병이 완쾌될 꿈이요. 직장인이면 승진할 꿈이다.

* 고향이나 오래살던 집을 떠나 도시로 이사간 꿈

새로운 일을 시작하거나 업종전환을 하게될 징조이다. 혹은 이민을 가거나 먼 여행을 떠나 한동안 머물다 오게될 조짐이다. 인기를 먹고사는 직업에 종사하는 사람이라면 날로 수입이 늘어나게 된다.

* 공사판의 노동자로 일한 꿈

이것을 할까 저것을 할까 마음의 결정을 내리지 못해 고민할 징조이다. 그러나 나쁜꿈이 아니니 큰 모험만 아니라면 주관대로 밀고나가도 소기의 목적을 달성하게 된다. 특히 헤어졌던 사람과 만나게 된다.

* 공사 현장에서 자신이 노동을 하는 꿈

자신이 하고있는 일에 대해 싫증을 느껴 심리적인 상태가 꿈으로 표출된 것이다. 혹은 견디기 힘든 인생의 시련으로 자포자기 하거나 절망에 빠져있을 때 그 절망의 늪으로부터 해방되고 싶은 심리상태가 꿈으로 표출된 것이다.

* 공원에서 느티나무를 보는 꿈

감기몸살을 앓거나 질병을 얻게될 조짐이니 건경관리에 신경쓰라는 꿈이다. 또한 도둑을 맞을 징조이니 소지품이나 귀중품 보관에 각별히 신경쓰라는 꿈이다. 특히 달콤한 유혹이 있더라도 흔들리지 말고 주관대로 일처리를 하라는 꿈이다.

* 공중 목욕탕에 가서 목욕한 꿈

직장인은 부수입이 있는 자리로 옮기거나 승진을 하게되고 실업자는 좋은 직장을 얻게 된다. 수험생은 기대이상의 성적으로 합격을 하게 되고 사업가는 매상을 많이 올려줄 거래처를 잡게 된다. 미혼의 청춘남녀라면 즐거운 밤을 지내게 된다.

* 교실에서 자신이 공부를 하는 꿈

친척이나 친구 또는 부부간에 대수롭지도 않은 일로 다툼이 일어나 결별할 조짐이니 자존심 상하게 하는 말을 삼가하고 오해받는 행동을 하지 않으면 좋으리라. 특히 남의 일로 이리저리 뛰어다닐 꿈이다.

* 군부대를 방문한 꿈

오랫동안 만나지 못했던 친척이나 친구, 애인에게서 전화가 오거나 직접 만나게 된다. 혹은 먼 곳으로 여행을 떠나 한동안 머물다오게 된다. 특히 정신적이나 물질적으로 당신을 도와줄 귀인이 나타날 꿈이다.

* 군대 행렬을 지휘한 꿈

자신의 능력을 마음껏 발휘할 기회가 올 징조이다. 생각지 않은 곳에서 선물이나 돈이 들어오게 된다. 승진, 합격, 추첨, 당선, 취직 등에 좋은 소식을 알리는 길몽이다. 매사가 순조로운 꿈이다.

* 기차를 타고 역을 그냥 지나쳐가는 꿈

사업가라면 자신이 하는일을 적극적으로 도와줄 귀인을 만나게 되고 직장인이라면 자신이 해놓은 일이 상사로부터 인정을 받게 된다. 미혼자라면 맞선을 보거나 약혼을 하게되며 실업자라면 취직을 하게 된다.

* 길을 잃고 방황하고 있는 꿈

믿고 또 믿었던 사람에게 배신을 당하거나 사기를 당할 조짐이니 당신의 가정일이나 신상에 관한 일 혹은 비밀에 속하는 일들을 함부로 말하지 말라. 또한 금전대여나 보증을 서지말라. 임신부는 유산할 징조이니 몸관리에 신경써야 할 것이다.

* 깔깔대고 웃는 꿈

자신의 신상에 관한 문제를 놓고 윗 사람이나 친구 또는 부부간에 상의할 일이 생기게 된다. 혹은 오랫동안 만나지 못했던 친척이나 애인을 만나게 된다. 사업가라면 매사를 성급하게 서두르면 실패가 따른다.

* 꽃병을 사거나 훔치는 꿈

오랫동안 끌어오던 일이 해결될 조짐이다. 또한 새로운 일을 시작하거나 먼 여행을 떠나 한동안 머물다 오게될 징조이다. 나쁜꿈은 아니니 무리한 계획이 아니라면 주관대로 밀고나가도 좋으리라. 금전운은 좋은 편이다. 다만 지키지못할 약속을 하지말라.

* 남의 의자에 앉는 꿈

주거지나 직장을 옮기게 될 조짐이다. 혹은 새로운 사업을 시작하거나 먼 여행을 떠나 한동안 머물고 돌아올 징조이다. 수험생이라면 좋은 성적을 올리게되며 사업가라면 귀인을 만나게 된다.

* 낯선 사람에게 쫓겨 도망친 꿈

친구나 친척 또는 부부간에 사소한 일로 다툼이 일어나 결별할 징조이다. 혹은 계획이 취소되거나 약속이 변경, 취소될 조짐이다. 사업상의 계약도 성사직전에 어긋나게 될 징조이다.

* 널리 알려진 연예인이나 저명한 인사와 나란히 서 있는 꿈

정신적이나 물질적으로 많은 도움이 될 귀인을 만나게 된다. 또한 자신이 해놓은 일이 주변 사람들에게 인정을 받게 된다. 미혼자라면 멀지않아 좋은 배필을 만나 결혼을 하게되고 수험생이라면 좋은 성적으로 합격하게 된다.

* 넓고 반듯하게 닦인 길을 걸어간 꿈

불편한 관계로 지내던 사람과 화해를 하게되고 가는곳 마다 금전에 많은 이익이 따른다. 직장인은 멀지않아 승진을 하게되고 사업가는 매상을 많이 올려줄 귀인을 만나게 된다. 미혼자는 멀지않아 결혼을 하게 된다.

* 누군가가 그림을 그린후 자신에게 선물한 꿈

친구나 친척 또는 부부간에 자신의 신상에 관한일로 상의를 하게된다. 혹은 속전속결로 일처리를 해야만 신임을 받게될 상황이 벌어지게 된다. 미혼여성이라면 강간을 당할 조짐이니 주의를 요한다.

* 누군가가 자신에게 몹시 화를 내서 참다못해 싸운 꿈

오랫동안 만나지 못했던 친구나 친척 또는 애인을 만나게 된다. 혹은 상대방을 설득시켜야만 될 상황이 벌어진다. 특히 손재수가 있으니 누군가 달콤한 유혹을 하더라도 한귀로 듣고 한귀로 흘려버리는 것이 좋으리라.

* 누군가를 향해 거수경례를 한 꿈

사놓은 물건이 값이 올라 많은 이익을 안겨주게 된다. 혹은 생각지 않은 곳에서 기쁜소식을 듣게된다. 매사가 순조롭게 진행되고 안될 것이라고 생각한일도 귀인이 나타나 물심양면으로 도와주게 된다.

* 누군가와 말다툼을 한 꿈

가정에 우환이 생기거나 친구, 친척 또는 부부간에 사소한 일로 다툼이 일어나 결별할 징조이다. 또한 몸과 마음이 바쁘고 하는일은 많으나 수입은 신통치 않다. 특히 도둑을 맞을 조짐이다. 소지품이나 귀중품 보관에 신경써야 할 것이다.

* 누군가와 맞붙어 싸운 꿈

생각지 않은 곳에서 선물이나 돈이 들어올 징조이다. 혹은 기다리던 곳에서 반가운 소식이 올 조짐이다. 미혼자는 맞선을 보거나 약혼을 하게되고 직장인은 상사에게 칭찬을 듣게 된다. 사업가는 물심양면으로 도와줄 귀인을 만나게되고 수험생은 아슬아슬하게 합격을 하게 된다.

* 누군가에게 따귀를 맞거나 구타를 당한 꿈

사업가는 매상을 많이 올려줄 거래처를 잡게되고 수험생은 좋은 성적으로 합격을 하게 된다. 직장인은 좋은 부서로 옮기거나 신임을 받게 된다. 미혼자는 애인을 만나 분위기 있는곳에서 즐거운 시간을 보내게 된다.

* 누군가에게 맞거나 봉변을 당한 꿈

생각지 않은 곳에서 선물이나 돈이 들어올 징조이다. 수험생은 우수한 성적으로 합격을 하게되고 직장인은 월급이 오르거나 승진을 하게 된다. 미혼자는 맞선을 보거나 청혼을 받게 된다.

* 누군가에게 목이 졸리는 꿈

건강에 이상이 생길 조짐이니 몸관리에 신경써야 할 것이다. 또한 재물을 잃을 징조이니 금전대여, 주식투자, 낙찰계, 보증 등에 손대지 않는 것이 좋으리라. 특히 먼 여행을 떠나지 말라. 사고가 날 징조이므로…

* 누군가에게 심한 꾸지람을 듣는 꿈

친목회, 동창회 또는 어떤 모임에 참석하여 감투를 쓰거나 칭찬을 많이 받게 된다. 혹은 생각지 않은 곳에서 선물이 들어오거나 청혼을 받게 된다. 사업가는 확장을 하거나 업종전환을 하게 된다.

* 누군가에게 자신의 행동을 용서해 달라고 빌었던 꿈

윗사람이나 아랫사람 또는 친구를 설득해야 할 일이 생긴다. 그러나 열과성의를 다하면 좋은 결과를 얻게 된다. 특히 경제적인 문제로 차일피일 미루어오던 일이 귀인을 만나 속시원하게 해결 된다.

* 누군가의 일을 도와서 그일이 잘 성사된 꿈

친구나 애인 또는 부부간에 자신의 신상에 관한 일로 상의를 하게 된다. 혹은 먼 여행을 떠나 한동안 머물다오게 된다. 사업가는 동업을 하게 되거나 누군가를 도와줄 입장이 된다. 미혼자는 맞선을 보게 된다.

* 눈에서 뒹굴거나 스키를 능숙하게 탄 꿈

세를 들어 사는 사람이라면 멀지않아 내집 장만을 하게되고 직장인은 월급이 오르거나 부수입이 있는 곳으로 자리를 옮기게 된다. 사업가는 매상을 많이 올려줄 거래처를 잡게되고 미혼자는 약혼 또는 결혼을 하게 된다.

* 다른 사람과 도박하는 꿈

건강에 이상이 생길 조짐이니 몸관리에 신경써야 할 것이다. 이런 꿈을 자주 꾸면 몸이 극도로 쇠약해진 것이니 보약이라도 좀 먹으면 좋으리라. 특히 해도좋고 안해도 좋은일은 서둘러하지 마라. 왜냐하면 역효과가 나는 꿈이므로…

* 다른 사람에게 복수하는 꿈

이것을 할까 저것을 할까 마음의 결정을 내리지 못해 고민할 조짐이다. 혹은 오랫동안 만나지 못했던 친척이나 친구에게서 전화가 오거나 만나게 된다. 특히 과음, 과식을 하여 질병을 얻게 될 조짐이니 음식조절에 신경쓰면 좋으리라.

* 다른 사람이 자신의 사진을 찍어주는 꿈

계획한 일이 뜻대로 진행되지 않아 심리적으로 위축될 조짐이다. 또한 친한 사람이 모함을 하거나 도움을 요청하게 된다. 특히 먼 여행을 떠나게되면 사고날 징조이니 떠나지 않는 것이 좋으리라.

* 다른 사람이 읽고 있는 책을 엿보는 꿈

사소한 말 다툼으로 한동안 말없이 지내던 사람과 화해를 하게 되거나 직장을 옮겨 새로운 사업을 시작하게 될 조짐이다. 미혼의 청춘남녀라면 분위기 있는 곳에서 즐거운 시간을 보내게 된다. 사업가는 중요한 정보를 얻게 된다.

* 다리를 새로 놓거나 고치는 꿈

고민하던 문제가 속시원하게 해결 된다. 또한 생각지 않은 곳에서 선물이나 돈이 들어오게 된다. 수험생이라면 기대이상의 좋은 성적으로 합격을 하게되며 직장인은 월급이 오르거나 부수입이 있는 자리로 옮기게 된다.

* 담벼락이나 게시판에 낙서를 한 꿈

생각지 않은 곳에서 선물이나 돈이 들어올 징조이다. 혹은 기다리던 곳에서 반가운 소식이 올 조짐이다. 직장인은 능력을 인정받아 신임을 받게되고 수험생은 좋은 성적으로 합격을 하게되며 실업자는 좋은 직장을 얻게 된다.

* 대문이나 벽에 글씨를 쓰고 있는 꿈

세를 들어사는 사람이라면 멀지않아 내집 장만을 하게되고 미혼자는 좋은 배필을 만나 결혼하게 된다. 연예인이나 소설가, 작가라면 자신의 이름이 널리 알려지게 된다. 직장인은 더좋은 직장으로 옮기게 되며 실업자는 취직을 하게 된다.

* 대통령이나 연예인 또는 유명한 인사와 함께 길을 걸은 꿈

귀인의 도움을 받아 매사가 순조롭게 진행된다. 또한 생각지 않은 곳에서 선물이나 돈이 들어올 조짐이다. 미혼자라면 멀지않아 좋은 배필을 만나 결혼을 하게 된다. 직장인은 월급이 오르거나 부수입이 있는 자리로 옮기게 된다.

* 땀을 흘리며 일을 하거나 땀을 많이 흘린 꿈

자신 또는 가족중에 누군가 병원을 출입하게 될 조짐이다. 혹은 근거없는 구설에 휘말려 한동안 마음고생할 징조이다. 특히 도둑을 맞을 징조이니 소지품이나 귀중품 보관에 신경써야 할 것이다.

* 막대기나 지팡이를 짚으면서 걸어가는 꿈

경제적인 문제로 차일피일 미루던 일이 귀인을 만나 쉽게 해결 된다. 혹은 불편한 관계에 있던 사람과 화해를 하여 가장 가까운 사이가 된다. 미혼의 청춘남녀라면 분위기 있는 곳에서 즐거운 시간을 보내게 된다.

* 막대기로 다른 사람을 때리는 꿈

주변 사람들의 추천으로 감투를 얻게 될 징조이다. 혹은 친척이나 친구 또는 부부간에 자신의 신상에 관한 문제로 상의를 하게된다. 수입보다는 지출이 많을 징조이며 몸에 탈이날 조짐이니 과음, 과식을 하지않는 것이 좋으리라.

* 목이 말라서 수도꼭지를 틀어보지만 물이 나오지 않는 꿈

계획한 일이 누군가 훼방을하여 지연되거나 포기될 조짐이다. 혹은 경제적인 어려움으로 무산될 징조이다. 또한 친척이나 친구 또는 부부간에 사소한 일로 다툼이 일어나 결별할 조짐이다. 특히 먼 여행은 사고가 날 조짐이니 떠나지 않는 것이 좋으리라.

* 무엇인가에 쫓겨서 도망치는 꿈

계획한 일이 누군가 방해를 하거나 경제적인 어려움으로 인해 지연되거나 포기될 징조이다. 생각지않은 지출이 생길 징조이며 임신부는 유산할 징조이니 몸관리에 신경써야 할 것이다. 특히 사고가 날 조짐이니 먼 여행은 떠나지 않는 것이 좋으리라.

* 문을 부수고 들어가거나 벽을 무너뜨린 꿈

실업자는 취직을 하게되고 직장인은 멀지않아 승진을 하게 된다. 사업가는 매상을 많이 올려줄 거래처를 잡게되고 미혼자는 좋은 배필을 만나 결혼을 하게 된다. 수험생은 우수한 성적으로 합격을 하게 된다.

* 문패에 못을 박는 꿈

주거지나 직장을 옮기게될 조짐이다. 혹은 애인이나 친한친구, 형제, 자매 등에게 배신을 당할 징조이다. 특히 보증을 서거나 금전 거래를 하면 큰 손해를 입게될 꿈이다.

* 물위를 걸어다니거나 뛰어다닌 꿈

직장인은 승진을 하게되고 실업자는 좋은 직장을 얻게 된다. 사업가는 매상을 많이 올려줄 거래처를 잡게되고 미혼자는 좋은 배필을 만나 결혼을 하게 된다. 수험생은 우수한 성적으로 합격을 하게 된다.

* 미친 사람이 되어서 사람들이 자신을 피한 꿈

먼 여행을 떠나 오랫동안 휴식을 하게될 조짐이다. 혹은 직장을 이동하거나 이사를 하게 된다. 특히 오랫동안 만나지 못했던 친척이나 친구 또는 애인을 만나 회포를 풀게될 꿈이다.

* 밝은달을 향해 절을 한 꿈

수험생은 좋은 성적으로 합격을 하게되고 직장인은 승진을 하게 된다. 미혼자는 좋은 배필을 만나 결혼을 하게되고 사업가는 매상을 많이 올려줄 거래처를 잡게 된다. 임신부는 집안에 기둥이될 아들이 태어날 태몽이다.

* 밧줄이나 새끼줄을 끊은 꿈

흉몽이다. 계획한일이 뜻대로 되지 않으며 구설수에 휘말려 한동안 마음고생을 하게될 징조이다. 또한 생각지 않은 지출이 많이 생길 조짐이다. 특히 사고가 날 징조이니 장거리 여행이나 자가운전은 피하는 것이 좋으리라.

* 배우자와 함께 산책한 꿈

사기를 당하거나 배신을 당할 조짐이니 금전대여를 삼가하고 비밀에 속하는 말을 함부로 말하지 말라. 또한 도둑을 맞을 징조이니 소지품이나 귀중품 보관에 신경써야 할 것이다. 특히 생각지 않은 지출이 늘어나게 된다. 그러나 숲속의 오솔길을 자신 혼자서 산책한 꿈은 길몽이다. 생각지 않은 곳에서 기쁜소식을 전해오고 매사가 순조롭게 진행된다.

* 버스를 타고 가는 꿈

오랫동안 만나지 못했던 친척이나 친구 또는 애인에게서 전화가 오거나 만나게 된다. 노처녀, 노총각은 맞선을 보게되고 사업가는 계약건으로 분주하게 이리저리 뛰어다니게 된다.

* 벽에 못을 박고 있는 꿈

노력한 보람을 찾게될 징조이다. 상인은 기대이상의 수입이 오르고 수험생은 좋은 성적으로 합격을 하게 된다. 직장인은 월급이 오르거나 부수입이 있는 곳으로 자리를 옮기게 된다. 미혼자는 좋은 배필을 만나 결혼을 하게되며 임신부는 귀한 아들을 낳을 징조이다.

* 별모양의 장난감을 갖고 놀거나 별모양을 그린 꿈

자신의 능력을 발휘할 기회가 주어지게 되며 생각지 않은 곳에서 선물이나 돈이 들어오게 된다. 미혼자는 좋은 배필을 만나 결혼을 하게되고 수험생은 좋은 성적으로 합격을 하게 된다. 사업가는 동업자를 만나게 된다.

* 병(瓶)을 만지는꿈

환자가 이 꿈을 꾸면 좋은 의사를 만나 병이 완쾌될 징조이며 미혼자는 좋은 배필을 만나 결혼을 하게 된다. 사업가는 귀인이 나타나 당신이 하는 일을 물심양면으로 도와주게 된다. 직장인은 신임을 받게 된다.

* 비구니(여승)들만 사는 절로 거주지를 옮긴꿈

감기몸살을 앓거나 질병을 얻게될 조짐이니 몸관리에 신경써야 할 것이다. 혹은 가족중에 누군가 병원을 출입하게 될 징조이다. 특히 금전운이 쇠퇴할 징조이니 주식투자, 금전대여, 신규사업, 확장, 보증 등 손대지 않는 것이 좋으리라.

* 비누나 샴푸로 자기몸을 깨끗하게 닦고 샤워한 꿈

자신의 비밀이 탄로나거나 누명을 쓰게 될 조짐이다. 혹은 도둑을 맞을 징조이니 소지품이나 귀중품 보관에 신경써야 할 것이다. 특히 친척이나 친구, 애인 또는 부부간에 사소한 일로 다툼이 일어나 결별할 징조이니 자존심 상하게 하는 말을 삼가하고 오해받는 행동을 피해야 할 것이다.

* 빛이나는 방패를 들고 다닌 꿈

재산이 늘어날 징조이다. 세를 들어사는 사람이라면 머지않아 내집 장만을 하게 되고 사업가는 매상을 많이 올려줄 거래처를 잡게 된다. 직장인은 머지않아 승진을 하게되고 미혼자는 좋은 배필을 만나 결혼을 하게 된다.

* 사당에서 향을 피우고 절하는 꿈

미루던 일이 좋은 방향으로 결정이 나게될 꿈이다. 계획한 일이 귀인을 만나 술술 풀려나가게 될 징조이며 생각지 않은 곳에서 목돈이 들어오게 된다. 환자라면 병이 완쾌될 조짐이며 직장인은 좋은 부서로 옮기거나 승진을 하게 된다.

* 사막을 걸어가는 꿈

잘 되어 가던일이 경제적인 문제로 어려움을 겪게될 조짐이다. 발명계통에 있는 사람이라면 자신이 만든 발명품 기술이 친한 사람에게 정보가 누출될 우려가 있다. 남녀모두 입을 무겁게해야 액운을 면하리라. 관재, 구설수가 있으므로…

* 산을 짊어지는 꿈

오랫동안 미루어 오던일이 깔끔하게 해결되고 생각지 않은 곳에서 선물이나 목돈이 들어오게 된다. 세를 들어사는 사람이라면 멀지않아 내집 장만을 하게되고 직장인은 월급이 오르거나 부수입이 있는 자리로 옮기게 된다.

* 손뼉을 치면서 즐겁게 노래를 부른 꿈

흉몽이다. 자신 또는 가족중에 누군가 질병을 얻어 병원에 입원할 징조이다. 혹은 사기를 당하거나 도둑을 맞을 조짐이다. 특히 사고가 날 징조이니 장거리 여행이나 자가운전은 하지않는 것이 좋으리라.

* 숫자를 고쳐쓰거나 썼다가 지워 버린 꿈

재물을 잃을 징조이니 주식투자, 금전대여, 보증, 낙찰계 등에 손대지 않는 것이 좋으리라. 또한 친척이나 친구, 애인 또는 부부간에 사소한 일로 다툼이 일어나 결별할 징조이니 자존심 상하게 하는 말을 삼가하고 오해받는 행동을 피해야 할 것이다.

* 스키를 타는 꿈

매사가 될 듯 될 듯 하면서도 지연될 조짐이다. 또한 술자리나 모임에세 가벼운 입씨름이 큰 다툼으로 번져 몸에 상처가 날 징조이니 입을 무겁게 하는 것이 좋으리라. 직장인은 부서를 옮기게 된다.

* 시간제로 부업을 한 꿈

오랫동안 만나지 못했던 친척이나 친구 또는 애인을 만나게 된다. 혹은 친한 사람과 사소한 일로 다툼이 일어나 결별할 징조이다. 특히 재물을 잃을 조짐이니 금전대여, 주식투자, 보증 등 손대지 말라.

* 실오라기하나 걸치지 않은 알몸으로 거리를 활보한 꿈

취직, 승진, 당선, 추첨 등에 좋은 소식을 알리는 길몽이다. 매사가 계획한대로 술술 풀려나가게 되며 가는곳 마다 금전에 많은 이익이 따른다. 미혼자는 멀지않아 결혼을 하게 된다. 소설가, 작가, 연예인 등은 자신의 작품이 인기를 얻게 된다.

* 쏜살같이 걷는 꿈

몸과 마음이 바쁘고 하는일은 많으나 수입은 신통치 않다. 또한 친척이나 친구 또는 부부간에 사소한 일로 다툼이 일어나 결별할 조짐이니 자존심 상하게 하는 말을 삼가하고 처신에 주의해야 할 것이다.

* 아내나 자식들과 함께 서럽게 울었던 꿈

재물을 잃을 징조이니 금전대여, 주식투자, 낙찰계, 보증 등 손대지 않는 것이 좋으리라. 또한 친척이나 친구, 애인 또는 부부간에 다툼이 일어날 조짐이니 각별히 말조심해야 할 것이다. 직장인은 위치가 불안정해진다.

* 아라비아 숫자를 수첩에 써놓거나 메모지에 쓴 꿈

금전운이 쇠퇴할 징조이니 주식투자, 금전대여, 보증, 낙찰계 등에 손대지 않는 것이 좋으리라. 또한 친척이나 친구 애인 또는 부부간에 사소한 일로 다툼이 일어나 결별할 징조이니 자존심 상하게 하는 말을 삼가하고 오해받는 행동을 피해야 할 것이다.

* 아르바이트를 하는 꿈

건강에 이상이 생길 조짐이니 몸관리에 신경써야 할 것이다. 또한 이것을 할까 저것을 할까 마음의 결정을 내리지 못하고 고민하게 될 징조이다. 그러나 생각한대로 밀고나가면 뜻을 이루리라.

* 안마사에게 안마를 받은 꿈

이것을 할까 저것을 할까 마음의 결정을 내리지 못해 고민할 징조이다. 특별히 좋은 꿈도 아니고 나쁜꿈도 아니니 큰 모험이 따르지 않는 일이라면 주관대로 밀고 나가도 무리는 없으리라.

* 약속시간에 늦거나 차시간에 늦어 허둥거리며 뛴 꿈

계획한 일이 누군가 훼방을 하여 지연되거나 포기될 조짐이다. 혹은 경제적인 어려움으로 인해 누군가에게 도움을 요청하게 될 징조이다. 직장인은 자리가 불안정해질 조짐이며 수험생은 남보다 두배 세배 노력을 해야 합격할 꿈이다.

* 양 어깨에 짐을지고 걸어가는 꿈

직장이나 주거지를 옮기게될 조짐이다. 혹은 현재하고 있는 업종에 싫증을 느껴 새로운 일을 찾아 나서게 된다. 꿈자체가 흉몽은 아니니 업종전환을 해도 큰 무리가 없으리라. 다만 동업을 하게되면 배신을 당할 조짐이다.

* 어린아이가 방긋방긋 웃으면서 자신의 주위를 맴도는 꿈

직장이나 주거지를 옮기게 될 조짐이다. 혹은 근거없는 구설수에 휘말려 한동안 마음고생을 하게 된다. 수입보다 지출이 늘어날 징조이며 미혼자는 맞선을 보게된다. 임신부는 유산할 조짐이니 몸관리에 신경써야 할 것이다.

* 여러 사람들과 반갑게 악수를 한 꿈

기다리던 곳에서 반가운 소식이 오거나 생각지 않은 곳에서 선물이나 돈이 들어올 징조이다. 경제적인 문제로 차일피일 미루어오던 일이 귀인을 만나 해결 된다. 직장인이라면 먼곳으로 출장을 가게 된다.

* 여러사람들과 화투나 도박을 한 꿈

건강에 이상이 생길 조짐이니 몸관리에 신경써야 할 것이다. 또한 재물을 잃을 징조이니 금전대여, 주식투자, 낙찰계, 보증 등 손대지 않는 것이 좋으리라. 특히 화재수가 있으니 불조심하라.

* 여성에게 얻어 맞은 꿈

사기를 당하거나 배신을 당할 조짐이니 금전거래를 삼가하고 비밀에 속하는 말을 함부로 말하지 말라. 또한 도둑을 맞을 징조이니 소지품이나 귀중품 보관에 신경써야 할 것이다. 특히 사고가 날 조짐이니 먼 여행은 떠나지 않는 것이 좋으리라.

* 여자 아이를 안아주는 꿈

사람 소개를 하거나 남의 일에 관여하게 되면 말썽이 생기거나 다툼이 일어날 조짐이니 조심해야 할 것이다. 그러나 여자아이가 죽는것을보면 구설수가 없어지고 매사 순조롭게 진행되고 생각지 않은 곳에서 재물이 들어오게 된다.

* 열매가 달린 나무사이를 산책하는 꿈

임신부라면 집안에 기둥이될 아들이 태어날 태몽이다. 남의 보증을 서면 재물을 잃을 조짐이니 경계해야 할 것이다. 또한 낙찰계도 깨질우려가 있으니 가입하지 않는 것이 좋으리라. 매사가 노력부족으로 일이 지연될 조짐이니 분발하라는 꿈이다.

* 외국사람을 만나 대화를 하는데 전혀 말을 알아듣지 못한 꿈

사람소개를 하면 말썽이 생길 조짐이다. 혹은 계획한 일이 경제적인 문제로 지연되거나 포기될 징조이다. 미혼의 청춘남녀라면 애인과 사소한 일로 다툼이 일어나 결별할 징조이다.

* 외국인과 유창하게 대화한 꿈

직장인이라면 출장을 가게되고 미혼의 청춘남녀라면 분위기 있는 곳에서 즐거운 시간을 보내게 된다. 사업가라면 중요한 계획과 관련된 상담을 하게 된다. 수험생이라면 좋은 성적을 올리게 된다.

* 온몸을 웅크리고 있는 꿈

계획한 일이 누군가 훼방을 하여 지연되거나 포기될 조짐이다. 혹은 경제적인 어려움으로 인해 지연될 징조이다. 미혼의 여성이라면 강간을 당할 조짐이니 몸관리에 신경써야 할 것이다.

* 외국으로 여행을 가는 꿈

주거지 또는 직장을 옮기게 될 조짐이다. 혹은 근거없는 구설수에 휘말려 한동안 마음고생을 하게된다. 사업가라면 경쟁업체에서 공사계약을 빼앗기게 될 조짐이며 수험생이라면 좋은 성적을 올리기 어려운 꿈이다.

* 운전기사나 운전하는 사람과 말다툼을 벌인 꿈

친한 사람에게 사기를 당하거나 배신을 당할 조짐이니 금전대여를 삼가하고 비밀에 속하는 말을 함부로 말하지 않는 것이 좋으리라. 수입보다는 지출이 많을 징조이다. 특히 도둑을 맞을 징조이니 귀중품보관에 신경써야 할 것이다.

* 유명 인사의 명함을 받는 꿈

귀인의 도움을 받아 매사가 잘 풀리게 된다. 수험생은 좋은 성적으로 합격을 하게되고 직장인은 부수입이 있는 자리로 옮기거나 승진을 하게 된다. 실업자는 월급이 많은 직장을 얻게되고 미혼자는 멀지않아 결혼을 하게 된다.

* 유명한 사람이나 신분이 높은 사람과 오랫동안 깊은 대화를 나눈 꿈

승진, 취직, 합격, 당선 추첨등에 좋은 소식을 알리는 길몽이다. 생각지 않은 곳에서 선물이나 돈이 들어올 징조이며 가는곳 마다 금전에 이익이 많이 따른다. 미혼자는 멀지않아 좋은 배우자를 만나 결혼을 하게 된다.

* 유리그릇을 들고 있다가 깨뜨리는 꿈

걱정했던 일들이 현실로 나타나 한동안 마음고생을 하게될 조짐이다. 직장인은 상사로부터 꾸지람을 듣게되며 사업가라면 부도를 맞을 징조이니 신용이 좋은 거래처라도 경계해야 할 것이다.

* 유리창을 깨거나 거울, 유리그릇을 깨뜨린 꿈

친구나 친척, 애인 또는 부부간에 사소한 일로 다툼이 일어나 결별할 징조이니 자존심 상하게 하는 말을 삼가하고 오해받는 행동을 피해야 할 것이다. 직장인은 위치가 불안정해질 꿈이다.

* 이불을 깔거나 잠자리를 준비한 꿈

사업가는 중요한 계약건으로 상담을 하게되고 직장인은 먼 곳으로 출장을 떠나게 된다. 미혼자는 맞선을 보거나 약혼을 하게되고 수험생은 좋은 성적을 올리게 된다. 실업자는 직장을 얻게 된다.

* 이불이나 침대 시트를 걷었는데 그 안에서 보석이나 보물이 나온 꿈

승진, 취직, 당선, 합격, 추첨 등에 좋은 소식을 알리는 길몽이다. 가는곳 마다 금전에 이익이 많이 따르고 나갔던 재물이 들어오게 된다. 미혼의 청춘남녀라면 멀지않아 결혼을 하게 된다.

* 일력을 뜯어내거나 달력을 찢어버린 꿈

자신이 사놓은 물건이 값이 많이 올라 주변사람들의 부러움을 사게 될 징조이다. 혹은 기다리던 곳에서 반가운 소식이 올 조짐이다. 미혼자는 혼담이 들어오거나 결혼이 성사된다. 수험생은 우수한 성적으로 합격을 하게 된다. 벽에 달력이나 일력을 걸어놓은 꿈도 길몽이다. 승진, 취직, 당선, 합격, 추첨 등에 좋은 소식이 올 징조이다.

* 입학식에 참석한 꿈

실업자는 취직을 하게되고 직장인은 월급이 오르거나 승진을 하게 된다. 미혼자는 좋은 배필을 만나 결혼을 하게되고 사업가는 매상을 많이 올려줄 거래처를 잡게 된다. 또한 금전운이 날로 좋아질 길몽이다.

* 자신의 수저를 부러뜨리는 꿈

도둑을 맞거나 사고가 날 조짐이니 먼 여행은 떠나지 않는 것이 좋으며 귀중품 보관에 신경써야 할 것이다. 임신부는 유산할 징조이니 몸조심해야 한다. 특히 친척이나 친구 중에서 누군가 세상을 떠나게 될 징조이다.

* 자신의 위패(位牌)를 들고 있는 꿈

취직, 승진, 합격, 당선 추첨 등에 좋은 소식을 알리는 길몽이다. 생각지 않은 곳에서 선물이나 목돈이 들어오게 된다. 금전운이 날로 좋아질 징조이며 하는일 마다 귀인이 나타나 당신을 도와주게 된다.

* 자신의 의자를 찾은 꿈

더 좋은 직장으로 옮기거나 더 넓은 집으로 이사를 하게 된다. 생각지 않은 곳에서 목돈이 들어올 징조이며 미혼자는 맞선을 보거나 결혼을 하게 된다. 다만 사업가는 신용이 좋은 거래처라도 경계해야 할 것이다.

* 자전거를 타는 꿈

눈에 거슬리는 일을 보거나 아니꼬운 말을 듣게 될 조짐이다. 이런 꿈을 꾼날은 다툼이 일어나거나 큰 싸움이 일어나 몸에 상처가 날 징조이니 보고도 못본척, 듣고도 안들은척 해야만 액운을 면하리라.

* 잘아는 길을 갔는데도 길을 잃어 이리저리 찾아다닌 꿈

매사가 꼬일 징조이니 계획을 크게 잡지 말고 축소하는 것이 좋으리라. 또한 재물을 잃을 조짐이니 주식투자, 금전대여, 낙찰계, 보증 등 손대지 않는 것이 좋으리라. 특히 도둑을 맞을 조짐이니 귀중품 보관에 신경써야 할 것이다.

* 장님(맹인)이 되었다가 눈을 떠서 사방을 바라본 꿈

투자한 물건이 값이 올라 큰 이익을 안겨주게 된다. 혹은 자신이 해놓은 일이 많은 사람들에게 인정을 받게 된다. 직장인은 월급이 오르거나 승진을 하게되고 미혼자는 좋은 배필을 만나 결혼을 하게 된다.

* 장식장이나 진열장에 있던 화병이나 도자기를 훔친 꿈

이사를 하거나 직장을 옮기게 될 조짐이다. 혹은 싸웠던 사람과 화해를 하여 우정이 돈독해진다. 수험생은 좀더 노력을 해야 좋은 성적을 올리게 될 꿈이요. 실업자는 직장을 얻게 될 꿈이다. 사업가는 직원들과 화합하는 계기를 마련하라는 꿈이다.

* 전쟁터에서 싸우다가 부상을 당한 꿈

계획한일이 순조롭게 진행되고 안될것 이라고 생각한 일도 귀인이 나타나 물심양면으로 도와주게 된다. 직장인은 좋은 부서로 옮기거나 승진을 하게되고 사업가는 중요한 계약을 하거나 확장을 하게 된다.

* 죄를 저지르고 경찰에게 체포된 꿈

감기몸살을 앓거나 질병이 생길 조짐이니 건강 관리에 신경써야 할 것이다. 또한 사기를 당할 징조이니 금전대여, 보증, 낙찰계 등 손대지 않는 것이 좋으리라. 특히 사고가 날 징조이니 먼 여행이나 자가운전은 피하는 것이 좋으리라.

* 졸업식에 참석하거나 졸업식이 진행되는 것을 본 꿈

금전운이 쇠퇴할 조짐이니 계획을 크게 잡지말고 축소하는 것이 좋으리라. 직장인은 위치가 불안정해지고 사업가는 신용좋은 거래처에서 부도를 낼 조짐이니 외상대금에 신경써야 할 것이다. 특히 사고가 날 징조이니 먼 여행이나 자가운전은 피하는 것이 좋으리라.

* 좁고 구부러진 길을 걷는 꿈

해도 좋고 안해도 좋은 일을 서둘러하게 되면 역효과가 날 징조이니 보류하는 것이 좋으리라. 또한 구설수에 휘말려 한동안 마음고생을 하게될 조짐이니 남의 신상에 관한 일들 함부로 말하지 말고 처신에 주의해야 할 것이다.

* 좁고 초라해 보이는 집으로 이사간 꿈

당신에게 친한 사람이 돈좀 빌려 달라고 할 조짐이다. 재물을 잃을 징조이니 금전거래는 하지않는 것이 좋으리라. 특히 사고가 날 조짐이니 장거리 여행이나 자가운전은 하지 않는 것이 좋으리라.

* 좁고 험한 길을 걸은 꿈

재물을 잃을 조짐이니 보증을 서거나 낙찰계, 주식투자, 금전대여 등 손대지 않는 것이 좋으리라. 또한 매사가 꼬일 징조이니 계획을 크게 잡지말고 축소하는 것이 좋으리라. 특히 구설수가 따르니 입을 무겁게 하는 것이 좋으리라.

* 지붕이나 건물 옥상으로 올라가는 꿈

세를 들어사는 사람이라면 멀지않아 내집 장만을 하게되며 직장인이라면 윗 사람에게 신임을 얻게 된다. 금전운이 좋아질 징조이며 미혼자라면 멀지않아 좋은 배필을 만나 결혼하게 된다.

* 집안을 깨끗이 청소하는 꿈

안될 것이라 생각한 일이 의외로 쉽게 풀려 나가게 되며 가는곳 마다 금전에 이익이 많이 따른다. 승진, 취직, 당선, 합격, 추첨 등에 좋은 소식을 알리는 길몽이다. 사업가라면 매상을 많이 올려줄 거래처를 잡게 된다. 그러나 걸레로 닦아도 계속 먼지가 묻거나 더러워진 꿈은 흉몽이다. 사고가 나거나 도둑을 맞을 조짐이니 매사 조심을 해야 할 것이다.

* 철학관이나 점집에 가서 운세를 본 꿈

감기 몸살을 앓거나 질병이 생길 징조이니 몸관리에 신경써야 할 것이다. 매사가 잘되어가는듯 하다가도 꼬일 징조이니 계획을 크게 잡지 말고 축소하는 것이 좋으리라. 직장인은 바른말을 자제하고 대인관계에 신경써야 할 것이다.

* 촛불을 켜놓고 기도한 꿈

믿고 의지할 만한 사람을 만나게 된다. 혹은 기다리던 곳에서 반가운 소식이 오게 된다. 계획한 일이 순조롭게 진행되고 안될 것이라고 생각한 일도 귀인이 나타나 물심양면으로 도와주게 된다.

* 친구와 다정하게 지내는 꿈

오랫동안 만나지 못했던 친척이나 친구 또는 애인을 만나게 된다. 직장인은 먼 곳으로 출장을 가게될 조짐이다. 이 꿈을 꾸면 몸과 마음이 바쁘고 하는일은 많으나 수입은 신통치 않다. 사업가는 신용이 좋은 거래처라도 경계하라는 꿈이다.

* 칼을 빼들고 다른사람이나 적과 싸운 꿈

싸웠던 사람과 화해를 하거나 먼 여행을 떠나게 될 조짐이다. 매사가 순조롭게 진행되고 안될 것이라고 생각한 일도 귀인이 나타나 물심양면으로 도와주게 된다. 수험생은 좋은 성적으로 합격을 하게 된다.

* 크레파스나 물감으로 색을 칠한 꿈

먼 여행을 떠나 한동안 머물다 오게될 징조이다. 혹은 오래전에 헤어졌던 사람과 만나게 된다. 특히 자신의 능력을 마음껏 발휘할 기회가 주어지게 되며 생각지 않은 곳에서 선물이나 돈이 들어올 꿈이다.

* 큰 강당 안이나 대저택의 넓은 뜰에서 이야기를 나눈 꿈

자신의 비밀이 탄로 나거나 누명을 쓰게될 징조이다. 또한 생각지 않은 지출이 생길 징조이다. 특히 매사가 잘되어가는 듯 하다가도 어긋날 조짐이니 계획을 크게 잡지말고 축소하는 것이 좋으리라.

* 큰 나무를 짊어지는 꿈

환자라면 좋은 의사를 만나 병이 완쾌될 것이며 미혼자라면 멀지않아 좋은 배필을 만나 결혼을 하게 된다. 직장인이면 상사에게 신임을 받게되고 사업가라면 좋은 거래처를 얻게 된다. 다만 임신부라면 유산할 징조이니 몸관리에 신경써야 한다.

* 탐스런 열매가 달린 과일나무 사이를 걸어다닌 꿈

임신부라면 집안에 기둥이 될 아들이 태어날 태몽이며 미혼자라면 좋은 배필을 만나 결혼을 하게 된다. 수험생이라면 좋은 성적으로 합격을 하게되며 사업가는 자금지원을 해줄 귀인을 만나게 된다.

* 피아노를 치고 있는 꿈

현재하고 있는 일에 싫증을 느껴 새로운 일을 시작해 보려는 심리상태가 꿈으로 표출된 것이다. 혹은 견디기 힘든 인생의 시련으로 자포자기하거나 절망에 빠져있을 때 그 절망의 늪으로부터 해방되고 싶은 심리상태가 꿈으로 표출된 것이다.

* 함정이나 흙구덩이에 빠져서 허둥거린 꿈

감기 몸살을 앓거나 질병을 얻게 될 조짐이니 건강 관리에 힘쓰라는

신의 계시이다. 또한 구설수에 휘말려 한동안 마음고생 할 조짐이니 오해받는 행동을 삼가하고 각별히 말조심하라는 계시이기도 하다.

* 형제나 자매끼리 때리면서 싸운 꿈

불편한 사이로 지내던 사람과 화해를 하여 우정이 돈독해진다. 또한 생각지 않은 곳에서 선물이나 재물이 들어올 징조이다. 직장인은 먼 곳으로 출장을 가게되고 미혼자는 혼담이 들어오거나 맞선을 보게 된다.

* 호화스런 별장으로 이사간 꿈

예금 통장에 저축액이 날로 늘어나게 되고 하는 일마다 귀인이 나타나 물심양면으로 도와주게 된다. 직장인은 월급이 오르거나 부수입이 있는 자리로 옮기게 되고 미혼자는 맞선을 보게 된다.

* 화가 나서 소리를 지르고 날뛴 꿈

정신적이나 물질적으로 당신을 도와줄 귀인을 만나게 된다. 혹은 투자한 물건이 값이 많이 올라 큰 이익을 안겨주게 된다. 직장인은 멀지 않아 승진을 하게되고 미혼자는 좋은 배필을 만나 결혼을 하게 된다.

* 화투나 카드 등의 도박을 해서 돈을 딴 꿈

친척이나 친구, 애인 또는 부부간에 사소한 일로 다툼이 일어나 결별할 징조이니 자존심 상하게 하는 말을 삼가하고 오해받는 행동을 피해야 할 것이다. 특히 교통사고가 날 조짐이니 장거리 여행이나 자가운전은 피하는 것이 좋으리라.

* 흰 가운을 입은 의사를 만난 꿈

감기 몸살을 앓거나 질병을 얻게될 조짐이니 몸관리에 신경써야 할 것이다. 또한 재물을 잃을 징조이니 금전대여, 주식투자, 보증, 낙찰계 등에 손대지 않는 것이 좋으리라.

제 16 장

가족, 친척, 부부에 관한 꿈

* 가족끼리 모여 앉아 함께 울고 있는 꿈

경제적인 어려움으로 차일피일 미루던 일이 귀인의 도움으로 깔끔하게 해결 된다. 직장인은 승진을 하게 되고 실업자는 조건이 좋은 직장을 얻게되며 수험생은 우수한 성적으로 합격을 하게 된다.

* 남매가 연애하는 꿈

직장을 옮기거나 이사를 하게 된다. 혹은 새로운 일을 시작하거나 업종 전환을 하게될 징조이다. 특별히 좋은 꿈도 아니고 나쁜꿈도 아니니 큰 모험이 따르는 일이 아니라면 주관대로 밀고나가도 좋으리라.

* 남의 부인과 함께 앉아 있는 꿈

간절히 바라던 것이 이루어지게 되고 생각지 않은 곳에서 선물이나 돈이 들어오게 된다. 사업가는 매상을 많이 올려줄 거래처를 잡게되고 실업자는 직장을 얻게 된다. 수험생은 아슬아슬하게 합격을 하게 된다.

* 남의 부인을 껴안은 꿈

자신의 능력을 마음껏 발휘할 기회가 주어지게 된다. 또한 생각지 않은 곳에서 선물이나 재물이 들어올 징조이다. 실업자는 좋은 직장을 얻게되고 사업가는 매상을 많이 올려줄 거래처를 잡게 된다.

* 남자가 아이를 낳는 꿈

오랫동안 미루어 오던일이 속시원하게 해결 된다. 또한 생각지 않은 곳에서 선물이나 돈이 들어올 징조이다. 특히 자신의 능력을 마음껏 발휘할 상황이 전개 된다. 미혼자는 멀지않아 결혼을 하게 된다.

* 남편이 둘(쌍동이)로 보이는 꿈

생각지 않은 지출이 늘어날 징조이다. 또한 도둑을 맞을 조짐이니 소지품이나 귀중품 보관에 신경써야 할 것이다. 특히 친한 사람과 사소한 일로 다툼이 일어나 결별할 조짐이니 자존심 상하게 하는 말을 삼가하고 오해받는 행동을 피해야 할 것이다.

* 다른 사람의 부인과 다정하게 앉아 있는 꿈

걱정하던 일이 귀인의 도움으로 속시원하게 해결된다. 혹은 빌려준 돈을 받거나 기다리던 곳에서 반가운 소식이 온다. 직장인은 동료들이 해결하지 못한 일을 성사시켜 상사에게 신임을 얻게 된다.

* 돌아가신 부모님을 만나는 꿈

걱정했던 일이 현실로 나타나거나 가족중에 누군가 몸이 아파 병원을 출입하게 될 징조이다. 혹은 재물을 잃거나 송사가 일어날 조짐이니 보증, 주식투자, 금전대여, 사람소개 등 하지않는 것이 좋으리라.

* 몹시 마르고 주근깨가 많은 여자와 결혼하는 꿈

재물을 잃을 징조이니 주식투자, 금전대여, 낙찰계, 연대보증, 문서계약 등 각별히 조심해야 할 것이다. 특히 사고가 날 조짐이니 먼 여행이나 자가운전은 하지 않는 것이 좋으리라.

* 미혼자를 중매하는 꿈

금전 문제로 고민을 하거나 계획한 일이 누군가 훼방을 하여 지연되거나 포기될 징조이다. 특히 친척이나 친구 또는 부부간에 사소한 일로 다툼이 일어나 결별할 조짐이니 자존심 상하게 하는 말을 삼가하고 오해받는 행동을 피해야 할 것이다.

* 부부가 말다툼을 하면서 욕을 하는 꿈

건강에 이상이 생길 조짐이니 몸관리에 신경써야 할 것이다. 또한 사고가 날 징조이니 먼 여행이나 자가운전은 피하는 것이 좋으리라. 임신부는 유산할 조짐이니 각별히 몸조심 해야 할 것이다.

* 부부가 모의하는 꿈

친구나 친척, 애인 또는 부부간에 사소한 일로 다툼이 일어나 결별할 징조이니 자존심 상하게 하는 말을 삼가하고 오해받는 행동을 피해야 할 것이다. 또한 도둑을 맞을 징조이니 귀중품 보관에 신경써야 할 것이다.

* 부부끼리 다정하게 웃으면서 얘기를 한 꿈

친척, 형제 또는 부부간에 사소한 일로 다툼이 일어나 결별할 조짐이니 자존심 상하게 하는 말을 삼가하고 오해받는 행동을 피해야 할 것이다. 특히 비밀이 탄로나거나 명예롭지 못한 일에 자신의 이름이 거론될 흉몽이다.

* 부인과 이혼하고 갈라선 꿈

불편한 관계로 지내는 사람과 화해를 하고 우정이 돈독해 진다. 혹은 기다리던 곳에서 반가운 소식이 오게 된다. 다만 사기를 당할 징조이니 금전거래, 낙찰계, 연대보증, 문서계약 등은 좀더 보류하는 것이 좋으리라.

* 부인과 함께 길을 걸은 꿈

감기 몸살을 앓거나 질병이 생길 징조이니 건강 관리에 신경써야 할 것이다. 또한 사기를 당할 조짐이니 금전대여, 낙찰계, 연대보증, 문서계약 등 각별히 조심해야 할 것이다. 특히 생각지않은 지출이 늘어날 조짐이다.

* 부인과 함께 물에 들어가는 꿈

실업자는 조건이 좋은 직장을 얻게되고 수험생은 우수한 성적으로 합격을 하게 된다. 직장인은 월급이 오르거나 승진을 하게되고 정계에 입문하려는 사람은 당선 된다. 아파트를 신청한 사람은 로얄층이 당첨 된다.

* 부인과 함께 여행하는 꿈

송사가 일어날 조짐이니 금전거래, 주식투자, 낙찰계, 보증 등 손대지 않는 것이 좋으리라. 또한 도둑을 맞을 징조이니 소지품이나 귀중품 보관에 신경써야 할 것이다. 특히 사고가 날 조짐이니 먼 여행이나 자가운전은 하지 않는 것이 좋으리라.

* 부인들이 모여서 우는 꿈

도둑을 맞을 조짐이니 소지품이나 귀중품 보관에 신경써야 할 것이다. 특히 사고를 당할 징조이니 금전거래, 낙찰계, 보증 등은 하지않는 것이 좋으리라. 임신부는 유산할 징조이니 몸조심해야 할 것이다.

* 부인의 가슴에 유방이 여러개 생긴 꿈

이성문제로 사랑의 줄다리기를 하거나 구설수에 휘말려 한동안 마음고생을 하게될 징조이다. 직장인은 자리가 불안정해지게 되고 사업가는 부도를 맞을 징조이니 신용이 좋은 거래처라도 외상대금에 신경을 써야할 것이다.

* 부인의 가슴에 피가 묻었던 꿈

기다리던 곳에서 반가운 소식이 오거나 빌려준 돈을 받게 된다. 계획한 일이 순조롭게 진행되고 안될 것이라고 생각한 일도 귀인이 나타나 물심양면으로 도와주게 된다. 신혼살림을 차린 사람이라면 식구가 늘어날 꿈이다.

* 부인의 음부나 아랫도리를 주의깊게 바라본 꿈

실업자는 조건이 좋은 직장을 얻게되고 직장인은 동료들이 해결못한 일을 자신이 성사시켜 상사에게 신임을 얻게 된다. 사업가는 매상을 많이 올려줄 거래처를 잡게 된다. 다만 생각지 않은 지출이 늘어날 징조이다.

* 부인을 꼭 껴안은 꿈

이것을 할까 저것을 할까 마음의 결정을 내리지 못해 고민할 징조이다. 특별히 좋은 꿈도 아니고 나쁜 꿈도 아니니 큰 모험이 따르지 않는다면 주관대로 밀고 나가도 좋으리라. 혹은 이사를 하거나 직장을 이동할 꿈이기도 하다.

* 부인이 남자로 둔갑되는 꿈

계획한 일이 순조롭게 진행되고 안될 것이라고 생각할 일도 귀인이 나타나 물심양면으로 도와주게 된다. 또한 오랫동안 미루어 오던일이 깔끔하게 해결 된다. 다만 사고가 날 조짐이니 차조심해야 할 것이다.

* 부인이 다른 남자에게 시집가는 꿈

건강에 이상이 생길 징조이니 몸관리에 신경써야 할 것이다. 또한 친척이나 친구, 애인 또는 부부간에 사소한 일로 다툼이 일어나 결별할 징조이니 자존심 상하게 하는 말을 삼가하고 오해받는 행동을 피해야 할 것이다.

* 부인이 비구니가 되는 꿈

재물을 잃을 징조이니 금전대여, 주식투자, 낙찰계, 보증, 사람소개 등 하지않는 것이 좋으리라. 또한 사고가 날 조짐이니 장거리 여행이나 자가운전은 하지않는 것이 좋으리라. 임신부는 유산할 징조이니 몸조심해야 한다.

* 부인이 실오라기하나 걸치지 않은 알몸으로 거리를 활보한 꿈

세를 들어사는 사람이라면 멀지않아 내집 장만을 하게되고 직장인은 많은 부하를 거느리는 부서로 승진을 하게되며 사업가는 물심양면으로 도와줄 귀인을 만나게 된다. 수험생은 우수한 성적으로 합격을 하게 된다.

* 부인이 저녁에 화장을 하는 꿈

목돈이 들어오거나 귀중한 물건을 선물로 받게될 징조이다. 혹은 오랫동안 만나지 못했던 친척이나 친구 또는 애인에게서 전화가 오거나 만나게 될 조짐이다. 다만 구설수가 따르니 말조심을 해야 할 것이다.

* 부인이 천사가 되어 하늘로 올라가는 꿈

사놓은 물건이 엄청나게 많이 올라 부자가 될 징조이다. 혹은 가정에 경사가 생겨 웃음소리가 남의 집 담장을 넘게된다. 사업가는 계획했던 일들이 순조롭게 풀려서 사회적으로 능력을 인정받으며 목돈을 벌어들일 절호의 기회를 얻게된다. 환자라면 좋은 의사를 만나 건강을 되찾게 된다.

* 부인이 촛불을 켜놓고 절하는 꿈

걱정하던 일이 귀인의 도움으로 깔끔하게 해결 된다. 혹은 빌려준 돈을 받거나 기다리던 곳에서 반가운 소식이 오게 된다. 신혼살림을 차린 청춘남녀라면 식구가 늘어날 징조이고 환자라면 좋은 의사를 만나 병이 완쾌 된다.

* 사위를 맞아들이는 꿈

걱정하던 일이 깔끔하게 해결되고 기다리던 곳에서 반가운 소식이 오거나 목돈이 들어올 징조이다. 사업을 하는 사람은 중요한 계약을 하게되고 직장에 다니는 사람은 승진을 하게 되며 수험생은 합격을 하게 된다.

* 시집을 가거나 장가가는 것을 보는 꿈

오랫동안 만나지 못했던 친구나 친척, 애인 또는 스승을 만나 정담을 나누게 될 징조이다. 사업가는 부도가 날 조짐이니 신용이 좋은 거래처라도 외상대금에 신경을 써야 할 것이다. 수험생은 남들보다 두세배 이상 노력을 해야 합격할 꿈이다.

* 신부가 웃는 얼굴을 하는 꿈

오랫동안 만나지 못했던 친구나 친척, 애인 또는 스승을 만나 정담을 나누게 된다. 혹은 먼 여행을 떠나 한동안 머물다 오게 된다. 다

을 나누게 된다. 혹은 먼 여행을 떠나 한동안 머물다 오게 된다. 다만 도둑을 맞을 징조이니 소지품이나 귀중품 보관에 각별히 신경써야 할 것이다.

* 아기를 임신한 부인을 보는 꿈

계획한 일이 순조롭게 진행되고 안될것이라고 생각한 일도 귀인이 나타나 물심양면으로 도와주게 된다. 직장인은 멀지않아 승진을 하게되고 수험생은 좋은 성적으로 합격을 하게 된다.

* 아내가 죽는 꿈

걱정하던 일들이 속시원하게 해결되고 기다리던 곳에서 반가운 소식이 올 징조이다. 또한 생각지 않은 곳에서 선물이나 돈이 들어오게 된다. 사업가는 매상을 많이 올려줄 거래처를 잡게되고 직장인은 상사에게 칭찬을 듣게 된다.

된다. 사업가는 매상을 많이 올려줄 거래처를 잡게되고 직장인은 상사에게 칭찬을 듣게 된다.

* 아들을 낳는 꿈

세를 들어사는 사람이라면 멀지않아 내집장만을 하게되고 미혼자라면 맞선을 보거나 약혼을 하게 된다. 수험생이라면 우수한 성적으로 합격을 하게되고 직장인은 월급이 오르거나 승진을 하게 된다. 실업자는 조건이 좋은 직장을 얻게 된다.

* 아름다운 여자나 미남자와 결혼하는 꿈

빌려준 돈을 받거나 사놓은 물건이 값이 올라 큰 이익을 안겨주게 된다. 직장인은 월급이 오르거나 승진을 하게되고 사업가는 매상을 많이 올려줄 거래처를 잡게되며 미혼자는 맞선을 보거나 약혼을 하게 된다.

* 여동생을 껴안은 꿈

근거없는 구설수에 휘말려 한동안 마음고생을 하게 된다. 혹은 사기를 당할 징조이니 금전대여, 낙찰계, 문서계약 등 각별히 조심해야 할 것이다. 특히 사고가 날 조짐이니 먼 여행이나 자가운전은 하지 않는 것이 좋으리라.

* 온가족이 한 방에 모이는 꿈

친구나 친척, 애인 또는 부부간에 사소한 일로 다툼이 일어나 결별할 조짐이니 자존심 상하게 하는 말을 삼가하고 오해받는 행동을 피해야 할 것이다. 사업가는 신용이 좋은 거래처라도 외상대금에 신경써야 할 것이다. 임신부는 유산할 징조이니 몸조심해야 한다.

* 임신부가 아닌 부인이 아이를 낳는 꿈

오랫동안 만나지 못했던 친척이나 친구 또는 애인을 만나 회포를 풀게된다. 혹은 기다리던 곳에서 반가운 소식이 올 징조이다. 사업가는 매상을 많이 올려줄 거래처를 잡게되고 직장인은 승진을 하거나 부수입이 있는 자리로 옮기게 된다.

* 임신중인 아내가 또 임신하는 꿈

정신적이나 물질적으로 많은 도움을 줄 귀인이 나타날 징조이다. 매사가 순조롭게 진행되고 오랫동안 미루어오던 일이 깔끔하게 해결된다. 직장인은 윗 사람에게 칭찬을 받게될 조짐이다.

* 자신의 부인이 강간을 당한 꿈

직장인은 월급이 오르거나 승진을 하게되고 실업자는 조건이 좋은 직장을 얻게 된다. 사업가는 매상을 많이 올려줄 거래처를 잡게되고 수험생은 우수한 성적으로 합격을 하게 된다. 재물운도 좋은 꿈이다.

* 자신이 남의 사위가 되는 꿈

사기를 당하거나 배신을 당할 조짐이니 금전대여, 문서계약, 낙찰계, 연대보증 등 손대지 않는 것이 좋으리라. 특히 망신수가 따르는 꿈이니 이성문제에 각별히 조심을 해야 할 것이다.

* 친척끼리 잔치를 하는 꿈

이사를 하거나 직장을 옮기게 된다. 혹은 새로운 일을 시작하거나 업종전환을 하게 될 징조이다. 특별히 좋은 꿈도 아니고 나쁜꿈도 아니니 큰 모험이 따르지 않는다면 주관대로 일처리를 해도 좋으리라.

* 헤어진 부인을 만나 성행위를 한 꿈

경제적인 어려움으로 차일피일 미루어오던 일이 귀인의 도움으로 깔끔하게 해결 된다. 혹은 생각지 않은 곳에서 선물이 들어오거나 기다리던 곳에서 반가운 소식이 오게 된다. 직장인은 동료나 상사가 해결 못한 일을 자신이 성사시켜 칭찬을 많이 받게 된다.

* 형제간에 다투고 헤어지는 꿈

계획한 일이 누군가 훼방을 하여 지연되거나 포기될 조짐이다. 혹은 경제적인 어려움으로 인해 지연 또는 포기될 징조이다. 생각지 않은 지출이 생길조짐이며 도둑을 맞을 조짐이니 귀중품 보관에 신경써야 할 것이다.

제 17 장

물과 불에 관한 꿈

* 강물에 빠진 꿈

먼 여행을 떠날 사람이라면 사고가 날 징조이니 다음 기회로 미루는 것이 좋으며 사업가는 부도를 맞을 징조이니 신용이 좋은 거래처라도 외상대금에 신경써야 할 것이다. 직장인은 자리가 불안정해질 징조이다.

* 강물이 꽁꽁 얼어 있는 것을 본 꿈

걱정하던 일이 현실로 나타나거나 생각지 않은 지출이 늘어날 징조이다. 또한 재물을 잃을 조짐이니 주식투자, 낙찰계, 연대보증, 금전대여 등 각별히 조심해야 할 것이다. 특히 화재수가 있으니 불조심해야 한다.

* 강물이나 바다에서 몸을 씻는데 오히려 더러워진 꿈

흉몽이다. 사기를 당할 징조이니 보증을 서거나 금전거래, 문서계약, 낙찰계 등 손대지 않는 것이 좋으리라. 특히 대형 사고가 날 조짐이니 먼 여행이나 자가운전은 하지 않는 것이 좋으리라. 임신부는 유산할 징조이니 몸조심하라.

* 강물이 다 말라버리고 바닥이 드러난 꿈

재물을 잃을 징조이니 주식투자, 낙찰계, 동업, 보증, 금전대여 등 손대지 않는 것이 좋으리라. 또한 사고가 날 조짐이니 먼여행이나 자가운전은 하지 않는 것이 좋으리라. 특히 화재수가 있으니 불조심해야 할 것이다.

* 계곡이나 산속에서 폭포가 떨어져 내리는 것을 본 꿈

빌려준 돈을 받거나 기다리던 곳에서 반가운 소식이 오게 된다. 혹은 사놓은 물건이 값이 많이 올라 큰 이익을 안겨주게 될 징조이다.

직장인은 먼 곳으로 출장을 가게되고 미혼자는 좋은 배우자를 만나 결혼을 하게 된다.

* 굴뚝에서 연기와 불꽃이 거세게 나온 꿈

오랫동안 만나지 못했던 친척이나 친구, 애인 또는 스승을 만나 회포를 풀게 된다. 혹은 자신의 능력을 발휘할 기회가 오게 된다. 다만 생각지 않은 지출이 많이 생길 징조이며 다툼수가 있으니 말조심해야 할 것이다.

* 남녀가 함께 물놀이를 즐기거나 수영한 꿈

가는곳 마다 금전에 이익이 많이 따르고 오랫동안 미루어오던 일이 귀인을 만나 속시원하게 해결 된다. 수험생은 좋은 성적으로 합격을 하게되고 직장인은 동료나 상사가 해결못한 일을 자신이 성사시켜 칭찬을 많이 받게 된다.

* 담배불을 붙이거나 또는 피우는 꿈

걱정하던 일이 귀인의 도움으로 속시원하게 해결 된다. 혹은 생각지 않은 곳에서 선물이나 재물이 들어오게 된다. 또한 오랫동안 만나지 못했던 친척이나 친구, 애인 또는 스승을 만나 정담을 나누게 된다.

* 더러운 물이 흘러가는 것을 본 꿈

친한 사람이 달콤한 유혹을 하게될 징조이다. 재물을 잃을 징조이니 주식투자, 금전거래, 보증, 낙찰계 등 손대지 않는 것이 좋으리라. 또한 사고가 날 조짐이니 먼 여행이나 자가운전은 피하는 것이 좋으리라. 특히 화재수가 따르니 각별히 불조심해야 할 것이다.

* 동네 공동 우물에서 물을 떠다가 집안의 물통에 채워 넣은 꿈

경제적인 문제로 치일피일 미루어 오던 일이 귀인의 도움으로 속시원하게 해결 된다. 혹은 기다리던 곳에서 반가운 소식이 오거나 가정에 경사가 생길 징조이다. 미혼자는 좋은 배필을 만나 결혼하게 된다.

* 둑이나 댐이 무너져 홍수가 난 꿈

감기 몸살을 앓거나 질병이 생길징조이니 몸관리에 신경써야 할 것이다. 수입보다는 지출이 많이 생길 징조이다. 사업가는 부도가 날 조짐이니 신용이 좋은 거래처라도 외상대금에 신경써야 하며 임신부는 유산할 징조이니 몸조심해야 한다.

* 맑은 물이 흘러가는 것을 본 꿈

계획한 일이 순조롭게 진행되고 안될것이라고 생각한 일도 귀인이 나타나 물심양면으로 도와주게 된다. 직장인은 월급이 오르거나 승진을 하게되고 사업가는 매상을 많이 올려줄 거래처를 잡게 되며 미혼자는 맞선을 보거나 약혼을 하게 된다.

* 맑은 물이 흙탕물로 변해버린 꿈

사기를 당할 징조이니 문서계약, 주식투자, 낙찰계, 연대보증, 동업 등 손대지 않는 것이 좋으리라. 또한 건강에 이상이 생길 조짐이니 몸관리에 신경써야 할 것이다. 특히 사고가 날 조짐이니 먼 여행이나 자가운전을 피하는 것이 좋으리라.

* 맑은 시냇물이나 계곡물이 자신의 집을 덮친 꿈

임신부라면 집안에 기둥이될 아들이 태어날 태몽이다. 직장인은 동료나 상사가 해결못한 일을 성사시켜 상여금을 받거나 칭찬을 많이 받게 된다. 수험생은 기대이상의 성적으로 합격하게 되고 실업자는 근무조건이 좋은 직장을 얻게 된다.

* 몇갈래로 나뉘어진 맑은 도랑물이 자기집을 향해 흘러들어온 꿈

기다리던 곳에서 반가운 소식이 오거나 생각지 않은 곳에서 선물이나 돈이 들어올 징조이다. 계획한일이 순조롭게 진행되고 가는곳마다 수입이 짭짤하다. 미혼자는 여러곳에서 동시에 혼담이 들어와 어느쪽을 먼저 선택을 해야 할지 망설이게 된다.

* 목욕을 하는 꿈

이사를 하거나 직장을 옮기게 될 징조이다. 다만 수입은 좋으나 생각지 않은 지출이 많이 늘어나게 된다. 미혼의 청춘남녀라면 애인을 만나 분위기 있는 곳에서 즐거운 시간을 보내게 된다. 사업가는 중요한 계약을 하게 된다.

* 목이 몹시 말라서 샘물을 퍼마시거나 생수를 얻어 목을 축인 꿈

수험생은 좋은 성적으로 합격을 하게되고 실업자는 근무조건이 좋은 직장을 얻게되며 직장인은 월급이 오르거나 부수입이 있는 자리로 옮기게 된다. 사업가는 매상을 많이 올려줄 거래처를 잡게 된다.

* 물속에 앉아 있는 꿈

이것을 할까 저것을 할까 마음의 결정을 내리지 못해 고민하게 될 징조이다. 특별히 나쁜꿈도 아니고 좋은 꿈도 아니니 큰 모험이 따르는 일이 아니라면 주관대로 밀고 나가도 좋으리라. 다만 새로운 일을 시도하기 보다는 잘아는 계통을 선택하시라.

* 물에 빠져 허우적거리며 살려달라고 소리친 꿈

대형사고가 날 징조이니 먼 여행이나 자가운전은 하지않는 것이 좋으리라. 혹은 사기를 당할 조짐이니 문서계약, 동업, 낙찰계, 금전대여, 연대보증 등 손대지 않는 것이 좋으리라. 임신부는 유산할 징조이니 무리한 운동을 삼가하고 먼 여행을 떠나지 말라.

* 물에 빠진 사람을 구해서 함께 헤엄쳐 나온 꿈

계획한 일이 누군가 훼방을하여 일이 지연되거나 포기될 조짐이니 계획한 일을 좀더 미루며 기회를 포착하는 것이 좋으리라. 특히 감기 몸살을 앓거나 질병을 얻을 징조이니 피곤하다 싶으면 만사를 뒤로 미루고 일찍 귀가하여 편히쉬는 것이 좋으리라.

* 물위로 왔다 갔다 하는 꿈

오랫동안 만나지 못했던 친구나 친척, 애인 또는 스승을 만나 정담을 나누게 된다. 혹은 먼 여행을 떠나 한동안 머물다오게 될 징조이다. 직장인은 동료나 상사가 해결못한 일을 자신이 성사시켜 칭찬을 많이 받게 된다.

* 물위를 힘차게 달린 꿈

수험생은 우수한 성적으로 합격을 하게되고 실업자는 조건이 좋은 직장을 얻게되며 사업가는 매상을 많이 올려줄 거래처를 잡게된다. 직장인은 동료나 상사가 해결못한 일을 자신이 성사시켜 칭찬을 많이 받게된다. 미혼자는 맞선을 보거나 약혼을 하게된다.

* 물위에 꼼짝 않고 서 있는 꿈

가족중에 누군가 건강에 이상이 생겨 병원출입을 하게 될 징조이다. 혹은 사기를 당할 징조이니 금전대여, 연대보증, 낙찰계, 문서계약 등 각별히 조심해야 할 것이다. 미혼여성은 강간을 당할 조짐이니 몸관리에 신경써야 한다.

* 물을 벌컥 벌컥 들이킨 꿈

자신의 신상에 관한 일을 놓고 윗사람이나 친구, 동료 또는 부부간에 상의를 하게 된다. 혹은 먼 여행을 떠나 한동안 머물다 오게될 징조이다. 다만 구설, 관재, 손재수가 있으니 각별히 조심해야 할 것이다.

* 물을 양동이나 그릇에 담아 집으로 갖고 오는 꿈

차일피일 미루어 오던일이 귀인의 도움으로 속시원하게 해결 된다. 신혼살림을 차린 청춘남녀라면 멀지않아 아기가 생길 징조이다. 직장인은 월급이 오르거나 부수입이 있는 자리로 옮기게 되고 수험생은 우수한 성적으로 합격을 하게 된다.

* 물이 더러워 보이는 수영장에서 헤엄친 꿈

친구를 잘못 사귀어 나쁜길로 들어설 징조이다. 혹은 건강에 이상이 생겨 병원을 출입하게 될 조짐이다. 특히 사고가 날 조짐이니 먼여행이나 자가운전은 피하는 것이 좋으리라. 임신부는 유산할 징조이니 몸관리에 신경써야 할 것이다.

* 물탱크나 마당에 파인 샘에 생수가 가득찬 꿈

세를 들어사는 사람이라면 멀지않아 내집 장만을 하게되고 사업가는 매상을 많이 올려줄 거래처를 잡게되며 수험생은 좋은 성적으로 합격을 하게 된다. 직장인은 월급이 오르거나 부수입이 있는 자리로 옮기게 된다.

* 물통이나 그릇, 냄비에서 물이 넘쳐 흐른 꿈

빌려준 돈을 받거나 생각지 않은 곳에서 기쁜소식이 오게 된다. 다만 불필요한 곳에 돈을 낭비하게 된다. 수험생이라면 아슬아슬하게 합격을 하게 되고 직장인이라면 출장을 떠나 한동안 머물다 오게되며 실업자라면 월급은 적어도 회사가 튼튼한 직장을 얻게 된다.

* 밤중에 횃불을 들고 배를 탄 꿈

횃불이 잘타고 있었다면 계획한 일이 순조롭게 진행되고 가는 곳마다 금전에 이익이 많이 따른다. 그러나 횃불이 바람에 날리거나 꺼져가고 있었다면 배신을 당하거나 재물을 잃을 징조이니 주식투자, 동업, 금전거래, 낙찰계, 연대보증 등 보류하는 것이 좋으리라.

* 방문이나 대문 앞에 냇물이 흘러간 꿈

생각지 않은 지출이 생기거나 걱정하던 일이 현실로 나타날 징조이다. 사업가는 부도가 날 조짐이니 신용이 좋은 거래처라도 외상대금에 신경써야하며 직장인은 상사와 다툼이 일어날 조짐이니 지시한 일에 최대한의 성의를 보여야 할 것이다.

* 배를 씻는 꿈

기다리던 곳에서 반가운 소식이 오거나 생각지 않은 곳에서 선물이나 돈이 들어올 징조이다. 직장인은 동료나 상사가 해결 못한 일을 자신이 성사시켜 칭찬을 많이 듣게되고 사업가는 매상을 많이 올려줄 거래처를 잡게 된다. 미혼자는 맞선을 보거나 약혼을 하게 된다.

* 배를 타고 강을 건너간 꿈

소설가, 작가, 시인, 연예인이라면 자신의 이름이 세상에 널리 알려지게 된다. 미혼자라면 차일피일 미루어오던 결혼문제가 성사되고 수험생이라면 우수한 성적으로 합격을 하게되며 직장인은 승진을 하게 된다.

* 부싯돌이나 성냥 또는 라이터로 불을 켜는 꿈

오랫동안 만나지 못했던 친척이나 친구, 애인 또는 스승을 만나 정담을 나누게 된다. 혹은 기다리던 곳에서 반가운 소식이 오거나 생각지 않은 곳에서 선물 또는 돈이 들어올 징조이다. 그러나 불길이 일어나지 않고 꺼져버리면 흉몽이니 먼 여행이나 자가운전은 피하는 것이 좋으리라. 왜냐하면 대형사고가 날 징조이므로…

* 부엌에 불이 번져 화재가 난 꿈

노처녀, 노총각이라면 오랫동안 고대해 온 이상형의 배우자를 만나게 된다. 가는곳마다 금전에 이익이 많이 따르고 하는 일마다 귀인이 나타나 도와주게 된다. 수험생은 기대 이상의 성적으로 합격을 하게 된다.

* 부엌에서 불이나는 꿈

계획한 일이 금전 문제로 뜻밖의 어려움을 당하게 되어 윗 사람 또는 아랫 사람에게 도움을 요청하게 될 징조이다. 혹은 사고가 날 조짐이니 먼 여행이나 자가운전은 피하는 것이 좋으리라. 임신부는 유산할 조짐이니 각별히 몸조심해야 할 것이다.

* 부엌에 우물이 생기거나 샘이 생긴 꿈

수험생은 우수한 성적으로 합격을 하게되고 직장인은 승진을 하거나 부수입이 있는 자리로 이동을 하게 되며 사업가는 귀인을 만나 자금난에서 벗어나게 된다. 실업자는 월급이 많은 직장을 얻게 된다.

* 부엌의 아궁이에서 불이 활활타고 있거나 난로의 불이 잘 타고 있는 꿈

직장인은 동료나 상사가 해결못한 일을 자신이 성사시켜 칭찬을 많이 받게되고 수험생은 좋은 성적으로 합격을 하게되며 사업가는 매상을 많이 올려줄 거래처를 잡게 된다. 미혼자는 좋은 배필을 만나 결혼을 하게 된다.

* 불빛에 온 집안이 환하게 비치는 꿈

직장을 옮기게 되거나 이사를 하게될 징조이다. 혹은 친한 사람과 다툼이 일어나 경찰서에서 취조를 받게될 징조이니 자존심 상하게 하는말을 삼가하고 오해받는 행동을 피해야 할 것이다. 임신부는 유산할 조짐이니 몸조심해야 한다.

* 불이 갑자기 꺼지면서 연기만 나는 꿈

흉몽이다. 감기 몸살을 앓거나 질병이 생겨 병원을 출입하게 될 징조이다. 혹은 재물을 잃을 징조이니 주식투자, 낙찰계, 연대보증, 금전대여, 보증 등 손대지 않는 것이 좋으리라. 특히 화재수가 있으니 각별히 불조심해야 할 것이다.

* 불이나서 대피를 하다가 화상을 입은 꿈

건강에 이상이 생길 징조이니 몸관리에 신경써야 할 것이다. 이점만 주의한다면 금전운이 좋은 꿈이라. 생각지 않은 곳에서 목돈이 들어오거나 기다리던 곳에서 반가운 소식이 올 징조이다. 미혼자는 맞선을 보게 된다.

* 불이나서 자기집 대문만 태워버리는 꿈

흉몽이다. 사기를 당하거나 배신을 당할 징조이니 금전거래, 보증, 문서계약, 낙찰계 등 손대지 않는 것이 좋으며 입을 무겁게 해야 할 것이다. 특히 도둑을 맞을 조짐이니 귀중품 보관에 신경써야 할 것이다. 임신부는 유산할 징조이니 각별히 몸조심해야 한다.

* 불이 번지자 금고나 지갑, 통장만 들고 도망쳐 나온 꿈

오랫동안 미루어 오던일이 귀인을 만나 깔끔하게 해결 된다. 다만 생각지 않은 지출이 많이 생길 조짐이다. 혹은 먼 여행을 떠나 한동안 머물다오게 될 징조이다. 수험생은 아슬아슬하게 합격을 하게되고 실업자는 집 가까운 곳에 취직을 하게 된다.

* 불이 하천물을 태우는 꿈

길몽이다. 모든일이 막힘없이 술술 풀려나갈 징조이다. 또한 그동안 미루어오던일이 귀인의 도움으로 깔끔하게 해결된다. 직장인은 월급이 오르거나 승진을 하게되고 수험생은 기대 이상의 성적으로 합격을 하게되며 미혼자는 애인과 섹스를 즐기게 된다.

* 사는 집이 홍수에 떠내려간 꿈

본인이 건강에 이상이 생기거나 부모형제, 자녀 등이 병원출입을 하게될 징조이다. 혹은 사놓은 물건이 값이 폭락하여 큰 손해가 날 조짐이다. 특히 강도를 만나거나 도둑을 맞을 징조이니 각별히 조심해야 할 것이다.

* 산불이 크게 나는 것을 본 꿈

세를 들어사는 사람이라면 멀지않아 내집 장만을 하게되고 직장인은 승진을 하거나 부수입이 있는 자리로 이동을 하게되며 수험생은 우수한 성적으로 합격을 하게 된다. 미혼자는 혼담이 성사될 꿈이다. 사업가는 중요한 계약을 하게 된다.

* 샘물이나 연못에서 맑은 물이 솟아 넘치는 꿈

신혼살림을 차린 청춘남녀라면 멀지않아 아기가 태어날 태몽이다. 수험생이라면 좋은 성적으로 합격을 하게되고 직장인이라면 중요한 임무를 부여받고 출장을 떠나게되며 실업자라면 조건이 좋은 직장을 얻게된다.

* 샘물이 바닥나거나 우물이 말라서 물을 먹지 못한 꿈

금전운이 쇠퇴할 조짐이니 주식투자, 금전대여, 낙찰계, 연대보증, 문서계약 등 손대지 않는 것이 좋으리라. 왜냐하면 큰 손해가 따르므로 또한 임신부는 유산할 조짐이니 무리한 운동을 삼가하고 먼여행을 떠나지 않는 것이 좋으리라.

* 샘이나 우물이 흙탕물로 변한 꿈

건강에 이상이 생겨 병원을 출입하게 될 징조이다. 혹은 사기를 당할 조짐이니 금전거래, 문서계약, 동업, 낙찰계, 연대보증 등 손대지 않는 것이 좋으리라. 특히 대형사고가 날 조짐이니 먼 여행이나 자가운전은 하지않는 것이 좋으리라.

* 세찬 불길에 의해 자신의 몸이 타는 꿈

수험생은 기대이상의 성적으로 합격을 하게되고 직장인은 월급이 오르거나 승진을 하게되며 실업자는 조건이 좋은 직장을 얻게 된다. 미혼자는 멀지않아 결혼을 하게 된다. 특히 문서에 행운이 따르는 꿈이다.

* 소방차의 호스로 화재를 진압한 꿈

잘되어 가던일이 경제적인 어려움이나 누군가 훼방을 하여 지연되거나 포기될 징조이다. 특히 달콤한 유혹에 빠져 재물을 잃을 징조이니 주식투자, 문서계약, 동업, 낙찰계 등 손대지 않는 것이 좋으리라.

* 수도꼭지를 틀어도 물이 나오지 않는 꿈

사업가는 부도가 날 조짐이니 신용이 좋은 거래처라도 외상대금에 신경을 써야 하며 임신부는 유산할 징조이니 몸관리에 신경써야 할 것이다. 특히 도둑을 맞을 징조이니 귀중품 보관에 신경써야 할 것이다.

* 수도꼭지를 틀자 물이 콸콸 쏟아진 꿈

계획한 일이 순조롭게 진행되고 안될것이라고 생각한 일도 귀인이 나타나 물심양면으로 도와주게 된다. 수험생은 우수한 성적으로 합격을 하게되고 직장인은 월급이 오르거나 부수입이 있는 자리로 옮기게되며 미혼의 청춘남녀라면 섹스를 하게 된다.

* 수돗물이 계속 흘러서 방안을 가득 메운 꿈

직장이나 주거지를 옮기게 될 징조이다. 혹은 먼 여행을 떠나 한동안 머물다 오게될 조짐이다. 사업가는 부도가 날 징조이니 신용이 좋은 거래처라도 외상대금에 신경써야 하며 임신부는 유산할 조짐이니 몸조심해야 한다.

* 수돗물이 흐르지만 물을 받을 그릇이 없어 아깝게 느낀 꿈

기대이상의 수입은 들어오는데 불필요한 지출이 많이 생겨 마음이 심란할 징조이다. 수험생은 아는 문제도 놓칠우려가 있으니 시간안배에 신경을 써야하며 직장인은 자존심을 내세우지 말고 상사의 지시에 충실해야 뒷탈이 없으리라.

* 얼었던 강물이 풀리는 꿈

귀인이 나타나 당신을 물심양면으로 도와주거나 빌려준 돈을 받게 된다. 수험생은 우수한 성적으로 합격을 하게되고 직장인은 승진을 하거나 부수입이 있는 자리로 옮기게 되며 미혼자는 맞선을 보거나 결혼이 성사 된다.

* 여러사람이 화로불 중심으로 둘러앉아 있는 꿈

동창회, 친목회 또는 어떤 모임에 참석하여 생각지 않은 애인이나 새로운 친구를 소개받게 된다. 혹은 먼 여행을 떠나 한동안 머물다 오게될 징조이다. 수험생은 아슬아슬하게 합격을 하게되고 실업자는 월급은 적어도 근무할 만한 직장을 얻게 된다.

* 연못이나 깊은 호수에 빠진 꿈

재물을 잃을 징조이니 금전대여, 주식투자, 낙찰계, 연대보증, 동업등 하지않는 것이 좋으리라. 또한 대형사고가 날 조짐이니 먼 여행이나 자가운전은 하지않는 것이 좋으리라. 임신부는 유산할 조짐이니 무리한 운동을 삼가해야 할 것이다.

* 옷을 입은채로 수영을 하는 꿈

직장을 옮기거나 이사를 하게될 징조이다. 혹은 관재구설이 예상되니 각별히 말조심, 차조심해야 할 것이다. 임신부는 유산할 징조이니 무리한 운동을 삼가하고 먼 여행을 떠나지 말라. 그러나 알몸으로 수영하는 꿈은 길몽이다.

* 우물 안에서 이상한 소리가 들려 들여다 본 꿈

자녀가 가출할 징조이니 각별히 관심을 가져야 할 것이다. 혹은 도둑을 맞거나 사기를 당할 징조이니 소지품이나 귀중품 보관에 신경쓰고 금전거래, 낙찰계, 문서계약, 동업 등은 하지않는 것이 좋으리라.

*** 우물안에서 물고기가 돌아다니고 있는 꿈**

사놓은 물건이 값이 많이 올라 큰 이익을 안겨주거나 생각지 않은 곳에 기쁜 소식이 오게 된다. 직장인은 부수입이 있는 자리로 이동을 하거나 승진을 하게되고 수험생은 좋은 성적으로 합격을 하게 된다.

*** 우물이 흙더미에 덮여버리거나 없어진 꿈**

정리해고를 당하거나 감봉 또는 좌천될 징조이다. 혹은 친하게 지내는 사람이 세상을 뜨거나 부도가 나서 어려움에 처하게 될 조짐이다. 임신부는 유산할 조짐이니 무리한 운동을 삼가하고 먼 여행을 떠나지 않는 것이 좋으리라.

*** 자기집 전부가 불에 타고 있는 꿈**

길몽이다. 아파트에 당첨되거나 생각지 않은 곳에서 목돈이 들어올 징조이다. 만사가 순조로우니 적극적으로 행동하면 더 좋은 결과를 얻게된다. 미혼자는 혼담이 성사되고 수험생은 기대이상의 성적으로 합격을 하게 된다.

*** 잔잔한 물결을 이루며 물이 흐르고 있는 꿈**

신혼살림을 차린 청춘남녀라면 멀지않아 식구가 늘어날 징조이다. 직장인은 자신이 해놓은 일이 상사에게 인정을 받게되고 수험생은 우수한 성적으로 합격을 하게되며 사업가는 매상을 많이 올려줄 거래처를 잡게된다.

* 집마당에 우물을 만든 꿈

사놓은 물건이 값이 많이 올라 큰이익을 안겨주게 된다. 혹은 가정에 경사가 생기거나 식구가 늘어날 징조이다. 수험생은 조금만더 노력하면 좋은 성적으로 합격을 하게되고 직장인은 월급이 오르거나 부수입이 있는 자리로 이동을 하게 된다.

* 집안으로 홍수가 들이닥쳐 집이 물에 잠긴 꿈

부모, 형제 부인 또는 본인이 건강에 이상이 생겨 병원출입을 하거나 화재가 나 집이 전소될 징조이다. 또는 대형사고가 날 징조이니 먼 여행이나 자가운전은 하지않는 것이 좋으리라. 대흉몽이다.

* 집이 물에 잠겨 있는 꿈

친구나 친척, 애인 또는 부부간에 사소한 일로 다툼이 일어나 결별할 징조이니 자존심 상하게 하는 말을 삼가하고 오해받는 행동을 피해야 할 것이다. 특히 자녀가 가출할 조짐이니 자녀에 관심을 가져야 할 것이다.

* 집이 불에 타버리고 검은 재만 남은 꿈

정리해고, 실직, 좌천, 감봉 등의 불길한 꿈이다. 사업가는 부도가 날 징조이니 신용이 좋은 거래처라도 외상대금에 신경을 써야하며 먼여행을 떠나거나 자가운전을 하는 사람은 대형사고가 날 징조이니 여행을 취소하거나 운전대를 잡지 않는 것이 좋으리라.

* 촛불을 켜놓고 절하는 꿈

상인은 점포를 옮기게되고 직장인은 윗 사람에게 칭찬을 받게되며 미혼자는 혼담이 성사된다. 수험생은 좋은 성적으로 합격을 하게되고 실업자는 조건이 좋은 직장을 얻게 된다. 매사가 순조로운 길몽이다.

* 큰 불이 하늘을 태우는 듯한 꿈

사놓은 물건의 값이 많이 올라 큰이익을 안겨주게 된다. 혹은 기다리던 곳에서 반가운 소식이 오거나 빌려준 돈을 받게될 징조이다. 직장인은 많은 부하를 거느리는 부서로 승진을 하게되고 수험생은 우수한 성적으로 합격을 하게되며 사업가는 매상을 많이 올려줄 거래처를 잡거나 확장을 하게 된다. 환자는 좋은 의사를 만나 건강을 되찾게 될 징조이다.

* 파도가 심하게 일렁이는 꿈

부인이나 남편 또는 자녀가 도박에 빠져 가산을 탕진하게 될 징조이다. 혹은 친척이나 친구, 애인 또는 부부간에 사소한 일로 다툼이 일어나 결별할 징조이니 자존심 상하게 하는 말을 삼가하고 오해받는 행동을 피해야 할 것이다.

* 항해 도중에 배가 파손되어 헤엄치다가 구조된 꿈

직업전환을 하거나 직장을 이동할 징조이다. 혹은 이사를 하게 된다. 매사가 순조롭게 진행될 길몽이다. 적극적으로 행동하면 더 좋은 결과를 얻게 된다. 다만 구설수가 있으니 자신의 신상에 관한 일들을 함부로 말하지 말라.

* 헤엄을 쳐서 강이나 바다를 건너는 꿈

사업가는 매상을 많이 올려줄 거래처를 잡게되고 직장인은 승진을 하거나 더 좋은 직장으로 이동할 징조이다. 미혼자는 혼담이 들어오게 되고 소설가, 시인, 연예인은 자신의 작품이 널리 알려지게 되며 수험생은 우수한 성적으로 합격을 하게 된다.

* 호수나 강에 자신의 얼굴이나 몸이 비친 꿈

미혼자는 평소에 원하던 이상형의 배우자가 여러명 나타나 어떤 사람을 선택해야 할지 고민을 하게 되고 직장인은 부하를 많이 거느리는 부서로 승진을 하게되며 사업가는 매상을 많이 올려줄 거래처를 잡게된다. 수험생은 우수한 성적으로 합격을 하게 된다.

* 호수로 인해 길이 끊겼거나 길이 보이지 않는 꿈

근거없는 구설수로 한동안 마음고생을 하게 된다. 혹은 친구나 친척, 동료 상사 또는 부부간에 사소한 일로 다툼이 일어날 징조이니 자존심 상하게 하는 말을 삼가하고 오해받는 행동을 피해야 할 것이다.

* 활활 타는 난로에 손을 쬐거나 몸을 녹인 꿈

친목회, 동창회 또는 어떤모임에 참석하여 감투를 쓰게 된다. 혹은 빌려준 돈을 받거나 기다리던 곳에서 반가운 소식이 오게 된다. 사업가는 오랫동안 끌어오던 숙원사업이 귀인의 도움으로 성사 된다. 다만 생각지 않은 지출이 많이 생길 징조이다.

* 활활 타오르는 불덩이가 하늘에서 떨어진 꿈

환경이 바뀔 조짐이다. 이민을 가게 되거나 직장을 옮기게 된다. 혹은 여행을 떠나 한동안 머물다오게 된다. 소설가, 시인, 작가, 연예인 등은 자신의 이름이 세상에 널리 알려지게 된다. 수험생은 기대이상의 성적으로 합격을 하게 된다.

* 흐르는 강물이 갑자기 말라버리는 꿈

흉몽이다. 관재, 구설 또는 사기를 당할 징조이니 동업, 보증, 금전거래, 문서계약, 낙찰계 등은 좀더 보류하는 것이 좋으며 미혼자는 애인과 다툼이 일어나 결별할 조짐이니 자존심 상하게 하는 말을 삼가하고 오해받는 행동을 피해야 할 것이다.

제 18 장

배, 자동차에 관한 꿈

* 가족 모두 같은 배를 타고 물 위에 떠있는 꿈

사기를 당하거나 배신을 당할 징조이니 금전거래, 동업, 문서계약, 낙찰계, 보증 등은 좀더 보류하는 것이 좋으리라. 특히 대형사고가 날 조짐이니 먼 여행이나 자가운전은 피하는 것이 좋으리라. 또한 화재수가 있으니 불조심하라는 꿈이다.

* 갑판이나 선장실에서 회의를 하는 것을 본 꿈

오랫동안 만나지 못했던 친척이나 친구, 선배, 후배, 애인 등을 만나 회포를 풀게 된다. 직장인은 부서를 옮길 징조이며 미혼의 청춘남녀라면 애인의 마음이 변할 징조이다. 사업가는 부도를 맞을 징조이니 신용이 좋은 거래처라도 경계해야 할 것이다.

* 갯벌에 엎어진 배를 바로 세워서 노를 저어나간 꿈

이사를 하게되거나 직장을 옮기게 될 징조이다. 실업자는 월급은 적어도 적성에 맞는 직장을 얻게 되며 수험생은 아슬아슬하게 합격을 하게된다. 노처녀나 노총각은 혼담이 들어올 징조이다.

* 거꾸로 뒤집혀진 배를 바로 세워서 탄 꿈

꿈의 외형과 반대로 매사 중도 좌절된다. 정리해고, 좌천, 감봉처분등을 당할 조짐이고 사업가는 성사직전에 계약이 깨지거나 자금난에 몰리게 된다. 수험생은 아는 문제도 놓칠 우려가 있으니 시간안배에 신경써야 한다.

* 기선이 고동을 울리면서 항구를 떠나가는 꿈

새로운 일을 시작하거나 직장을 옮기게 된다. 또는 먼 여행을 떠나 한동안 머물다 오게될 징조이다. 미혼자는 애인에게서 청혼을 받게 되며 실업자는 직장을 얻게 된다. 금전운도 좋고 매사가 순조로운 길몽이다.

* 배가 물위에 떠서 나를 향해 쏜살같이 다가오는 꿈

계획한 일이 순조롭게 진행되고 안될 것이라고 생각한 일도 귀인이 나타나 물심양면으로 도와주게 된다. 그러나 배가 멀리 사라져 보이지 않는 꿈은 흉몽이니 금전거래, 동업, 문서계약, 낙찰계, 주식투자 등 좀더 보류하는 것이 좋으리라.

* 배가 바다 한가운데 떠있는 꿈

외롭고 고독할 때 일어나는 현상이다. 사랑하는 연인끼리 만나지 못해 애태우는 징조이다. 연인끼리 전화 통화만하고 만나지 못할 조짐이다. 수험생은 남들보다 두배는 노력해야 합격할 꿈이다.

* 배를 타고가서 항구에 도착한 꿈

소설가, 작가, 연예인, 시인, 화가라면 자신의 이름이 세상에 널리 알려지게 되고 직장인은 많은 사람을 수하에 두고 지휘명령하는 부서로 승진을 하게되며 수험생은 우수한 성적으로 합격을 하게 된다.

* 배를 타고 술을 마시는 꿈

오랫동안 만나지 못했던 친구나 친척, 애인 또는 스승를 만나 회포를 풀게 된다. 미혼자는 애인에게서 만나자는 연락이 오게될 징조이다. 다만 대화도중 다툼이 일어날 조짐이니 자존심 상하게 하는 말을 삼가하고 오해받는 행동을 피해야 할 것이다.

* 배를 타고 해나 달을 쳐다본 꿈

신혼살림을 차린 신혼부부라면 임신을 알리는 태몽이다. 직장인은 원하는 부서로 승진을 하게 되고 수험생은 기대 이상의 성적으로 합격을 하게되며 사업가는 예상외로 매출이 늘어나게 된다. 실업자는 월급이 많은 직장을 얻게 된다.

* 배에서 목재를 내려 쌓는 꿈

장사하는 사람은 매상이 많이 오르게되며 직장인은 승진을 하게 된다. 노총각이나 노처녀는 평소에 원하던 이상형의 배우자를 만나 결혼을 하게되며 실업자는 근무조건이 좋은 직장을 얻게 된다. 다만 실물수가 있으니 소지품이나 귀중품 보관에 신경써야 할 것이다.

* 부두에서 아는 사람을 전송하는 꿈

직장인은 자신이 해놓은 일이 윗 사람으로부터 인정을 받게되며 사업가는 현재하고 있는 일이 순조롭게 진행된다. 미혼의 청춘남녀라면 혼담이 성사되며 연예인, 시인, 소설가, 화가, 작가, 서예가 등은 자신의 작품이 세상에 널리 알려지게 된다. 실업자는 월급은 적어도 적성에 맞는 직장을 얻게 된다.

* 여자와 단둘이 배를 타고 노래하는 꿈

친척이나 친구, 애인 또는 부부간에 사소한 일로 다툼이 일어나 결별할 징조이니 자존심 상하게 하는 말을 삼가하고 오해받는 행동을 피해야 할 것이다. 특히 생각지 않은 지출이 많이 생길 징조이며 매사가 순조롭지 못하니 끈기와 인내가 필요하다.

* 자동차가 고장이 나서 못가는 꿈

걱정하던 일이 현실로 나타날 조짐이다. 혹은 건강에 이상이 생겨 병원을 출입하게 될징조이다. 이 꿈을 꾸면 매사를 성급하게 서두르지말고 좀더 여유를 갖고 실행시기를 늦추는 것이 좋으리라. 특히 대형사고가 날 징조이니 먼 여행이나 자가운전은 피하는 것이 좋으리라.

* 자동차나 트럭에 치여 자신이 사망한 꿈

연예인, 작가, 소설가, 시인, 화가 등 자신의 이름이 세상에 널리 알려지게되고 직장인은 많은 부하를 거느리는 부서로 승진을 하게되며 사업가는 어머어마하게 큰 공사계약을 체결하게 된다. 수험생은 수석이나 차석으로 합격을 하게 된다.

* 자동차 바퀴에 바람이 빠져 있는 꿈

사기를 당하거나 배신을 당할 조짐이니 친한사이라도 비밀에 속하는 말을 함부로 말하지 말라. 또한 금전거래, 낙찰계, 문서계약, 동업 등은 하지 않는 것이 좋으리라. 또한 도둑을 맞을 징조이니 소지품이나 귀중품 보관에 각별히 신경써야 할 것이다.

* 자동차 바퀴축이 부러져 있는 꿈

흉몽이다. 사기를 당할 징조이니 금전대여, 낙찰계, 문서계약, 동업 등 하지않는 것이 좋으리라. 또한 친한 사람과 다툼이 일어나 결별할 징조이니 자존심 상하게 하는 말을 삼가하고 오해받는 행동을 피해야 할 것이다.

* 자동차를 운전하고 가는데 갑자기 시동이 꺼져버린 꿈

사업가는 부도를 맞을 징조이니 신용이 좋은 거래처라도 외상대금에 신경을 써야 할 것이다. 생각지 않은 지출이 많이 늘어날 조짐이며 건강에 이상이 생겨 병원을 출입할 징조이니 몸관리에 신경써야 할 것이다.

* 자동차를 타고 꽃을 구경하는 꿈

오랫동안 만나지 못했던 친구나 친척, 애인 또는 스승을 만나 회포를 풀게 된다. 혹은 생각지 않은 곳에서 선물이나 돈이 들어올 징조이다. 수험생은 아는 문제도 놓칠 우려가 있으니 시간안배에 신경을 써야 할 것이다.

* 자동차를 타고 여행다니는 꿈

계획한 일이 순조롭게 진행되고 안될 것이라고 생각한 일도 귀인이 나타나 물심양면으로 도와주게 된다. 수험생은 기대 이상의 성적으로 합격을 하게되고 직장인은 월급이 오르거나 승진을 하게되며 실업자는 조건이 좋은 직장을 얻게 된다.

* 자동차의 뒤를 밀어서 앞으로 나가게 한꿈

윗 사람이나 친구 또는 부부와 자신의 신상에 관한 일로 상의를 하게된다. 혹은 먼 여행을 떠나 한동안 머물다 오게 된다. 수험생은 턱걸이 운세이니 좀더 노력을 해야 하며 실업자는 오라고 하는데는 있으나 월급이 적어 망설이게 된다.

* 자신이 탄 배가 풍랑을 만나 뒤집히는 꿈

자녀가 가출을 하거나 본인이 건강에 이상이 생길 조짐이니 몸관리에 신경써야 할 것이다. 이 꿈을 꾸면 만사가 순조롭지 못하니 해도 좋고 안해도 좋은 일은 굳이 하지 말라. 또한 도둑을 맞을 조짐이니 귀중품 보관에 신경써야 할 것이다.

* 자신이 탄 배가 하늘로 날아다니는 꿈

직장을 옮기거나 이사를 하게 된다. 혹은 기다리던 곳에서 반가운 소식이 오거나 재물이 들어올 징조이다. 수험생은 아슬아슬하게 합격될 조짐이니 분발해야 하며 미혼자는 맞선을 보거나 약혼을 하게 된다.

* 자신이 탄 배에 물이 가득한 꿈

수험생은 기대이상의 좋은 성적으로 합격을 하게 되고 직장인은 자신이 해놓은 일이 상사에게 인정을 받게되며 사업가는 확장을 하거나 매상을 많이 올려줄 거래처를 잡게 된다. 미혼자는 혼담이 성사된다.

* 작은배에서 큰배로 옮겨타는 꿈

계획한 일이 뜻대로 되지 않아도 실망하지 말고 끈기있게 계속밀고 나가면 성공할 징조이다. 직장인은 이동수가 있으며 사업가는 부도를 맞을 징조이니 신용이 좋은 거래처라도 경계해야 할 것이다. 특히 친한 사람과 다툼이 일어날 징조이니 자존심 상하게 하는 말을 삼가하고 오해받는 행동을 피해야 할 것이다.

* 항해도중 배가 부서져 다른 배를 얻어 탄 꿈

근무조건이 좋은 직장을 얻거나 이사를 하게 될 조짐이다. 혹은 사귀던 사람과 헤어지고 새로운 애인을 만나게 된다. 사업가는 도산일보 직전에서 귀인을 만나 회사를 건지게 되며 수험생은 아슬아슬하게 합격을 하게 된다.

* 혼자 배를 타고 강을 건너는 꿈

직장을 옮기거나 스승을 만나 공부를 하게 된다. 혹은 오랫동안 만나지 못했던 친척이 찾아오거나 전화가 오게 된다. 수험생은 턱걸이 운세이니 좀더 분발하라는 꿈이며 사업가는 실패할 조짐이니 확장을 하지 말라는 꿈이다.

* 환자와 같은 배를 타고 강을 건너는 꿈

임신부는 유산할 징조이니 무리한 운동을 삼가하고 먼 여행을 떠나지 않는 것이 좋으리라. 특히 파출소나 경찰서에 불려가 취조를 받거나 몸이 크게 부상을 입을 징조이니 특별히 차조심, 말조심 해야 할 것이다.

* 회사에서 쓰는 업무용 자가용이 불길에 휩싸여 타고 있던 꿈

미혼자는 애타게 기다리고 있던 이상형의 배우자를 만나 결혼을 하게되고 수험생은 기대 이상의 좋은 성적으로 합격을 하게되며 직장인은 바라고 바라던 부서로 승진을 하게 된다.

제 19 장

전원오곡에 관한 꿈

* 곡물이 창고에 가득히 쌓여있는 꿈

직장인은 원하는 부서로 이동을 하게되고 사업가는 기대 이상의 많은 매상을 올리게 되며 수험생은 우수한 성적으로 합격을 하게 된다. 인기업에 종사하는 사람은 자신의 이름이 세상에 널리 알려지게 된다.

* 금, 은 보석으로 곡식을 맞바꾼 꿈

자신의 비밀이 탄로나거나 명예롭지 못한 일에 자신의 이름이 거론된다. 혹은 약속이 지연되거나 취소될 조짐이다. 특히 건강이 악화될 조짐이거나 실직, 명예, 퇴직, 좌천, 감봉처분 등의 악운이 찾아들 흉몽이다.

* 논가운데 풀이 푸르게 나 있는 꿈

오랫동안 만나지 못했던 친척이나 친구, 애인 또는 제자가 찾아 오거나 먼 곳에서 기쁜소식이 오게 된다. 미혼자는 혼담이 들어오게 되고 사업자는 동방이나 남쪽방향에서 귀인이 나타나게 되며 수험생은 좋은 성적으로 합격을 하게 된다.

* 논에 벼를 심는 꿈

직장을 옮기거나 애인이 둘 생길 징조이다. 기혼자인 경우에는 남편이나 아내말고도 숨겨둘 애인이 생길 징조이다. 그러나 남들이 벼를 심는 것을 구경하는 꿈은 사업이 번창하고 직장인은 승진할 징조이다. 미혼자는 혼담이 성사될 징조이다.

* 논이나 밭에 배추나 무, 고추 등이 무성한 꿈

새로운 정보를 이용하여 신개발품을 완성하거나 자신의 작품을 많은 사람에게 홍보할 기회가 주어지게 된다. 직장인은 자신의 능력을 마음껏 발휘할 부서로 이동을 하게되며 수험생은 기대 이상의 좋은 성적으로 합격을 하게 된다.

* 논이나 밭에서 허수아비를 보는 꿈

매사가 순조롭게 진행되고 생각지 않은 곳에서 선물이나 재물이 들어올 길몽이다. 또한 오랫동안 만나지 못했던 친구나 애인 또는 스승을 만나 정담을 나누게 된다. 그러나 겨울에 이 꿈을 꾸면 도둑을 맞을 징조이니 소지품이나 귀중품 보관에 신경써야 할 것이다.

* 논이나 밭이 파괴되어 있는 꿈

길몽이다. 수험생은 기대이상의 성적으로 합격을 하게되고 사업가는 매상을 많이 올리게되며 직장인은 원하는 부서로 승진을 하게 된다. 실업자는 근무조건이 좋은 직장을 얻게되며 신혼살림을 차린 신혼부부라면 임신을 알리는 태몽이다.

* 다른사람의 논밭을 사들인 꿈

직장인은 평소 원하던 부서로 승진을 하게되고 수험생은 기대 이상의 좋은 성적으로 합격을 하게되며 사업가는 동업을 하거나 확장을 하게 된다. 미혼자는 좋은 배필을 만나 결혼을 하게 된다.

* 드넓은 벌판을 바라보거나 그곳에서 자신이 일한 꿈

빌려준 돈을 받거나 문서계약을 하게 된다. 혹은 직장을 옮기거나 이사를 하게 된다. 특히 자신이 해놓은 일이 주변 사람들에게 인정을 받게되며 사업상으로도 많은 재물을 얻게 된다. 수험생이라면 기대 이상의 좋은 성적으로 합격을 하게 된다.

* 들판에 벼나 보리가 풍년이 든 꿈

수험생은 기대이상의 좋은 성적으로 합격을 하게되고 직장인은 많은 부하를 거느릴 부서로 승진을 하게되며 사업가는 동업을 하거나 확장을 하게 된다. 미혼의 청춘남녀라면 이상형의 배우자를 만나 결혼을 하게 된다.

* 마당에 널어둔 곡식을 참새 떼가 쪼아먹는 꿈

실업자는 근무조건이 좋은 직장을 얻게되고 직장인은 원하는 부서로 승진을 하게되며 사업가는 물심양면으로 도와줄 귀인을 만나게 된다. 미혼의 청춘남녀라면 이상형의 배우자를 만나 결혼을 하게 된다.

* 밤중에 횃불을 켜놓고 곡식을 탈곡한 꿈

미혼의 청춘남녀라면 이상형의 배우자를 만나 결혼할 꿈이요. 사업가라면 매상을 많이 올려줄 거래처를 잡게 된다. 직장이라면 많은 부하를 거느릴 부서로 승진을 하게되고 수험생이라면 우수한 성적으로 합격을 하게 된다.

* 벼와 보리가 풍성하나 아직 익지 않아 보이는 꿈

미혼자는 맞선을 보거나 약혼을 하게되고 수험생은 아슬아슬하게 합격을 하게되며 직장인은 원하는 부서로 승진을 하거나 월급이 오르게 된다. 사업가는 동업을 하거나 확장을 하게될 꿈이다.

* 산중에 농사 짓는 집이 보이는 꿈

이사를 하거나 직장을 옮기게 된다. 혹은 이성문제로 고민을 하거나 금전거래 할 일이 생긴다. 이 꿈을 꾸면 매사가 순조롭지 못하니 끈기와 인내가 필요하며 보증을 서거나 금전대여, 문서계약 등을 하지 말라. 왜냐하면 말썽이 생길 징조이므로…

* 손수 벼를 베는 꿈

반가운 손님이 당신의 집을 방문하게 된다. 혹은 먼 여행을 떠나 한동안 머물다오게 될 징조이다. 금전운이 좋은 편이며 미혼자는 맞선을 보거나 약혼을 하게 된다. 그러나 남들이 벼를 베는 것을 구경하는 꿈은 직장을 옮기거나 이사를 하게될 조짐이다.

* 쌀 위에 앉아 있는 꿈

친목회, 동창회 또는 어떤 모임에 참석하여 감투를 쓰게될 징조이다. 미혼자는 맞선을 보거나 약혼을 하게되고 수험생은 턱걸이 운세이니 좀더 열심히 노력하라는 꿈이다. 직장인은 먼 곳으로 출장을 떠나 한동안 머물다오게 될 징조이다.

* 쌀이나 보리를 땅에 뿌리는 꿈

수험생은 좋은 성적으로 합격을 하게되고 직장인은 월급이 오르거나 승진을 하게되며 사업가는 매상을 많이 올려줄 거래처를 잡게된다. 임신부가 이 꿈을 꾸면 쌀은 아들, 보리는 딸을 낳게될 징조이다.

* 쌀이나 보리를 말과 되로 담는 꿈

임신부는 유산할 징조이니 무리한 운동을 삼가하고 먼 여행은 떠나지 않는 것이 좋으리라. 또한 입을 무겁게 하라. 수입은 좋은 편이나 생각지 않은 지출이 많이 늘어날 조짐이며 계획한 일이 노력부족으로 중단될 징조이니 좀더 적극적으로 행동을 해야 할 것이다.

* 자신이 쌀이나 보리를 얻어오는 꿈

생각지 않은 곳에서 선물이나 재물이 들어오게 된다. 혹은 오랫동안 만나지 못했던 친구나 친척 또는 애인에게서 전화가 오거나 직접만나게 된다. 사업가는 귀인을 만나 자금난에서 벗어나게 되고 수험생은 아슬아슬하게 합격을 하게 된다.

* 쌀이 하늘에서 비오듯 쏟아지는 꿈

임신부는 집안에 기둥이 될 아들을 낳을 태몽이다. 미혼자는 이상형의 배우자를 만나 결혼을 하게 되고 수험생은 수석이나 차석으로 합격을 하게되며 사업가는 매상을 많이 올려줄 거래처를 잡거나 돈 많은 자본주를 얻게 될 꿈이다.

* 오곡이 잘 익어서 수확하는 꿈

신혼살림을 차린 신혼부부라면 임신을 알리는 태몽이다. 직장인은 원하는 부서로 승진을 하게되고 수험생은 좋은 성적으로 합격을 하게 되며 사업가는 가는곳마다 금전에 이익이 많이 따른다. 미혼자는 맞선을 보거나 결혼이 성사될 꿈이다.

* 일하는 논에 물이 가득찬 꿈

발명가라면 세상이 깜짝 놀랄만한 물건을 개발하게 되고 소설가, 작가, 시인이라면 자신의 작품이 대단한 인기를 끌게 된다. 직장인이라면 동료나 상사가 해결못한 일을 자신이 성사시켜 절대적인 신임을 얻게 된다.

* 잡초가 무성한 밭이나 논에 우뚝선 꿈

새로운 일을 시작하거나 확장을 하게될 징조이다. 좋은 꿈은 아니니 무리하게 남의 돈을 빌려다가 일을 벌리는 것은 삼가하시라. 또한 송사수 또는 관재수가 따르니 문서계약, 동업 등은 하지않는 것이 좋으리라.

* 지붕위에 벼이삭이 나 있는 꿈

사업가는 물심양면으로 도와줄 귀인을 만나게 되고 수험생은 좋은 성적으로 합격을 하게 되며 실업자는 조건이 좋은 직장을 얻게 된다. 미혼자는 맞선을 보거나 약혼을 하게 된다. 매사가 순조로운 길몽이다.

* 추수가 끝난 논에 나가서 뒷 마무리를 하거나 논두렁을 걸어다닌 꿈

이것을 할까 저것을 할까 마음의 결정을 내리지 못해 고민하게 될 징조이다. 혹은 이사를 하거나 직장을 옮기게 될 상황이 전개 된다. 특히 먼 여행을 떠나는 날 이꿈을 꾸었다면 사고가 날 징조이니 다음기회로 미루는 것이 좋으리라.

* 추수한 곡식을 햇볕에 말리는 꿈

자신의 능력을 마음껏 발휘할 기회를 얻게 된다. 혹은 빌려준 돈을 받거나 문서계약을 하게 된다. 직장인은 월급이 오르거나 원하는 부서로 이동을 하게되고 수험생은 기대이상의 좋은 성적으로 합격을 하게 된다.

* 콩이나 보리싹을 보는 꿈

잘 되어가는 일이나 계획한 일이 누군가 방해를 하여 혹은 경제적인 문제로 지연되거나 포기될 조짐이다. 특히 자식문제로 고민을 하게 될 징조이며 사고가 날 조짐이니 먼 여행을 떠나거나 자가운전은 피하는 것이 좋으리라.

* 콩이나 팥을 먹는 꿈

사업가가 이 꿈을 꾸면 부도를 맞을 징조이니 신용이 좋은 거래처라도 외상대금에 신경써야 할 것이다. 임신부라면 유산할 징조이니 몸조심해야 한다. 특히 친구 또는 부부간에 다툼이 일어날 징조이니 자존심 상하게 하는 말을 삼가해야 할 것이다.

* 콩이나 팥을 멍석에 쌓아 놓은 꿈

사기를 당할 징조이니 금전대여, 연대보증, 동업, 낙찰계, 문서계약 등 각별히 조심해야 할 것이다. 또한 친구나 친척, 애인 또는 부부간에 다툼이 일어나 결별할 징조이니 자존심 상하게 하는 말을 삼가하고 오해받는 행동을 피해야 할 것이다.

* 황무지나 화전을 일구어 기름진 농토로 개간한 꿈

사놓은 물건의 값이 올라 큰 이득을 안겨주거나 오랫동안 미루어 오던 일이 귀인을 만나 성사될 꿈이다. 연예인이나 소설가, 작가, 시인이라면 자신의 이름이 세상에 널리 알려지게 되고 수험생이라면 우수한 성적으로 합격을 하게 된다.

제 20 장

연못이나 바다에 관한 꿈

* 공중으로 물고기가 날아다니는 꿈

흉몽이다. 모든 일이 뜻대로 되지않고 실패할 징조이니 신규사업, 확장, 동업, 보증, 금전거래, 낙찰계 등 서두르지 말고 좀더 관망하는 것이 좋으리라. 특히 친구나 친척, 애인 또는 부부간에 다툼이 일어나 결별할 징조이니 자존심 상하게 하는 말을 삼가하고 오해받는 행동을 피해야 할 것이다.

* 금잉어를 치마로 받는 꿈

임신부라면 귀한 아들을 낳을 태몽이다. 사업가는 동남방에서 귀인이 나타나 많은 도움을 주게되고 직장인은 먼 곳으로 출장을 떠나 한동안 머물다 오거나 자신이 해놓은 일이 윗 사람으로부터 칭찬을 받게 된다. 실업자는 월급이 많은 직장을 얻게 된다.

* 낚시 또는 그물을 던져서 물고기를 잡는 꿈

계획한 일이 뜻대로 진행되어 그동안의 정신적인 고통이 말끔히 사라질 징조이다. 직장인은 먼 곳으로 출장을 떠나거나 자신이 해놓은 일이 인정을 받게되고 미혼자는 약혼 또는 결혼을 하게 된다. 환자는 좋은 의사를 만나 건강을 되찾게 된다.

* 냇가나 논에서 바닥을 손으로 더듬어 물고기를 잡은 꿈

직장인은 많은 부하를 거느리는 부서로 승진을 하게되고 실업자는 근무조건이 좋은 직장을 얻게되며 사업가는 물심양면으로 도와줄 귀인을 만나게 된다. 미혼자는 좋은 배우자를 만나 결혼을 하게 된다.

* 몸에서 물고기나 벌레가 나오는 꿈

새로운 사업을 시작하거나 직장을 이동하게 된다. 혹은 이사를 하거나 기다리던 곳에서 반가운 소식이 오게 된다. 환자는 좋은 의사를 만나 병이 완쾌된다. 미혼자는 세명의 애인을 놓고 갈등을 하게 된다.

* 바다에 물고기가 우글거리는 꿈

임신부라면 장차 집안에 기둥이 될 아들이 태어날 태몽이다. 미혼의 청춘남녀라면 이상형의 배우자를 만나 결혼을 하게되고 직장인은 월급이 오르거나 원하는 부서로 승진을 하게되며 실업자는 근무조건이 좋은 직장을 얻게 된다. 금전운도 매우 좋은 길몽이다.

* 바닷물이 잔잔하고 구름한점 없이 맑은 하늘을 본 꿈

실업자는 근무조건이 좋은 직장을 얻게되고 직장인은 평소에 원하던 부서로 승진을 하게되며 수험생은 우수한 성적으로 합격을 하게 된다. 미혼의 청춘남녀라면 좋은 배필을 만나 결혼을 하게 된다.

* 바닷물이 파도를 치는 꿈

실물수가 있으니 소지품이나 귀중품보관에 신경써야 할 것이다. 또한 친구나 친척, 애인 또는 부부간에 다툼이 일어나 결별할 징조이니 자존심 상하게 하는 말을 삼가하고 오해받는 행동을 피해야 할 것이다.

* 뱃속으로 물고기가 들어가는 꿈

신혼살림을 차린 신혼부부라면 임신을 알리는 태몽이다. 수험생은 기대 이상의 좋은 성적으로 합격을 하게되고 직장인은 평소에 원하던 부서로 승진을 하게되며 환자는 좋은 의사를 만나 건강을 되찾게 된다. 금전운도 좋고 매사가 순조롭다.

* 새우 또는 두꺼비가 물고기로 변하는 꿈

미혼자는 현재 사귀고 있는 애인과 헤어지고 새로운 애인을 사귈 징조이다. 망신수가 있으니 맺고 끊는 것을 분명히하고 행동에 조심을 해야 할 것이다. 사업가는 부도가 날 징조이니 신용이 좋은 거래처라도 외상대금에 신경써야 할 것이다.

* 생선장사가 자신에게 큰생선을 토막내서 주는 꿈

명예를 얻거나 생각지도 않은 감투를 쓰게될 징조이다. 사업가는 부도를 맞을 징조이니 신용이 좋은 거래처라도 외상대금에 신경써야 하며 임신부는 유산할 징조이니 무리한 운동을 삼가하고 먼 여행을 떠나지 않는 것이 좋으리라.

* 생선장사로부터 물고기를 사는 꿈

선물이나 돈이 들어올 징조이며 기다리던 곳에서 반가운 소식이 오게 된다. 미혼자는 혼담이 들어오게 되고 사업가는 동업을 하거나 확장을 하게되며 직장인은 자신이 해놓은 일이 상사에게 인정을 받게 된다.

* 어항속의 금붕어를 관찰하는 꿈

직장인은 이동수가 있으며 상인은 외상대금을 받거나 매상이 많이 오른다. 문학가, 시인, 소설가, 연예인 등은 자신의 작품이 널리 알려지게 된다. 다만 미혼여성은 강간을 당할 징조이니 각별히 몸조심해야 한다.

* 연못에 물이 많이 있는 꿈

기다리던 곳에서 반가운 소식이 오고 생각지 않은 곳에서 선물이나 재물이 들어올 징조이다. 또한 계획한 일이 순조롭게 진행되고 안될 것이라고 생각한 일도 귀인이 나타나 물심양면으로 도와주게 된다.

* 연못에 물이 전혀없는 꿈

흉몽이다. 사기를 당할 징조이니 아무리 가까운 사이라도 금전거래를 하거나 보증을 서지 말라. 또한 대형사고가 날 조짐이니 먼 여행을 떠나거나 자가운전을 하지 말라. 특히 화재가 날 조짐이니 각별히 불조심해야 할 것이다.

* 연못에 붕어가 놀거나 꽃이 핀 것을 본 꿈

임신부라면 집안에 기둥이될 아들이 태어날 태몽이다. 직장인은 자신이 해놓은 일이 윗 사람에게 인정을 받게되고 수험생은 기대 이상의 좋은 성적으로 합격을 하게되며 사업가는 귀인이 나타나 물심양면으로 도와주게 된다.

* 연못에 자신이 빠지는 꿈

재물을 잃을 징조이니 주식투자, 금전대여, 보증낙찰계, 동업등을 하지말라. 또한 구설수에 휘말려 한동안 마음고생을 할 징조이니 오해받는 행동을 삼가하고 입을 무겁게 해야 할 것이다. 미혼여성이라면 강간을 당할 조짐이니 몸관리에 신경써야 할 것이다.

* 용이나 하마, 악어, 호랑이 등이 바다로 뛰어들어간 꿈

길몽이다. 직장인은 평소에 원하던 부서로 승진을 하게되고 수험생은 기대 이상의 좋은 성적으로 합격을 하게되며 사업가는 매상이 많이 오른다. 실업자는 근무조건이 좋은 직장을 얻게 된다.

* 저수지나 웅덩이에서 물고기를 몽땅 잡는 꿈

새로운 사업을 시작하거나 직장을 이동할 징조이다. 혹은 빌려준 돈을 받거나 기다리던 곳에서 반가운 소식이 오게 된다. 노처녀, 노총각은 혼담이 성사될 징조이며 환자는 좋은 의사를 만나 건강을 되찾게 된다. 소설가, 시인, 문학인, 연예인 등은 그동안 미루워 오던 계약이 성사 된다.

* 큰 물고기들이 죽어 물위에 둥둥 떠있는 꿈

흉몽이다. 임신부는 유산할 징조이니 무리한 운동을 삼가하고 먼 여행을 떠나지 않은 것이 좋으리라. 사업가는 매사가 뜻대로 되지않고 실패할 징조이니 확장, 신규사업, 동업, 금전거래 등 서두르지 말고 좀더 관망하는 것이 좋으리라.

* 폭포위로 커다란 잉어가 뛰어오르는 꿈

미혼의 청춘남녀라면 멀지않아 결혼을 하게 된다. 임신부라면 집안에 기둥이 될 아들이 태어날 태몽이다. 직장인은 평소에 원하던 부서로 승진을 하게되며 사업가는 매상을 많이 올려줄 거래처를 잡게 된다. 금전운도 좋고 매사가 순조로운 길몽이다.

* 흙탕물 속에서 물고기를 잡는 꿈

사기를 당하거나 송사가 생길 징조이니 금전거래, 보증, 동업, 문서계약, 낙찰계 등 좀더 보류하는 것이 좋으리라. 임신부는 유산할 징조이니 무리한 운동을 삼가하고 먼 여행은 떠나지 않는 것이 좋으리라.

제 21 장

문무기구에 관한 꿈

* 군졸을 거느리고 적을 물리치는 꿈

생각지 않은 곳에서 선물이나 돈이 들어올 징조이다. 혹은 먼 여행을 떠나 한동안 머물다 오게 된다. 매사가 순조롭고 금전운이 좋은 길몽이다. 그러나 적에게 쫓기는 꿈은 흉몽이다. 사기를 당할 징조이니 금전대여, 동업, 문서계약, 낙찰계, 보증 등 좀더 보류하는 것이 좋으리라. 임신부는 유산할 징조이니 무리한 운동을 삼가하고 먼 여행은 떠나지 않는 것이 좋으리라.

* 군졸을 거느리고 행진하는 꿈

수험생은 기대 이상의 좋은 성적으로 합격을 하게되고 직장인은 월급이 오르거나 승진을 하게되며 실업자는 적성에 맞는 직장을 얻게 된다. 사업가는 자금난에서 벗어나거나 확장을 하게 된다. 미혼자는 맞선을 보거나 약혼을 하게될 꿈이다.

* 남에게 먹이나 벼루를 받은 꿈

임신부는 장차 집안의 기둥이 될 아들이 태어날 태몽이다. 실업자는 근무조건이 좋은 직장을 얻게되고 직장인은 동료나 상사가 해결못한 일을 자신이 성사시켜 신임을 얻게되며 사업가는 동업을 하거나 업종변경을 하게 된다.

* 달력이나 일력 또는 책을 얻는 꿈

노총각이나 노처녀는 애타게 기다리던 배우자를 만나 결혼할 꿈이다. 환자는 좋은 의사를 만나 건강을 되찾게되며 직장인은 월급이 오르거나 승진을 하게 된다. 매사가 순조롭고 금전운도 좋은 길몽이다.

* 만년필이나 색연필 또는 볼펜에 꽃이 핀 꿈

소설가, 문학가, 작가, 시인, 화가 등은 자신의 이름이 세상에 널리 알려지게 된다. 수험생은 수석이나 차석으로 합격을 하게되고 직장인은 많은 부하를 거느리는 부서로 승진을 하게되며 사업가는 물심양면으로 도와줄 귀인을 만나게 된다 임신부리면 집안에 기둥이 될 아들이 태어날 태몽이다.

* 먹이나 벼루를 보는 꿈

윗 사람이나 스승을 만나 자신이 겪어보지 못한 인생경험을 듣게 된다. 혹은 여행을 떠나 한동안 머물다오게될 조짐이다. 미혼자는 애인에게서 만나자는 연락이 오게되며 직장인은 현재 근무하는 회사에 계속다닐 것인지 옮길 것인지를 놓고 고민을 하게 된다.

* 문방구에서 연필이나 볼펜 등의 필기도구를 산 꿈

직장인은 능력을 인정받아 신임을 얻게되고 수험생은 좋은 성적으로 합격을 하게되며 실업자는 적성에 맞는 직장을 얻게 된다. 사업가는 귀인을 만나 자금난에서 벗어나거나 출판업에 손을 대게 된다. 임신부는 교육계통에서 대성할 아들이 태어날 태몽이다.

* 붓에 꽃이 피는 꿈

사업가는 매상을 많이 올려줄 거래처를 잡게되고 직장인은 평소에 원하던 부서로 승진을 하게되며 실업자는 근무조건이 좋은 직장을 얻게된다. 임신부리면 교육계통에서 대성할 아들이 태어날 태몽이다.

* 색종이를 접거나 취급하는 꿈

오랫동안 만나지 못했던 친구나 친척, 애인 또는 스승을 만나 정담을 나누게 된다. 혹은 기다리던 곳에서 반가운 소식이 오거나 생각지 않은 곳에서 돈이 들어올 징조이다. 미혼의 청춘남녀라면 섹스를 즐기게 된다.

* 서류봉투를 잃어버린 꿈

기다리던 곳에서 반가운 소식이 오거나 빌려준 돈을 받게 된다. 혹은 오랫동안 만나지 못했던 친구나 친척, 애인 또는 스승을 만나 회포를 풀게 된다. 사업가는 매상을 많이 올려줄 거래처를 얻게되고 수험생은 아슬아슬하게 합격을 하게 된다.

* 열심히 글을 읽는 꿈

임신부라면 장차 집안의 기둥이 될 아들이 태어날 태몽이다. 직장인은 많은 부하를 거느릴 부서로 승진을 하게되고 사업가는 물심양면으로 도와줄 귀인을 만나게 되며 실업자는 주거지에서 가까운 직장을 얻게 된다. 특히 금전운이 좋은 길몽이다.

* 오색이 영롱한 책을 보는 꿈

기다리던 곳에서 반가운 소식이 오거나 생각지 않은 곳에서 선물이나 돈이 들어올 징조이다. 혹은 이사를 하거나 직장을 옮기게 된다. 매사가 순조로우니 적극적으로 행동하면 더 좋은 결과가 있으리라.

* 인형이나 증서를 보는 꿈

도둑을 맞을 징조이니 소지품이나 귀중품 보관에 각별히 신경써야 할 것이다. 또한 계획한 일이 누군가 방해를 하여 지연되거나 포기될 징조이다. 임신부는 유산할 조짐이니 무리한 운동을 삼가하고 먼 여행은 떠나지 않는 것이 좋으리라.

* 전공서적이나 교과서를 열심히 공부한 꿈

수험생은 턱걸이 운세이니 남들보다 두배이상 노력을 하라는 꿈이다. 직장인은 승진대상에서 탈락할 징조이니 열심히 일하라는 꿈이다. 사업가는 새로운 일을 시작하지 말고 현재하고 있는 일에 충실해야만 탈이없을 것이라는 꿈이다.

* 전철이나 버스안에서 잡지책을 읽은 꿈

이것을 할까 저것을 할까 마음의 결정을 내리지 못해 고민하게 될 징조이다. 혹은 이사를 하거나 직장을 옮기게 된다. 다만 재물을 잃을 징조이니 주식투자, 금전대여, 낙찰계, 동업, 보증, 확장, 신규사업 등 손대지 않는 것이 좋으리라.

* 책상 위에 책이 많이 쌓여있는 꿈

실업자는 근무조건이 좋은 직장을 얻게되고 직장인은 월급이 오르거나 승진을 하게되며 사업가는 자금난에서 벗어나거나 확장을 하게 된다. 신혼살림을 차린 신혼부부라면 교육계통에서 이름을 날릴 아들이 태어날 태몽이다.

* 책을 선물받은 꿈

임신부라면 장차 집안의 기둥이 될 아들이 태어날 태몽이다. 직장인은 동료나 상사가 해결못한 일을 자신이 성사시켜 칭찬을 많이 받게 된다. 사업가는 새로운 거래처를 얻게된다. 실업자는 적성에 맞는 직장을 얻게된다.

* 책장이나 책상에 책이 가지런히 꽂혀있는 꿈

윗 사람이나 동료 또는 친구를 만나 자신의 신상에 관한 문제로 상의를 하게된다. 혹은 자격증이나 시험문제로 학원을 다니게 된다. 임신부라면 성격이 차분하고 인정이 많으며 장차 교육계통에서 이름을 빛낼 아들이 태어날 태몽이다. 사업가라면 회사를 위해 큰 공헌을 할 직원을 채용하게 된다.

* 하얀 종이에 글씨를 쓴 꿈

직장인은 현재 근무하는 회사에 계속다닐 것인지 그만둘 것인지를 놓고 고민하게 될 징조이며 미혼자는 세명의 여인을 놓고 진정한 나의 배필은 누구인가 고민하게 될 징조이다. 사업가는 확장을 할것인가 말것인가를 놓고 고민하게 된다.

제 22 장

칼, 창, 북, 종, 화살, 방패, 총에 관한 꿈

* 긴 칼을 허리에 차고 걸어가는 꿈

재물을 잃을 징조이니 주식투자, 금전대여, 보증, 낙찰계, 신규사업, 확장, 동업 등은 하지않는 것이 좋으리라. 또한 구설수에 휘말려 한동안 마음고생을 하게될 조짐이니 자신의 신상에 관한일을 함부로 말하지 말라. 임신부는 유산할 징조이니 무리한 운동을 삼가하고 먼 여행은 떠나지 않는 것이 좋으리라.

* 남에게서 나에게 화살이 날아오는 꿈

직장인은 부서를 옮기거나 승진을 하게되고 실업자는 근무조건이 좋은 직장을 얻게되며 사업가는 매상을 많이 올려줄 거래처를 잡게된다. 수험생은 아슬아슬하게 합격을 하게 된다. 금전운도 좋으며 매사가 순조로운 꿈이다.

* 남에게서 칼을 얻는 꿈

미혼의 청춘남녀라면 좋은 배필을 만나 결혼할 꿈이다. 수험생은 기대이상의 좋은 성적으로 합격을 하게되고 직장인은 원하는 부서로 승진을 하게되며 실업자는 적성에 맞는 직장을 얻게 된다. 사업가는 귀인을 만나 자금난에서 벗어나게 된다.

* 누군가가 칼이나 흉기에 찔려 피를 흘리는 꿈

매사가 순조롭게 진행되고 가는곳 마다 금전에 이익이 많이 따른다. 소설가, 작가, 시인, 연예인 등은 자신의 이름이 세상에 널리 알려지게 된다. 수험생은 기대 이상의 좋은 성적으로 합격을 하게되고 실업자는 적성에 맞는 직장을 얻게 된다.

* 몸에 갑옷을 입어보는 꿈

사놓은 물건이 값이 많이 올라 큰 이익을 안겨주게 된다. 혹은 기다리던 곳에서 반가운 소식이 오거나 빌려준 돈을 받게 된다. 특히 걱정했던 일들이 말끔히 해소되고 가정에 웃음꽃이 피게 된다. 수험생은 좋은 성적으로 합격을 하게 된다.

* 북을 쳐서 소리가 나는 꿈

미혼자는 혼담이 들어오게 되고 수험생은 좋은 성적으로 합격을 하게되며 직장인은 월급이 오른다. 실업자는 근무조건이 좋은 직장을 얻게된다. 금전운이 좋으며 매사가 순조로운 꿈이다.

* 여자가 긴 칼을 빼어들고 휘두르는 꿈

흉몽이다. 사고가 날 징조이니 먼 여행이나 자가운전은 하지않는 것이 좋으리라. 수입보다는 지출이 많이 늘어나게 되고 친한 사람과 사소한 일로 다툼이 일어나 결별할 징조이니 자존심 상하게 하는 말을 삼가하고 오해받는 행동을 피해야 할 것이다. 특히 직장을 옮기거나 이사를 하게될 징조이다.

* 은장도나 칼을 잃어버리고 찾아다닌 꿈

건강에 이상이 생길 징조이니 몸관리에 신경써야 할 것이다. 또한 잘되어가던 일이 누군가 방해를 하여 지연되거나 포기될 조짐이다. 미혼의 청춘남녀라면 실연을 당할 꿈이요. 사업가라면 부도를 맞을 징조이니 신용이 좋은 거래처라도 경계하라는 꿈이다.

* 자신이 화살을 쏘는 꿈

환자는 좋은 의사를 만나 건강을 되찾게 된다. 미혼의 청춘남녀라면 이상형의 배우자를 만나 결혼을 하게되고 수험생은 좋은 성적으로 합격을 하게되며 실업자는 적성에 맞는 직장을 얻게 된다. 금전운도 좋고 매사가 순조로운 꿈이다.

* 적군에게 총이나 화살을 겨누어 쏘아 죽인 꿈

노총각, 노처녀라면 그동안 애타게 기다려온 이상형의 배우자를 만나 결혼을 하게 되고, 수험생은 기대 이상의 좋은 성적으로 합격을 하게되며 직장인은 평소에 원하던 부서로 승진을 하게 된다. 실업자는 기다리던 곳에서 반가운 소식이 오게 되리라.

* 전쟁 중 총격으로 사망한 병사의 몸을 헤집어 총알을 빼낸 꿈

수험생은 아는 문제도 놓칠 우려가 있으니 시간안배에 신경을 써야 하며 직장인은 승진대상에서 탈락할 징조이니 맡은바 일에 충실하면서 대인관계에 신경을 써야 할 것이다. 사업가는 부도를 맞을 조짐이니 신용이 좋은 거래처라도 외상대금에 신경을 써야 할 것이다.

* 종을 쳐도 소리가 나지 않는 꿈

대형사고가 날 징조이니 먼 여행이나 자가운전은 하지 않는 것이 좋으리라. 또한 재물을 잃을 징조이니 주식투자, 금전대여, 낙찰계, 보증, 신규사업, 동업, 확장 등은 하지않는 것이 좋으리라.

* 종이 저절로 소리가 나는 꿈

먼 곳에 사는 친척이나 친구 또는 애인이 찾아오거나 전화가 올 징조이다. 노총각이나 노처녀는 혼담이 들어오게 된다. 생각지 않은 지출이 늘어날 조짐이며 화재수가 있으니 각별히 불조심해야 할 것이다.

* 종을 쏘려는데 방아쇠가 끊어져 버린 꿈

근거없는 구설수에 휘말려 한동안 마음고생을 하거나 가족 중에 누군가 건강에 이상이 생겨 병원에 출입을 하게 될 징조이다. 또는 사기를 당할 징조이니 문서계약이나 금전대여, 어음할인, 낙찰계 등은 손대지 않는 것이 좋으리라.

* 칼을 숫돌에 갈아보는 꿈

기다리던 곳에서 반가운 소식이 오거나 생각지 않은 곳에서 선물이나 돈이 들어올 징조이다. 계획한 일이 순조롭게 진행되고 안될 것이라고 생각한 일도 귀인이 나타나 물심양면으로 도와주게 된다. 수험생은 좋은 성적으로 합격을 하게 된다.

* 칼이나 가위등을 갖고 다닌 꿈

이사를 하거나 직장을 옮기게 된다. 혹은 사놓은 물건의 값이 올라 큰 이익을 안겨주게 될 징조이다. 미혼자는 세 애인을 놓고 진정한 나의 배필은 누군인지 마음의 결정을 내리지 못해 고민할 징조이다.

* 칼이 침상머리에 놓여있는 꿈

자신이 해놓은 일이 주변 사람들에게 인정을 받게 된다. 혹은 문서계약을 하거나 새로운 일을 시작하게 된다. 특히 오랫동안 만나지 못했던 스승이나 친구, 친척 또는 애인을 만나 회포를 풀게 된다. 금전운도 좋으며 매사가 순조로운 꿈이다.

* 칼, 창(병장기)에 빛과 광채가 나는 꿈

직장인은 많은 부하를 거느리는 부서로 승진을 하게되고 실업자는 근무조건이 좋은 직장을 얻게되며 사업가는 물심양면으로 도와줄 귀인을 만나게 된다. 수험생은 좋은 성적으로 합격을 하게 된다.

* 화살이 비오듯 쏟아지는 꿈

빌려준 돈을 받거나 기다리던 곳에서 반가운 소식이 올 징조이다. 혹은 생각지 않은 곳에서 선물이 들어오게 된다. 인기를 먹고 사는 직업에 종사하는 사람이라면 자신의 인기가 하늘높은 줄 모르고 치솟게 된다.

* 활 시위가 끊어져 버린꿈

재물을 잃거나 송사수가 있으니 주식투자, 낙찰계, 금전대여, 신규사업, 확장, 동업, 보증 등은 하지않는 것이 좋으리라. 또한 대형 사고가 날 징조이니 먼 여행이나 자가운전은 하지 않는 것이 좋으리라.

* 활을 당겨서 활이 부러지는 꿈

재물을 잃을 징조이니 금전대여, 주식투자, 보증, 낙찰계, 신규사업, 확장, 동업 등은 하지않는 것이 좋으리라. 또한 대형사고가 날 조짐이니 먼 여행이나 자가운전은 하지않는 것이 좋으리라.

* 활을 쏘아 용이나 뱀을 맞힌 꿈

연예인, 작가, 시인, 서예가, 소설가 등은 자신의 이름이 세상에 널리 알려지게 된다. 수험생은 기대이상의 좋은 성적으로 합격을 하게되고 직장인은 월급이 오르거나 승진을 하게 된다. 또한 횡재수도 따르고 매사가 순조로운 꿈이다.

* 활을 쏘아 해나 달을 맞힌 꿈

직장인은 많은 부하를 거느리는 부서로 승진을 하게되고 수험생은 수석이나 차석으로 합격을 하게되며 실업자는 근무조건이 대단히 좋은 직장을 얻게 된다. 사업가는 물심양면으로 도와줄 귀인을 만나게 된다.

* 활이나 총 등을 선물받은 꿈

자신이 해놓은 일이 많은 사람들에게 인정을 받게 되고 생각지 않은 곳에서 선물이나 목돈이 들어올 징조이다. 혹은 기다리던 곳에서 반가운 소식이 오게 된다. 작가라면 대중에게 인기를 받으며 화제를 불러일으킬 작품을 발표하여 성공을 거둔다.

제 23 장

질병에 관한 꿈

* 귀가 먹어서 들리지 않는 꿈

반가운 소식이 오거나 반가운 손님이 찾아와 한동안 머물다 가게 될 징조이다. 혹은 생각지 않은 곳에서 귀중한 선물이나 돈이 들어오게 된다. 가정주부는 부업으로 짭짤한 수익을 올리게 되고 수험생은 기대 이상의 좋은 성적으로 합격을 하게된다.

* 머리나 손을 붕대로 감고 있는 사람을 본 꿈

흉몽이다. 대형사고가 날 조짐이니 먼 여행을 떠나거나 자가운전은 하지않는 것이 좋으리라. 또한 송사수가 있으니 문서계약, 금전거래, 동업, 연대보증, 낙찰계, 주식투자 등 손대지 않는 것이 좋으리라. 임신부는 유산할 징조이니 각별히 몸조심해야 할 것이다.

* 병에 걸려 고생하는 꿈

실업자는 적성에 맞는 직장을 얻게되고 직장인은 월급이 오르거나 승진을 하게되며 사업가는 매상을 많이 올려줄 거래처를 잡게 된다. 수험생은 기대 이상의 좋은 성적으로 합격을 하게 된다.

* 병원에서 의사에게 진찰을 받는 꿈

건강에 이상이 생겨 병원을 출입하게 될 징조이다. 또는 재물을 잃을 징조이니 주식투자, 금전대여, 연대보증, 신규사업, 확장, 낙찰계 등 손대지 않는 것이 좋으리라. 직장인은 측근을 조심하고 임신부는 유산할 징조이니 각별히 몸조심해야 할 것이다.

* 병원에서 자신에게 입원일수(날짜)를 정해주는 꿈

점포나 사무실 또는 집을 이사하려고 계획을 세웠어도 매매가 되지를 않아 답답할 징조이다. 혹은 걱정했던 일이 현실로 나타날 조짐이다. 특히 친척이나 친구, 애인 또는 부부간에 다툼이 일어나 결별할 징조이니 자존심 상하게 하는 말을 삼가하고 오해받는 행동을 피해야 할 것이다.

* 불구자가 된 꿈

대형사고가 날 조짐이니 먼 여행이나 자가운전은 하지 않는 것이 좋으리라. 사업가는 부도를 맞을 조짐이니 신용이 좋은 거래처라도 외상대금에 신경써야 하며 임신부는 유산할 징조이니 무리한 운동을 삼가하고 먼 여행은 떠나지 않는 것이 좋으리라.

* 신체의 한부위를 수술하는데 전혀 통증이 없는 꿈

수험생은 기대 이상의 좋은 성적으로 합격을 하게되고 실업자는 근무조건이 좋은 직장을 얻게되며 직장인은 평소에 원하던 부서로 승진을 하게 된다. 사업가는 물심양면으로 도와줄 귀인을 만나게 된다. 금전운도 좋으며 매사가 순조로운 꿈이다.

* 음식을 먹고 체하거나 배가 아픈 꿈

친목회, 동창회 또는 어떤모임에 참석하여 감투를 쓰게 된다. 혹은 건강에 이상이 생겨 병원을 출입하게 될 징조이다. 미혼자는 사귀던 애인과 헤어지고 새로운 애인을 만나 즐거운 시간을 보내게 된다.

* 의사에게 치료를 받다가 죽는 꿈

길몽이다. 생각지도 않은 곳에서 돈이 들어오거나 행운을 잡게될 징조이다. 직장인은 승진을 하게되고 사업가는 귀인을 만나 어렵던 일이 쉽게 해결 된다. 연예인, 시인, 소설가, 화가 등은 자신의 작품이 대단한 인기를 끌게 된다. 실업자는 적성에도 맞고 월급도 많은 직장을 얻게되고 이혼녀는 부잣집으로 시집을 가게 된다.

* 장님이 눈을 뜨는 것을 보는 꿈

길몽이다. 계획한 일이 순조롭게 진행되고 걱정했던 일이 말끔히 해소 된다. 가는곳마다 금전에 많은 이익이 따르고 자신의 능력을 인정받게 된다. 미혼자는 평소에 원하던 배우자를 만나 결혼을 하게되고 직장인은 많은 부하를 거느리는 부서로 승진을 하게 된다. 실업자는 적성에 맞는 직장을 얻게 된다.

* 집에 나병(문둥병)환자가 찾아온 꿈

오랫동안 만나지 못했던 친척이나 친구, 애인, 선배 또는 후배를 만나 정담을 나누게 된다. 수험생은 턱걸이 운세이니 좀더 노력하라는 꿈이다. 직장인은 승진대상에서 탈락할 조짐이니 맡은 바 일에 충실하면서 대인관계에 신경쓰라는 꿈이다.

제 24 장

성(性)과 섹스에 관한 꿈

* 꿈속에서 성교를 했는데 실제로 사정을 해버린 꿈

감기 몸살을 앓거나 질병을 얻게될 징조이니 건강관리에 힘써야 할 것이다. 또한 매사가 잘되어 가는듯 하다가도 뜻밖의 장애가 생겨 금전적으로 고통을 받게될 조짐이니 계획을 크게 잡지말고 축소하는 것이 좋으리라.

* 검은 피부를 가진 남성과 성행위를 한 꿈

가정 주부라면 부업으로 짭짤한 수익을 올리게 되고 미혼자는 혼담이 들어오게 되며 직장인은 동료나 상사가 해결못한 일을 자신이 성사시켜 신임을 얻게 된다. 사업가는 매상을 많이 올려줄 거래처를 잡게되며 수험생은 아슬아슬하게 합격을 하게 된다.

* 나이가 많은 사람과 성교하는 꿈

직장인은 동료나 상사가 해결못한 일을 자신이 성사시켜 칭찬을 많이 받게되고 수험생은 아슬아슬하게 합격을 하게되며 노총각이나 노처녀는 혼담이 성사 된다. 환자는 좋은 의사를 만나 건강을 되찾게 된다.

* 나이가 적은 사람과 성교를 하는 꿈

미혼여성은 강간을 당할 징조이니 각별히 몸가짐에 주의해야 할 것이다. 사업가는 부도를 맞을 징조이니 신용이 좋은 거래처라도 외상대금에 신경써야하고 직장인은 정리해고, 좌천, 감봉처분 등의 불이익을 당할 징조이니 맡은바 일에 충실하면서 대인관계에 신경써야 할 것이다.

* 남녀가 공원에서 데이트하는 것을 지켜본 꿈

미혼자는 세명의 애인을 놓고 진정 나의 배필은 누구일까 마음의 결정을 내리지 못해 고민할 징조이다. 수험생은 턱걸이 운세이니 좀더 노력을 해야하며 직장인은 승진 대상에서 탈락할 징조이니 맡은 바 일에 충실하면서 대인관계에 신경을 써야 할 것이다. 실업자는 좀더 기다려야 직장을 얻게 될 것이다.

* 남에게 강간을 당하는 꿈

계획한 일이 순조롭게 진행되고 안될 것이라고 생각한 일도 귀인이 나타나 도와주게 된다. 또한 기다리던 곳에서 반가운 소식이 오거나 생각지 않은 곳에서 선물이나 돈이 들어올 징조이다. 미혼자는 혼담이 들어오게 된다.

* 낯선 타인이나 배우자를 막론하고 만족스럽게 성관계를 가진 꿈

계획한 일이 순조롭게 진행되고 생각지 않은 곳에서 선물이 들어오게 된다. 또는 빌려준 돈을 받거나 사놓은 물건이 값이 많이 올라 큰 이익을 안겨주게 된다. 직장인은 동료나 상사가 해결못한 일을 자신이 성사시켜 신임을 얻게 된다. 미혼자는 혼담이 들어오게 된다.

* 누군가와 성행위를 하면서 잔치를 베푼 꿈

노총각, 노처녀라면 애타게 기다리던 이상형의 배우자를 만나 결혼을 하게된다. 사업가는 어렵던 일이 귀인을 만나 쉽게 해결되고 직장인은 평소에 원하던 부서로 승진을 하게되며 수험생은 기대 이상의 좋은 성적으로 합격을 하게 된다. 실업자는 취직을 하게 된다.

* 동성연애를 하는 꿈

건강에 이상이 생겨 병원을 출입하게 될 징조이다. 또는 금전문제로 뜻밖의 어려움을 당하게 될 조짐이다. 특히 친구나 친척, 애인 또는 부부간에 사소한 일로 다툼이 일어나 결별할 징조이니 자존심 상하게 하는 말을 삼가하고 오해받는 행동을 피해야 할 것이다.

* 방바닥이나 침대에 쏟은 정액을 수건이나 휴지 등으로 닦아낸 꿈

걱정했던 일들이 말끔히 해소되고 기다리던 곳에서 반가운 소식이 오거나 생각지 않은 곳에서 선물이나 돈이 들어올 징조이다. 직장인은 월급이 오르거나 부수입이 있는 부서로 이동을 하게 되고 수험생은 아슬아슬하게 합격을 하게되며 노총각, 노처녀는 애타게 기다리던 이상형의 배우자를 만나 결혼할 꿈이다.

* 부부간에 성교를 한 꿈

소설가, 시인, 문학가, 연예인, 화가 등은 자신의 이름이 세상에 널리 알려지게 되고 직장인은 월급이 오르거나 평소에 원하던 부서로 승진을 하게되며 실업자는 근무조건이 좋은 직장을 얻게 된다. 재물운도 좋고 매사가 순조로운 꿈이다.

* 성교 도중에 갑자기 동물 또는 사람이 나타나 목적을 달성하지 못한 꿈

친구나 친척, 애인 또는 부부간에 사소한 일로 다툼이 일어나 결별할 징조이니 자존심 상하게 하는 말을 삼가하고 오해받는 행동을 피해야 할 것이다. 또한 재물을 잃을 징조이니 주식투자, 금전대여, 낙찰계, 연대보증, 어음할인, 신규사업, 확장, 사람소개 등은 하지않는 것이 좋으리라.

* 술집에서 기생을 희롱하는 꿈

사업가는 부도를 맞을 징조이니 거래처를 점검하거나 외상대금에 신경써야하며 직장인은 정리해고, 좌천, 명예퇴직, 감봉처분 등의 불이익을 당할 징조이니 맡은바 일에 충실하면서 대인관계에 신경써야 할 것이다.

* 술집 여자들과 육체관계를 맺은 꿈

건강에 이상이 생겨 병원을 출입할 징조이다. 또는 구설수에 휘말려 한동안 마음고생을 하게 된다. 금전운도 좋지않은 편이니 주식투자, 낙찰계, 신규사업, 확장, 금전대여 등 손대지 않는 것이 좋으리라.

* 아내 외의 여자나 남의 부인을 애무한 꿈

가정에 경사가 있거나 기다리던 곳에서 반가운 소식이 올 징조이다. 또는 사놓은 물건의 값이 많이 올라 큰 이익을 안겨주게 된다. 직장인은 평소에 원하던 부서로 승진을 하게되고 수험생은 기대 이상의 좋은 성적으로 합격을 하게 된다.

* 여러명의 여성 또는 남성과 차례대로 성교를 한 꿈

사업가는 매상을 많이 올려줄 거래처를 잡거나 뜻이 맞는 사람과 동업을 하게되고 수험생은 아슬아슬하게 합격을 하게되며 직장인은 부서를 옮기게 된다. 실업자는 월급은 많지 않으나 적성에 맞는 직장을 얻게 된다.

* 옛날에 헤어졌던 애인을 다시 만나 성교를 한 꿈

직장을 옮기거나 이사를 하게될 징조이다. 또는 보증이나 금전문제로 친구나 주변사람들에게 청탁을 하게된다. 미혼자는 혼담이 들어오게되고 이혼녀는 부잣집으로 시집을 가게될 징조이다. 사업가는 부도를 맞을 조짐이니 신용이 좋은 거래처라도 외상대금에 신경써야 할 것이다.

* 인기좋은 연예인과 입맞춤을 하거나 성교를 한 꿈

미혼의 청춘남녀라면 평소에 원하던 이상형의 배우자를 만나 결혼을 하게되고 공무원이나 회사원은 승진을 하게되며 수험생은 기대 이상의 좋은 성적으로 합격을 하게 된다. 사업가는 물심양면으로 도와줄 귀인을 만나게 된다.

* 자신을 비롯한 몇사람이 한이불을 덮고 성교를 한 꿈

기다리던 곳에서 반가운 소식이 오거나 사람을 추천할 일이 생긴다. 또는 여러사람이 공동으로 경영주가 되는 사업을 시작하게 된다. 특별히 나쁜꿈은 아니니 큰 모험이 따르는 것이 아니라면 약간만 투자해보는 것도 좋으리라. 업종에 따라 성공할수도 실패할수도 있는 꿈이므로…

* 자신의 음부나 아랫도리를 누군가가 주의깊게 바라본 꿈

이성문제로 망신을 당할 징조이니 맺고 끊는 일을 분명히하고 몸가짐에 주의해야 할 것이다. 또한 도둑을 맞을 조짐이니 소지품이나 귀중품 보관에 신경써야 할 것이다. 수험생은 아는 문제도 놓칠우려가 있으니 시간안배에 신경써야 할 것이다.

* 자신이 성교하는 도중 유방에서 피가 쏟아지는 꿈

아파트 추첨에 당첨되거나 생각지 않은 곳에서 선물이나 목돈이 들어올 징조이다. 수험생은 기대 이상의 좋은 성적으로 합격을 하게되고 공무원이나 회사원은 승진을 하게되며 사업가는 귀인을 만나 어렵던 일이 쉽게 해결 된다. 다만 임신부는 유산할 징조이니 무리한 운동을 삼가하고 먼 여행은 떠나지 않는 것이 좋으리라.

* 자신이 성교하는 도중 음부에서 피가 쏟아지는 꿈

가정에 경사가 있거나 생각지 않은 곳에서 목돈이 들어오게 된다. 혹은 기다리던 곳에서 반가운 소식이 오거나 오랫동안 만나지 못했던 친구나 친척, 애인 또는 스승을 만나게 된다. 연예인이나 작가, 소설가, 시인 등이라면 자신의 작품이 세상에 널리 알려지게 된다.

* 천사나 선녀와 성행위를 한 꿈

사놓은 물건이 값이 많이 올라 큰이익을 안겨주게 된다. 또는 기다리던 곳에서 반가운 소식이 오거나 생각지 않은 곳에서 행운이 찾아온다. 수험생은 수석이나 차석으로 합격을 하게되고 직장인은 많은 사람을 거느리는 부서로 승진을 하게 된다.

* 친척 또는 사귀는 애인과 성교를 한 꿈

오랫동안 만나지 못했던 친척이나 친구, 애인 또는 스승을 만나 정담을 나누게 된다. 혹은 자신이 해놓은 일이 많은 사람들에게 인정을 받게 된다. 다만 임신부는 유산할 징조이니 무리한 운동을 삼가하고 먼 여행은 떠나지 않는 것이 좋으리라.

제 25 장

싸움에 관한 꿈

* 가장 싫어하는 사람과 치고 받고 싸운 꿈

감기 몸살을 앓거나 질병을 얻게될 징조이니 건강관리에 신경써야 할 것이다. 또한 도둑을 맞을 조짐이니 소지품이나 귀중품 보관에 신경써야 한다. 수험생은 턱걸이 운세이니 남들보다 두배 이상은 노력을 해야 좋은 결과를 얻을수 있을 것이다.

* 남들과 때리고 싸우는 꿈

임신부는 유산할 징조이니 무리한 운동을 삼가하고 먼 여행은 떠나지 않는 것이 좋으리라. 특히 오랫동안 만나지 못했던 친구나 친척, 애인 또는 선배, 후배, 스승 등을 만나 정담을 나누게 되는 꿈이다.

* 남들과 말로 다투는 꿈

사기를 당할 징조이니 문서계약, 금전대여, 동업, 낙찰계, 연대보증 등 손대지 않는 것이 좋으리라. 또한 사고가 날 징조이니 먼 여행이나 자가운전은 하지않는 것이 좋으리라.

* 남에게 얻어맞아 얼굴에 상처를 입은 꿈

자신의 비밀이 탄로나거나 명예롭지 못한 일에 자신의 이름이 거론된다. 또한 친구나 친척, 애인 또는 부부간에 사소한 일로 다툼이 일어나 결별할 징조이니 자존심 상하게 하는 말을 삼가하고 오해받는 행동을 피해야 할 것이다.

* 남에게 칼로 베어서 부상당한 꿈

매사가 잘되어가는듯 하다가도 뜻밖의 장애가 생겨 고전할 징조이니 계획을 크게 잡지 말고 축소하는 것이 좋으리라. 또한 대형사고가 날 조짐이니 먼 여행이나 자가운전은 하지않는 것이 좋으리라. 미혼자는 애인에게서 만나자는 연락이 올 징조이다.

* 누군가와 맞서 싸우다가 상처를 입는 꿈

직장인은 동료나 상사가 해결못한 일을 자신이 성사시켜 신임을 얻게 된다. 수험생은 아는 문제도 놓칠 우려가 있으니 시간안배에 신경써야 할 것이다. 미혼의 청춘남녀라면 데이트 도중 다툼이 일어나 결별할 징조이니 자존심 상하게 하는 말을 삼가해야 할 것이다.

* 서로 목소리를 높이면서 말다툼을 벌인 꿈

윗 사람이나 스승을 만나 자신이 겪어보지 못한 인생 경험을 듣게 된다. 또는 먼 여행을 떠나 한동안 머물다오게 된다. 특히 사람소개를 하거나 보증을 서게되면 말썽이 생길 징조이니 유념해야 할 것이다.

* 자기와 타인이 서로 칼로 찌르는 꿈

피가나면 매사가 순조롭게 진행되고 안될 것이라고 생각한 일도 귀인이 나타나 도와주게 된다. 그러나 피가나지 않으면 흉몽이다. 특히 대형사고가 날 징조이니 먼 여행이나 자가운전은 하지않는 것이 좋으리라.

* 자신이 칼로 자살하는 꿈

임신부는 유산할 징조이니 무리한 운동을 삼가하고 먼 여행은 떠나지 않는 것이 좋으리라. 실업자는 근무조건이 좋은 직장을 얻게되고 직장인은 상사에게 칭찬을 받거나 먼 곳으로 출장을 떠나게되며 노총각이나 노처녀는 혼담이 들어올 징조이다.

* 적군을 맞아 여러 사람들을 거느리고 가서 싸운 꿈

빌려준 돈을 받거나 기다리던 곳에서 반가운 소식이 오게 된다. 또는 새로운 애인이나 친구를 소개받게 된다. 계획한 일이 순조롭게 진행되고 안될것이라 생각한 일도 귀인이 나타나 물심양면으로 도와주게 된다.

* 전쟁이 일어났는데 치열한 접전이 계속되면서 오랫동안 싸움이 계속된 꿈

걱정했던 일들이 현실로 나타나 한동안 마음 고생을 하게될 징조이다. 또는 사기를 당하거나 재물을 잃을 조짐이니 문서계약, 주식투자, 낙찰계, 확장, 신규사업, 금전거래, 연대보증, 어음할인 등을 하지 않는 것이 좋으리라.

* 전혀 모르는 사람과 심하게 말다툼을 한 꿈

친척이나 친구, 애인, 선배, 후배 또는 부부간에 사소한 일로 다툼이 일어나 결별할 징조이니 자존심 상하게 하는말을 삼가하고 오해받는 행동을 피해야 할 것이다. 직장인은 정리해고, 좌천, 감봉처분 등의 불이익을 당할 징조이니 맡은 바 일에 충실하면서 대인관계에 신경써야 할 것이다.

* 첩이나 부인에게 두들겨 맞는 꿈

흉몽이다. 도둑을 맞을 징조이니 소지품이나 귀중품보관에 신경써야 할 것이다. 또한 사기를 당하거나 재물을 잃을 조짐이니 주식투자, 연대보증, 낙찰계, 금전거래, 어음할인, 신규사업, 확장 등 하지않는 것이 좋으리라.

* 사람을 죽이는 꿈

걱정했던 일들이 말끔히 해소되고 생각지 않은 곳에서 선물이나 돈이 들어올 징조이다. 수험생은 기대 이상의 좋은 성적으로 합격을 하게되고 직장인은 월급이 오르거나 승진을 하게되며 사업가는 물심양면으로 도와줄 귀인을 만나게 된다. 실업자는 적성에도 맞고 월급도 많은 직장을 얻게 된다.

* 타인과 칼로 싸우는 꿈

직장을 옮기거나 이사를 하게 된다. 또는 새로운 일을 시작하거나 동업을 하게될 징조이다. 특히 친한 사람과 다툼이 일어날 조짐이니 자존심 상하게 하는말을 삼가하고 오해받는 행동을 피해야 할 것이다. 임신부는 유산할 징조이니 몸조심해야 한다.

* 타인에게 꾸지람을 당하는 꿈

직장인은 출장을 떠나게되고 수험생은 아슬아슬하게 합격을 하며 노총각, 노처녀는 맞선을 보거나 약혼을 하게 된다. 특히 오랫동안 만나지 못했던 친척이나 친구, 애인 또는 스승을 만나 정담을 나누게 된다.

* 타인에게 칼로 목을 베이는 꿈

윗 사람이나 친구 또는 부부간에 사소한 일로 다툼이 일어나 결별할 징조이니 지나친 농담을 삼가하고 오해받는 행동을 피해야 할 것이다. 또한 금전운이 쇠퇴할 조짐이니 주식투자, 금전거래, 동업, 신규 사업, 확장 등은 하지않는 것이 좋으리라.

* 타인을 칼로 베어서 피가 자신의 옷을 물들이는 꿈

빌려준 돈을 받거나 기다리던 곳에서 반가운 소식이 올 징조이다. 수험생은 기대 이상의 좋은 성적으로 합격을 하게되고 직장인은 평소에 원하던 부서로 승진을 하게되며 사업가는 어렵던 일이 귀인을 만나 쉽게 해결 된다. 노총각, 노처녀는 애타게 기다리는 이상형의 배우자를 만나 결혼을 하게 된다.

* 형제간에 서로 때리고 싸우는 꿈

직장인은 현재 다니고 있는 회사를 계속다닐 것인지 그만둘 것인지 고민을 하게되고 사업가는 두 거래처를 놓고 어느쪽을 잡아야 유리한지 저울질하느라 고민을 하게 되며 미혼자는 세명의 애인을 놓고 진정한 나의 배필은 누구인가 마음의 결정을 내리지 못해 고민할 징조이다.

* 흉악해 보이는 강도와 맞서 싸운 꿈

미혼여성은 강간을 당할 징조이니 각별히 몸가짐에 주의해야 할 것이다. 특히 자신의 비밀이 탄로나거나 누명을 쓰게 될 징조이다. 직장인은 정리해고, 좌천 또는 감봉처분등의 불이익을 당할 징조이니 맡은 바 일에 충실하면서 대인관계에 신경써야 한다.

제 26 장

형벌에 관한 꿈

* 감옥에 들어가 매를 맞는 꿈

연예인, 소설가, 작가, 문학가, 시인 등은 자신의 작품이 세상에 널리 알려지게 된다. 직장인은 이동수가 있으며 사업가는 어렵던 일이 귀인을 만나 쉽게 해결 된다. 특히 재물운이 좋은 꿈이다. 다만 미혼여성은 강간을 당할 징조이니 몸조심해야 할 것이다.

* 감옥을 탈출하는 꿈

사고가 날 징조이니 먼 여행이나 자가운전은 하지 않는 것이 좋으리라. 또한 재물을 잃을 징조이니 주식투자, 금전거래, 낙찰계, 어음할인, 신규사업, 확장 등은 하지않는 것이 좋으리라. 특히 이사를 하거나 직장을 옮기게 된다.

* 도둑질하다 붙잡혀 감옥에 들어가는 꿈

재물을 잃을 징조이니 주식투자, 금전거래, 낙찰계, 연대보증, 동업, 어음할인, 확장 등은 하지않는 것이 좋으리라. 또한 대형사고가 날 징조이니 먼 여행이나 자가운전은 하지않는 것이 좋으리라.

* 목에 올가미 줄이 내려오는 꿈

임신부는 유산할 징조이니 무리한 운동을 삼가하고 먼 여행은 떠나지 않는 것이 좋으리라. 수험생은 턱걸이 운세이니 남들보다 두배이상은 노력을 해야 좋은 결과를 얻게 된다. 이 꿈은 오랫동안 만나지 못했던 친척이나 친구 또는 애인을 만나 정담을 나누는 꿈이다.

* 목이 단두대에 짤리고 주변에 피가 흥건이 괸 꿈

길몽이다. 계획한 일이 순조롭게 진행되고 안될 것이라고 생각한 일도 귀인이 나타나 물심양면으로 도와주게 된다. 세를 들어사는 사람이라면 멀지않아 내집 장만을 하게되고 수험생은 수석이나 차석으로 합격을 하게되며 직장인은 많은 사람을 거느리는 부서로 승진을 하게 된다.

* 사형선고를 받고 죽는 꿈

길몽이다. 환자는 좋은 의사를 만나 건강을 되찾게 되고 수험생은 기대 이상의 좋은 성적으로 합격을 하게되며 직장인은 평소에 원하던 부서로 승진을 하게 된다. 또한 실업자는 근무조건이 좋은 직장을 얻게되고 사업가는 많은 매상을 올려줄 거래처를 잡게되며 노총각, 노처녀는 애타게 기다리던 이상형의 배우자를 만나 결혼을 하게 된다.

* 사형수의 시체를 해부하는 꿈

아파트 추첨에 당첨되거나 사놓은 물건의 값이 많이 올라 큰 이익을 안겨주게 된다. 노총각이나 노처녀는 애타게 기다리던 이상형의 배우자를 만나 결혼을 하게되고 직장인은 평소에 원하던 부서로 승진을 하게되며 실업자는 월급이 많고 적성에도 맞는 직장을 얻게 된다. 다만 임신부는 유산할 징조이니 각별히 몸조심해야 할 것이다.

* 사형을 당하기 직전에 구조된 꿈

사업가는 귀인의 도움으로 자금난에서 벗어나게 되고 직장인은 월급이 오르거나 승진을 하게되며 실업자는 월급이 많고 적성에도 맞는 직장을 얻게 된다. 환자라면 좋은 의사를 만나 건강을 되찾게 된다.

* 사형을 언도받거나 사형당할 처지에 놓인 꿈

걱정했던 일들이 말끔히 해소되고 계획한 일들이 술술 풀려나가게 된다. 환자라면 좋은의사를 만나 건강을 되찾게되고 직장인은 많은 사람을 거느리는 부서로 승진을 하게되며 실업자는 월급이 많고 적성에도 맞는 직장을 얻게 된다. 또한 노총각, 노처녀는 이상형의 배우자를 만나 결혼을 하게 된다.

* 판사가 되어 타인에게 사형선고를 내리는 꿈

흉몽이다 사기를 당하거나 재물을 잃을 징조이니 금전거래, 주식투자, 낙찰계, 어음할인, 신규사업, 확장, 동업 등은 하지않는 것이 좋으리라. 또한 대형사고가 날 조짐이니 먼 여행을 떠나거나 자가운전은 하지 않는 것이 좋으리라.

* 포승줄로 묶이는 꿈

걱정했던 일들이 현실로 나타나거나 자신의 건강에 이상이 생겨 병원을 출입하게 될 징조이다. 특히 직장을 옮기게 되거나 이사를 하게된다. 다만 신규사업을 하려는 분은 좀더 때를 기다리는 것이 좋으며 확장을 하려는 분은 보류하는 것이 좋으리라.

제 27 장

도둑에 관한 꿈

* 귀중품이나 아끼는 소지품, 서류를 도난당한 꿈

기다리던 곳에서 반가운 소식이 오거나 생각지 않은 곳에서 선물이나 재물이 들어오게 된다. 수험생은 아슬아슬하게 합격을 하게되고 직장인은 출장을 떠나거나 상사에게 칭찬을 받게되며 사업가는 계약 성사로 인해 사업에 활기를 띄게 된다.

* 남의 집에 들어가 도둑질하는 꿈

계획한 일이 경제적인 어려움으로 인해 지연되거나 포기될 조짐이다. 혹은 자신의 비밀이 탄로나거나 명예롭지 못한일에 자신의 이름이 거론될 징조이다. 특히 사고가 날 조짐이니 먼 여행이나 자가운전은 하지않는 것이 좋으며 임신부는 유산할 징조이니 각별히 몸조심해야 할 것이다.

* 도둑과 함께 걸어가는 꿈

윗 사람이나 스승을 만나 자신이 겪어보지 못한 인생 경험을 듣게 된다. 또한 오랫동안 만나지 못했던 친척이나 친구, 애인 또는 후배를 만나 정담을 나누게 된다. 다만 구설수가 따르니 자신의 신상에 관한 일들을 미주알, 고주알 털어놓지 말고 되도록 듣는 입장이 되는 것이 좋으리라.

* 도둑을 뒤쫓아가거나 감시한 꿈

오랫동안 만나지 못했던 친척이나 친구, 선배, 후배 또는 애인에게서 전화가 오거나 직접 만나서 회포를 풀게 된다. 또한 먼 여행을 떠나 한동안 머물다오게 된다. 특별히 좋은 꿈은 아니니 투자는 보류하는 것이 좋으리라. 임신부가 이 꿈을 꾸었다면 유산할 징조이니 무리한 운동을 삼가하고 먼 여행은 떠나지 않는 것이 좋으리라.

* 서랍이나 금고에 넣어둔 보석이나 패물을 도난당한 꿈

미혼여성은 강간을 당할 징조이니 각별히 몸가짐에 주의해야 할 것이다. 또한 친척이나 친구, 애인 또는 부부간에 사소한 일로 다툼이 일어나 결별할 징조이니 자존심 상하게 하는 말을 삼가하고 오해받는 행동을 피해야 할 것이다. 직장인은 정리해고, 좌천, 감봉처분 등의 불이익을 당할 징조이니 맡은 바 일에 충실하면서 대인관계에 신경써야 할 것이다.

* 여러명의 도둑을 한사람씩 차례대로 때려 죽인 꿈

실업자는 월급이 많고 적성에도 맞는 직장을 얻게되고 직장인은 동료나 상사가 해결못한 일을 자신이 성사시켜 신임을 얻게되며 사업가는 매상을 많이 올려줄 거래처를 잡게 된다. 수험생은 기대 이상의 좋은 성적으로 합격을 하게 된다.

* 집에 강도가 들어오는 꿈

화재수가 있으니 각별히 불조심해야 할 것이다. 또한 재물을 잃을 징조이니 주식투자, 낙찰계, 보증, 금전거래, 신규사업, 확장, 동업, 어음할인 등은 하지않는 것이 좋으리라. 특히 강도가 들어와 자신의 목을 조르게 되면 대형사고가 날 징조이니 먼 여행이나 자가운전은 하지않는 것이 좋으리라.

* 집에 도둑이 들어와 물건을 전부 가져간 꿈

관재 또는 구설이 따르는 꿈이니 남의 신상에 관한 일들은 일절 말하지 않는 것이 좋으리라. 또한 사람소개를 하거나 금전거래를 하게 되면 말썽이 생길 징조이니 유념해야 할 것이다. 특히 임신부는 유산할 조짐이니 무리한 운동을 삼가하고 먼 여행은 떠나지 않는 것이 좋으리라.

* 집에 도둑이 들어와 옷만 가져간 꿈

사기를 당하거나 재물을 잃을 징조이니 신규사업, 확장, 주식투자, 금전대여, 낙찰계, 어음할인, 보증, 동업 등은 하지않는 것이 좋으리라. 또한 화재수가 있으니 각별히 불조심해야 할 것이다. 다만 환자가 이 꿈을 꾸었다면 좋은 의사를 만나 건강을 되찾게 된다.

* 휴대품을 도둑맞은 꿈

송사수가 있으니 금전대여, 연대보증, 낙찰계, 동업, 어음할인, 사람소개 등은 하지않는 것이 좋으리라. 또한 대형사고가 날 조짐이니 먼 여행이나 자가운전은 하지 않는 것이 좋으리라. 특히 임신부는 유산할 징조이니 무리한 운동을 삼가하고 먼 여행은 떠나지 않는 것이 좋으리라.

제 28 장

배설물에 관한 꿈

* 검고 푸르스름한 빛깔을 띤 대변을 본 꿈

감기 몸살을 앓거나 질병을 얻게될 조짐이니 건강관리에 신경써야 할 것이다. 또한 사기를 당하거나 재물을 잃을 조짐이니 금전대여, 주식투자, 연대보증, 낙찰계, 신규사업, 확장, 동업 등은 하지않는 것이 좋으리라. 임신부는 유산할 징조이니 무리한 운동을 삼가하고 먼 여행은 떠나지 않는 것이 좋으리라.

* 누런똥을 손으로 주물럭거리거나 밟은 꿈

기다리던 곳에서 반가운 소식이 오거나 생각지 않은 곳에서 선물이나 목돈이 들어올 징조이다. 또는 아파트 추첨에 당첨되거나 빌려준 돈을 받게 된다. 연예인, 시인, 소설가, 작가, 화가 등은 자신의 이름이 세상에 널리 알려지게 된다. 누구에게나 행운을 예고하는 길몽이다.

* 누런대변이 변기를 가득메운 꿈

빌려준 돈을 받거나 기다리던 곳에서 반가운 소식이 올 징조이다. 또는 아파트 추첨이 당첨되거나 오랫동안 끌어오던 일이 해결 된다. 실업자는 근무조건이 좋은 직장을 얻게되고 직장인은 월급이 오르거나 승진을 하게되며 사업가는 매상을 많이 올려줄 거래처를 잡게 된다.

* 똥물이나 똥을 뒤집어 쓴 꿈

직장인은 월급이 오르거나 승진을 하게되고 실업자는 근무조건이 좋은 직장을 얻게되며 사업가는 매상을 많이 올려줄 거래처를 잡게 된다. 수험생은 기대 이상의 좋은 성적으로 합격을 하게되고 미혼의 청춘남녀라면 평소에 원하던 이상형의 배우자를 만나 결혼을 하게 된다.

* 똥이 자신의 옷이나 몸에 묻어 더러워진 꿈

걱정했던 일들이 말끔히 해소되고 생각지 않은 곳에서 선물이나 돈이 들어오게 된다. 또는 기다리던 곳에서 반가운 소식이 오거나 아파트 추첨에 당첨 된다. 노총각, 노처녀는 평소에 원하던 이상형의 배우자를 만나 결혼을 하게 된다. 다만 구설수가 있으니 각별히 말조심해야 할 것이다.

* 마당이나 들판에 똥, 오줌이 가득한 꿈

대 길몽이다. 행운, 명예 또는 큰 재물이 들어올 징조이다. 직장인은 많은 사람을 거느리는 부서로 승진을 하게되고 실업자는 월급이 많고 적성에도 맞는 직장을 얻게되며 수험생은 수석이나 차석으로 합격을 하게 된다. 연예인은 광고계약을 맺게되고 노총각, 노처녀는 애타게 기다리던 이상형의 배우자를 만나 결혼을 하게되며 환자는 병이 완쾌된다.

* 변기통 속에 빠져서 나오지 못하는 꿈

흉몽이다. 대형사고가 날 징조이니 먼 여행을 떠나거나 자가운전은 하지않는 것이 좋으리라. 또한 사기를 당하거나 재물을 잃을 징조이니 주식투자, 금전대여, 낙찰계, 연대보증, 신규사업, 확장, 동업 등은 하지않는 것이 좋으리라. 특히 임신부는 유산할 징조이니 무리한 운동을 삼가하고 먼 여행은 떠나지 않는 것이 좋으리라.

* 변기통에 빠졌으나 나온 꿈

아파트 추첨에 당첨되거나 생각지 않은 곳에서 목돈이 들어올 징조이다. 또는 기다리던 곳에서 반가운 소식이 오거나 빌려준 돈을 받게된다. 실업자는 월급이 많고 적성에도 맞는 직장을 얻게되고 직장인은 평소에 원하던 부서로 옮기게 되며 사업가는 물심양면으로 도와줄 귀인을 만나게 된다.

* 변소에 빠져서 온몸에 똥이 묻은 꿈

걱정했던 일들이 말끔히 해소되고 기다리던 곳에서 반가운 소식이 올 징조이다. 또한 사놓은 물건이 값이 많이 올라 큰 이익을 안겨주게 된다. 직장인은 월급이 오르거나 부수입이 있는 부서로 옮기게 되고 사업가는 물심양면으로 도와줄 귀인을 만나게 된다. 환자는 좋은 의사를 만나 건강을 되찾게 된다.

* 솥단지 아래에 들어가 대변을 본 꿈

사기를 당하거나 재물을 잃을 징조이니 보증을 서거나 주식투자, 금전대여, 낙찰계, 신규사업, 확장, 동업, 어음할인 등은 하지않는 것이 좋으리라. 또한 사고가 날 징조이니 먼 여행을 떠나거나 자가운전은 하지않는 것이 좋으리라. 특히 임신부는 유산할 징조이니 각별히 몸조심해야 할 것이다.

* 자신의 대소변을 도둑맞거나 갑자기 없어진 꿈

재산을 탕진할 징조이니 보증을 서거나 금전대여, 신규사업, 확장, 낙찰계, 어음할인, 동업 등은 하지않는 것이 좋으리라. 또한 대형사고가 날 징조이니 먼 여행을 떠나거나 자가운전은 하지않는 것이 좋으리라. 임신부는 유산할 징조이니 각별히 몸조심해야 할 것이다.

제 29 장

애락병사(哀樂病死)에 관한 꿈

* 갓난애를 죽인 꿈

빌려준 돈을 받거나 기다리던 곳에서 반가운 소식이 오게 된다. 또는 사놓은 부동산이나 주식 또는 채권이 값이 많이 올라 큰 이익을 안겨주게 된다. 연예인이나 소설가, 작가, 시인, 화가, 서예가 등은 자신의 이름이 세상에 널리 알려지게 된다.

* 고향의 부모님이 돌아가셨다는 소식을 들은 꿈

사업가는 부도를 맞을 징조이니 신용이 좋은 거래처라도 외상대금에 신경써야 하고 직장인은 정리해고, 좌천, 감봉처분 등의 불이익을 당할 징조이니 맡은 바 일에 충실하면서 대인관계에 신경써야 할 것이다.

* 남에게 살해당하는 꿈

길몽이다. 사놓은 부동산이나 주식이 값이 많이 올라 큰 이익을 안겨주게 된다. 또는 걱정했던 일들이 말끔히 해소되거나 기다리던 곳에서 반가운 소식이 오게 된다. 다만 임신부는 유산할 징조이니 무리한 운동을 삼가하고 먼 여행은 떠나지 않는 것이 좋으리라.

* 돌아가신 부모님이나 가족, 친척 분이 슬피 운 꿈

정리해고, 좌천, 감봉처분 등의 불이익을 당할 징조이니 직장인은 맡은 바 일에 충실하면서 대인관계에 신경써야 할 것이다. 사업가는 부도를 맞을 징조이니 신용이 좋은 거래처라도 외상대금에 신경써야 할 것이다. 특히 가족중에 누군가가 건강에 이상이 생겨 병원출입을 하게될 징조이다.

* 돌아가신 부모님이 나타난 꿈

감기 몸살을 앓거나 질병을 얻게될 징조이니 각별히 건강관리에 신경써야 할 것이다. 또한 사기를 당하거나 재물을 잃을 징조이니 보증을 서거나 주식투자, 금전대여, 낙찰계, 동업, 확장, 신규사업, 어음할인 등은 하지않는 것이 좋으리라.

* 땅을 치면서 슬피 울었던 꿈

수험생은 기대 이상의 좋은 성적으로 합격을 하게되고 직장인은 평소에 원하던 부서로 승진을 하게되며 실업자는 근무조건이 좋은 직장을 얻게 된다. 사업가는 매상을 많이 올려줄 거래처를 잡게되고 노총각, 노처녀는 맞선을 보거나 약혼을 하게 된다.

* 몸에 병이 있어 치료를 위해 약을 먹은 꿈

수험생은 기대 이상의 좋은 성적으로 합격을 하게되고 실업자는 근무조건이 좋은 직장을 얻게되며 직장인은 월급이 오르거나 승진을 하게 된다. 사업가는 물심양면으로 도와줄 귀인을 만나게 되고 환자는 좋은 의사를 만나 건강을 되찾게 된다. 다만 임신부는 유산할 징조이니 무리한 운동을 삼가하고 먼 여행은 떠나지 않는 것이 좋으리라.

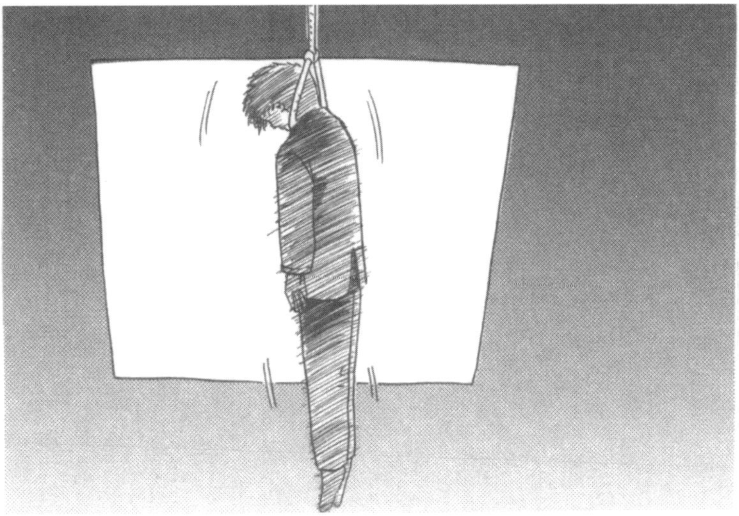

* 목을 매달아 죽는 꿈

수험생은 기대 이상의 좋은 성적으로 합격을 하게되고 직장인은 월급이 오르거나 승진을 하게되며 실업자는 근무조건이 좋은 직장을 얻게된다. 환자는 좋은 의사를 만나 병이 완쾌 된다. 재물운도 좋고 매사가 순조로운 길몽이다.

* 병자가 약을 먹는 꿈

환자는 좋은 의사를 만나 건강을 되찾게 되고 사업가는 물심양면으로 도와줄 귀인을 만나게 되며 실업자는 월급이 많고 적성에도 맞는 직장을 얻게 된다. 미혼의 청춘남녀라면 맞선을 보거나 약혼을 하게 되고 직장인은 동료나 상사가 해결못한 일을 자신이 성사시켜 신임을 얻게 된다.

* 부모님이나 친척어른의 임종을 지켜본 꿈

사놓은 부동산이나 주식 또는 채권등의 값이 많이 올라 큰 이익을 안겨주게 된다. 또는 기다리던 곳에서 반가운 소식이 오거나 생각지 않은 곳에서 선물이 들어오게 된다. 사업가는 자금난에서 벗어나게 되고 사업이 날로 번창하게 된다.

* 사람을 죽이고 나서 속시원하게 느낀 꿈

직장인은 월급이 오르거나 승진을 하게되고 실업자는 근무조건이 좋은 직장을 얻게되며 수험생은 기대 이상의 좋은 성적으로 합격을 하게된다. 사업가는 물심양면으로 도와줄 귀인을 만나게 된다. 미혼자는 맞선을 보거나 약혼을 하게 된다.

* 사람을 죽인 후 다른 사람들에게 정당방위를 주장한 꿈

자신의 비밀이 탄로나거나 근거없는 구설수에 휘말려 한동안 마음고생을 하게 된다. 또는 이사를 하거나 직장을 옮기게 된다. 특히 재물운이 쇠퇴할 징조이니 신규사업, 확장, 주식투자, 동업, 어음할인, 낙찰계, 연대보증, 금전거래 등은 하지 않는 것이 좋으리라.

* 사람을 해치려고 시도하지만 끝내 죽지않은 꿈

계획한 일이 순조롭게 진행되고 안될 것이라고 생각한 일도 귀인이 나타나 물심양면으로 도와주게 된다. 혹은 가정에 경사가 있거나 빌려준 돈을 받게 된다.

* 사람이 죽는 것을 본 꿈

실업자는 월급이 많고 적성에도 맞는 직장을 얻게되고 수험생은 기대 이상의 좋은 성적으로 합격을 하게되며 사업가는 물심양면으로 도와줄 귀인을 만나게 된다. 환자는 좋은 의사를 만나 건강을 되찾게 되고 직장인은 더 좋은 직장으로 이동을 하게 된다.

* 소나 돼지를 죽인 꿈

윗 사람이나 스승 또는 선배를 만나 자신이 겪어 보지못한 인생 경험을 듣게 된다. 또는 먼 여행을 떠나 한동안 머물다 오게된다. 임신부는 유산할 징조이니 무리한 운동을 삼가하고 먼 여행은 떠나지 않는 것이 좋으리라.

* 손이나 발에서 피고름이 나는 꿈

기다리던 곳에서 반가운 소식이 오거나 생각지 않은 곳에서 돈이 들어올 징조이다. 또는 오랫동안 만나지 못했던 친척이나 친구 또는 애인을 만나 정담을 나누게 된다. 환자는 좋은 의사를 만나 건강을 되찾게 된다.

* 손뼉을 치며 노래하고 춤을 추는 꿈

건강에 이상이 생겨 병원을 출입하게 될 징조이다. 또는 사기를 당하거나 재물을 잃을 조짐이니 주식투자, 금전대여, 낙찰계, 어음할인, 신규사업, 확장, 동업 등은 하지 않는 것이 좋으리라. 특히 임신부는 유산할 징조이니 각별히 몸조심해야 할 것이다.

* 시체를 목욕시키는 꿈

기다리던 곳에서 반가운 소식이 오거나 생각지 않은 곳에서 선물이나 돈이 들어올 징조이다. 혹은 직장을 옮기거나 이사를 하게 된다. 환자는 좋은 의사를 만나 건강을 되찾게 되고 미혼의 청춘남녀라면 평소에 원하는 이상형의 배우자를 만나 결혼을 하게 된다.

* 심장에 칼을 맞고 죽은 꿈

직장을 옮기거나 이사를 하게 된다. 또는 새로운 일을 시작하거나 누군가와 동업을 하게될 징조이다. 특히 건강에 이상이 생길 징조이니 몸관리에 신경써야 할 것이다. 임신부는 유산할 조짐이니 무리한 운동을 삼가하고 먼 여행은 떠나지 않는 것이 좋으리라.

* 얼굴에 종기가 많이 나거나 피부병을 앓는 꿈

길몽이다. 기다리던 곳에서 반가운 소식이 오거나 생각지 않은 곳에서 목돈이 들어올 징조이다. 또는 사놓은 부동산이나 주식의 값이 많이 올라 큰 이익을 안겨주게 된다. 직장인은 승진을 하게되고 실업자는 직장을 얻게되며 이혼녀는 부잣집으로 시집을 가게 된다.

* 여러사람과 함께 울고 있는 꿈

사업가는 귀인의 도움으로 어렵던 일이 쉽게 해결되고 직장인은 월급이 오르거나 부수입이 있는 부서로 옮기게 되며 실업자는 근무조건이 좋은 직장을 얻게 된다. 소설가, 작가, 문학가, 시인, 연예인 등은 자신의 이름이 세상에 널리 알려지게 된다.

* 자신을 죽이려고 덤벼든 사람을 통쾌하게 죽인 꿈

수험생은 기대 이상의 좋은 성적으로 합격을 하게되고 직장인은 평소에 원하던 부서로 승진을 하게되며 사업가는 물심양면으로 도와줄 귀인을 만나게 된다. 실업자는 자신의 능력을 마음껏 발휘할 직장을 얻게 된다.

* 자신의 목을 누군가가 졸라서 졸도한 꿈

도둑을 맞을 조짐이니 소지품이나 귀중품 보관에 신경써야 할 것이다. 또한 재물을 잃거나 송사수가 있으니 문서계약, 연대보증, 주식투자, 금전거래, 낙찰계, 신규사업, 확장, 동업 등은 하지않는 것이 좋으리라.

* 자신의 차에 사람이 받쳐 사망한 꿈

직장인은 월급이 오르거나 승진을 하게되고 수험생은 기대 이상의 좋은 성적으로 합격을 하게되며 실업자는 근무조건이 좋은 직장을 얻게 된다. 사업가는 매상을 많이 올려줄 거래처를 잡거나 자금난에서 벗어나게 된다. 다만 구설수가 있으니 말조심해야 할 것이다.

* 자신이 죽인 사람이 살아나서 자신을 쫓아다닌 꿈

사기를 당하거나 재물을 잃을 징조이니 주식투자, 금전대여, 연대보증, 신규사업, 확장, 동업, 낙찰계, 어음할인 등은 하지 않는 것이 좋으리라. 또한 대형사고가 날 조짐이니 먼 여행을 떠나거나 자가운전은 하지않는 것이 좋으리라.

* 자신이 혼자 울고 있는 꿈

감기 몸살을 앓거나 질병을 얻게될 징조이니 건강관리에 신경써야 할 것이다. 또한 매사가 잘되어 가는듯 하다가도 꼬일 조짐이니 계획을 크게 잡지말고 축소하는 것이 좋으리라. 특히 대형사고가 날 조짐이니 먼 여행을 떠나거나 자가운전은 하지 않는 것이 좋으리라.

* 장례식을 보는 꿈

노총각, 노처녀는 평소에 원하던 이상형의 배우자를 만나 결혼을 하게되고 직장인은 더 좋은 직장으로 이동을 하게되며 수험생은 기대 이상의 좋은 성적으로 합격을 하게 된다. 실업자는 대우가 좋은 직장을 얻게 된다. 매사가 순조로우니 적극적으로 행동하면 더 좋은 결과를 얻게되는 꿈이다.

* 절친한 친구를 죽인 꿈

수험생은 기대 이상의 좋은 성적으로 합격을 하게되고 직장인은 월급이 오르거나 승진을 하게되며 실업자는 월급이 많고 적성에도 맞는 직장을 얻게 된다. 사업가는 물심양면으로 도와줄 귀인을 만나게 되고 미혼자는 맞선을 보거나 약혼을 하게 된다.

* 죽은 사람과 대화를 나누는 꿈

사놓은 부동산이나 주식이 값이 많이 올라 큰 이익을 안겨주게 된다. 또는 빌려준 돈을 받거나 기다리던 곳에서 기쁜 소식이 온다. 사업가는 매상을 많이 올려줄 거래처를 잡게되고 미혼자는 혼담이 들어오게 되며 직장인은 더 좋은 곳으로 이동을 하게 된다.

* 죽은 사람과 함께 음식을 먹는 꿈

수험생은 기대 이상의 좋은 성적으로 합격을 하게되고 직장인은 평소에 원하던 부서로 승진을 하게되며 사업가는 물심양면으로 도와줄 귀인을 만나게 된다. 노총각, 노처녀는 평소에 원하던 이상형의 배우자를 만나 결혼을 하게 된다. 다만 임신부는 유산할 징조이니 무리한 운동을 삼가하고 먼 여행은 떠나지 않는 것이 좋으리라.

* 죽은 사람을 껴안고 우는 꿈

사기를 당하거나 재물을 잃을 징조이니 금전거래, 주식투자, 신규사업, 확장, 낙찰계, 연대보증, 동업등은 하지 않는 것이 좋으리라. 또한 대형사고가 날 징조이니 먼 여행을 떠나거나 자가운전은 하지않는 것이 좋으리라.

* 죽은 사람을 앞에 두고 서럽게 흐느낀 꿈

건강에 이상이 생겨 병원을 출입하게 될 징조이다. 또는 사기를 당하거나 재물을 잃을 징조이니 보증을 서거나 금전거래, 주식투자, 낙찰계, 신규사업, 확장, 어음할인, 사람소개 등은 하지 않는 것이 좋으리라.

* 죽은 사람의 영전에 조상하는 꿈

실업자는 월급이 많고 적성에도 맞는 직장을 얻게되고 직장인은 승진을 하게되며 사업가는 매상을 많이 올려줄 거래처를 잡게 된다. 또한 빌려준 돈을 받거나 복권당첨 또는 아파트 추첨에 당첨 된다.

* 죽은 사람이 말없이 웃는 꿈

환자는 좋은 의사를 만나 건강을 되찾게 되고 수험생은 좋은 성적으로 합격을 하게되며 직장인은 평소에 원하던 부서로 승진을 하게 된다. 실업자는 근무조건이 좋은 직장을 얻게되고 노총각, 노처녀는 혼담이 들어오게 된다. 다만 임신부는 유산할 징조이니 무리한 운동을 삼가하고 먼 여행은 떠나지 않는 것이 좋으리라.

* 죽은 사람이 벌떡 일어나 걸어다닌 꿈

이성문제로 망신을 당할 징조이니 맺고 끊는 것을 분명히 하고 오해받을 행동을 피해야 할 것이다. 또한 구설수에 휘말릴 징조이니 당신의 신상에 관한 일 또는 가정에 관한 일들을 절친한 사이라도 함부로 말하지 말라. 특히 임신부는 유산할 징조이니 각별히 몸조심해야 할 것이다.

* 죽은 사람이 살아나서 말을 한 꿈

근거없는 구설수에 휘말려 한동안 마음고생을 하게 된다. 또는 자신의 비밀이 탄로나거나 명예롭지 못한 일에 자신의 이름이 거론 된다. 임신부는 유산할 징조이니 무리한 운동을 삼가하고 먼 여행은 떠나지 않는 것이 좋으리라.

* 죽은 사람이 자신을 쫓아 오는 꿈

배신을 당하거나 재물을 잃을 징조이니 계획을 크게 잡지말고 축소하는 것이 좋으리라. 또한 보증을 서거나 주식투자, 금전대여, 낙찰계, 어음할인, 동업, 확장, 신규사업 등은 하지 않는 것이 좋으리라. 임신부는 유산할 조짐이니 각별히 몸조심해야 할 것이다.

* 중병을 앓는 환자가 뛰어다니는 꿈

흉몽이다. 매사가 잘되어가는 듯 하다가도 꼬일 징조이니 계획을 크게 잡지말고 축소하는 것이 좋으리라. 직장인은 정리해고, 좌천, 감봉처분 등의 불이익을 당할 징조이니 맡은 바 일에 충실하면서 대인관계에 신경써야 할 것이다. 오랫동안 병석에 누워있는 분이 이 꿈을 꾸었다면 삶이 얼마남지 않았음을 예고하는 흉몽이다.

* 칼이나 흉기에 찔려 피를 흘리는 꿈

빌려준 돈을 받거나 기다리던 곳에서 반가운 소식이 오게 된다. 또는 생각지 않은 곳에서 선물이 들어오거나 복권 또는 아파트 추첨에 당첨 된다. 계획한 일이 순조롭게 진행되고 안될 것이라고 생각한 일도 귀인이 나타나 물심양면으로 도와주게 되는 길몽이다.

* 타인의 차에 받쳐 죽임을 당한 꿈

걱정했던 일들이 말끔히 해소되고 기다리던 곳에서 반가운 소식이 오게 된다. 또는 사놓은 부동산이나 주식 또는 채권 등이 값이 많이 올라 큰 이익을 안겨주게 된다. 직장인은 많은 사람을 거느리는 부서로 승진을 하게되고 실업자는 기다리는 곳에서 반가운 소식이 오게된다. 다만 임신부는 유산할 징조이니 각별히 몸조심해야 할 것이다.

* 피리불고 장구를 치며 노는 꿈

계획한 일이 순조롭게 진행되고 안될 것이라고 생각한 일도 귀인이 나타나 도와주게 된다. 또는 기다리던 곳에서 반가운 소식이 오거나 빌려준 돈을 받게 된다. 실업자는 적성에 맞는 직장을 얻게되고 직장인은 월급이 오르거나 부수입이 있는 부서로 옮기게 된다. 다만 구설수가 있으니 각별히 말조심해야 할 것이다.

제 30 장

만남과 이별에 관한 꿈

* 거적을 깔고 앉아 손님들과 대화하는 꿈

형제간에 유산이나 재산상속에 대해 다툼이 일어나거나 친구, 애인 또는 부부간에 다툼이 일어나 결별할 징조이니 자존심 상하게 하는 말을 삼가하고 오해받는 행동을 피해야 할 것이다. 임신부는 유산할 징조이니 무리한 운동을 삼가하고 먼 여행은 떠나지 않는 것이 좋으리라.

* 거지를 만나는 꿈

오랫동안 만나지 못했던 스승이나 친척, 친구, 선배, 후배 또는 애인을 만나 정담을 나누게 된다. 또는 이사를 하거나 직장을 옮기게 된다. 다만 구설과 관재가 있을 징조이니 각별히 말조심해야 할 것이다. 임신부는 유산할 징조이니 몸조심해야 할 것이다.

* 경찰이 나타나 자신을 연행하는 꿈

친척이나 친구가 큰병을 얻거나 운명할 징조이다. 또는 본인이 건강에 이상이 생겨 병원을 출입하게 될 조짐이니 몸관리에 신경써야 할 것이다. 또한 사기를 당하거나 재물을 잃을 징조이니 주식투자, 금전거래, 낙찰계, 신규사업, 확장, 동업 등은 좀더 보류하는 것이 좋으리라.

* 고인이 되신 부모님이나 조상중의 누군가가 나타나 자신을 보고 조용히 웃고 있는 꿈

건강에 이상이 생겨 병원을 출입하게될 징조이다. 또는 정리해고, 좌천, 감봉처분 등의 불이익을 당할 징조이니 회사원이나 공무원은 맡은 바 일에 충실하면서 대인관계에 신경써야 하며 임신부는 유산할 징조이니 무리한 운동을 삼가하고 먼 여행은 떠나지 않는 것이 좋으리라.

* 고향에 계신 부모나 돌아가신 부모가 나타나는 꿈

구설수에 휘말려 한동안 마음 고생을 하거나 건경에 이상이 생겨 병원을 출입하게 될 징조이다. 또는 사기를 당하거나 재산을 탕진할 조짐이니 보증을 서거나 주식투자, 금전대여, 낙찰계, 신규사업, 확장, 동업, 어음할인, 사람소개 등은 하지않는 것이 좋으리라. 임신부는 유산할 징조이니 무리한 운동을 삼가하고 먼 여행은 떠나지 않는 것이 좋으리라.

* 곤란한 상황에 처했을 때 자신을 도와주는 사람이 나타난 꿈

실업자는 근무조건이 좋은 직장을 얻게되고 직장인은 월급이 오르거나 승진을 하게되며 수험생은 아슬아슬하게 합격을 하게 된다. 사업가는 물심양면으로 도와줄 귀인을 만나게 되고 환자는 좋은 의사를 만나 건강을 되찾게 된다.

* 군인이나 제복을 입은 사람이 자신의 어깨에 견장을 달거나 훈장을 주는 꿈

사놓은 부동산이나 주식 또는 채권이 값이 많이 올라 큰 이익을 안겨주게 된다. 또는 기다리던 곳에서 반가운 소식이 오거나 빌려준 돈을 받게 된다. 직장인은 월급이 오르거나 승진을 하게되고 미혼의 청춘남녀라면 맞선을 보거나 결혼을 하게 된다.

* 깡패와 대화를 나누는 꿈

흉허물없는 사람과 사소한 일로 다툼이 일어나 결별할 징조이니 지나친 농담을 삼가하고 오해받는 행동을 피해야 할 것이다. 또한 매사가 잘되어가는 듯 하다가도 꼬일 조짐이니 계획을 크게 잡지말고 축소하는 것이 좋으리라. 수험생은 아는 문제도 놓칠 징조이니 시간안배에 신경써야 할 것이다.

* 남이 자기를 품에 껴안는 꿈

보증이나 금전문제로 친척이나 친구 또는 주변 사람들에게 청탁을 하게 된다. 또는 이사를 하거나 직장을 옮기게 될 징조이다. 이혼녀는 부잣집으로 시집을 가게 된다. 다만 사업가는 부도를 맞을 징조이니 신용이 좋은 거래처라도 외상대금에 신경써야 할 것이다.

* 높은 산꼭대기나 빌딩, 단상에 올라 대중을 상대로 연설한 꿈

연예인이나 작가, 소설가, 시인, 문학가, 화가, 서예가 등은 자신의 작품이 세상에 널리 알려지게 된다. 직장인은 동료나 상사가 해결못한 일을 자신이 성사시켜 특진을 하게되고 실업자는 자신의 능력을 마음껏 발휘할 직장을 얻게 된다. 매사가 순조롭고 재물운이 좋은 길몽이다.

* 누군가가 열쇠나 자물쇠를 주는 꿈

복권이나 아파트 추첨에 당첨될 징조이다. 또는 기다리던 곳에서 반가운 소식이 오거나 빌려준 돈을 받게 된다. 연구직에 종사하는 사람은 연구업적이 인정을 받아 큰상을 받게되고 사업가는 계약을 성사시키거나 귀인을 만나 자금난에서 벗어나게 된다. 노총각이나 노처녀는 평소에 원하던 이상형의 배우자를 만나 신혼살림을 차리게 된다.

* 누군가가 자신에게 여행을 함께 떠나자고 제의하거나 재촉한 꿈

정리해고, 좌천, 감봉처분 등의 불이익을 당할 징조이니 직장인이나 공무원은 맡은 바 일에 충실하면서 대인관계에 신경써야 할 것이다. 다만 대형사고가 날 징조이니 먼 여행을 떠나거나 자가운전은 하지 않는 것이 좋으리라.

* 누군가와 함께 해외로 여행을 가려하거나 먼길을 떠날 준비를 한 꿈

사업가는 동업자에게 배신을 당하거나 거래처에서 부도를 낼 조짐이니 각별히 신경써야 한다. 회사원이나 공무원은 좌천, 감봉처분 등의 불이익을 당할 징조이니 맡은바 일에 충실하면서 대인관계에 신경써야 하며 임신부는 유산할 징조이니 무리한 운동을 삼가하고 먼 여행은 떠나지 않는 것이 좋으리라.

* 다른 사람이 자신의 손을 잡아당기는 꿈

수험생은 기대 이상의 좋은 성적으로 합격을 하게되고 직장인은 월급이 오르거나 승진을 하게되며 실업자는 월급은 적어도 적성에 맞는 직장을 얻게 된다. 사업가는 매상을 많이 올려줄 거래처를 잡게 되고 연예인이나 작가, 소설가, 시인, 화가, 서예가 등은 자신의 작품이 세상에 널리 알려지게 된다. 재물운도 좋고 매사가 순조로운 길몽이다.

* 대화를 하거나 바라보고 있는 상대가 잠을 자고 있는 꿈

직장인은 승진대상에 경쟁자가 많아 다음 기회를 노려야하고 수험생은 턱걸이 운세이니 남들보다 두배 이상은 노력을 해야 가능하며 실업자는 오라고 하는데는 있어도 월급이 적어서 보류하게 될 징조이다. 임신부는 유산할 징조이니 무리한 운동을 삼가하고 먼 여행은 떠나지 않는 것이 좋으리라.

* 많은 사람이 떼를 지어 자신을 향해 몰려온 꿈

수험생은 우수한 성적으로 합격을 하게되고 직장인은 평소에 원하던 부서로 승진을 하게되며 실업자는 월급이 많고 적성에도 맞는 직장을 얻게 된다. 사업가는 물심양면으로 도와줄 귀인을 만나게 되고 노처녀나 노총각은 평소에 원하던 이상형의 배우자를 만나 결혼을 하게 된다.

* 면접시험을 보는 꿈

이사를 하거나 직장을 옮기게 될 징조이다. 또는 취직문제로 고민을 하거나 이성문제로 갈등이 생기게 된다. 음이 양으로 바뀌는 신호이니 조금만 참고 기다리면 원하는 바를 얻으리라. 다만 실물수가 있으니 소지품이나 귀중품 보관에 신경써야 할 것이다.

* 모서리가 진 사각형의 테이블에서 대화를 한 꿈

사업가는 부도를 맞을 징조이니 신용이 좋은 거래처라도 외상대금에 신경써야 하며 임신부는 유산할 조짐이니 무리한 운동을 삼가하고 먼 여행은 떠나지 않는 것이 좋으리라. 특히 사기를 당할 징조이니 문서계약이나 금전거래, 낙찰계, 연대보증, 어음할인 등은 보류하는 것이 좋으리라.

* 부모님께 큰절을 올린 꿈

수험생은 기대 이상의 성적으로 합격을 하게되고 직장인, 공무원은 많은 사람을 거느리는 부서로 승진을 하게되며 실업자는 근무조건이 좋은 직장을 얻게 된다. 사업가는 물심양면으로 도와줄 귀인을 만나게 된다.

* 부처, 예수, 산신령 등으로부터 약이나 약초를 받아먹는 꿈

승진, 취직, 당선, 추첨, 합격등에 좋은 소식을 알리는 길몽중의 길몽이다. 사업가는 재고물량이 하루 아침에 값이 엄청나게 뛰어올라 큰 이익을 안겨주거나 중요한 계약을 성사시키게 된다. 임신부는 많은 사람들의 존경을 받는 지도자가 될 아들이 태어날 태몽이기도 하다.

* 사우나, 온천, 목욕탕 등에서 여러사람들과 함께 목욕을 한 꿈

빌려준 돈을 받거나 기다리던 곳에서 반가운 소식을 듣게 된다. 수험생은 우수한 성적으로 합격을 하게되고 직장인은 월급이 오르거나 승진을 하게되며 사업가는 매상을 많이 올려줄 거래처를 잡게 된다. 미혼의 청춘남녀라면 맞선을 보거나 약혼 또는 결혼을 하게 된다.

* 산의 정상까지 올라가 누군가를 만난 꿈

아파트 추첨에 당첨되거나 생각지 않은 곳에서 반가운 소식이 오게 된다. 또는 사놓은 부동산이나 주식 또는 채권값이 많이 올라 큰 이익을 안겨주게 된다. 직장인은 많은 사람을 거느리는 부서로 승진을 하게되고 사업가는 물심양면으로 도와주는 귀인을 만나게 된다.

* 산이나 언덕에 여러사람이 모여서 자신을 오라고 손짓하는 꿈

재물을 잃거나 소송이 일어날 조짐이니 보증을 서거나 주식투자, 낙찰계, 금전대여, 신규사업, 확장, 동업, 문서계약, 사람소개 등은 하지 않는 것이 좋으리라. 또한 대형사고가 날 조짐이니 먼 여행을 떠나거나 자가운전은 하지않는 것이 좋으리라.

* 성안으로 걸어들어가는 꿈

오랫동안 만나지 못했던 친척이나 친구, 선배, 후배 또는 애인을 만나 정담을 나누게 된다. 또는 기다리던 곳에서 반가운 소식이 오거나 빌려준 돈을 받게 될 징조이다. 직장인은 부서를 옮기거나 다른 직장으로 이동을 하게 된다.

* 성인과 대화를 나누는 꿈

노총각, 노처녀는 평소에 원하던 이상형의 배우자를 만나 결혼을 하게되고 수험생은 기대 이상의 좋은 성적으로 합격을 하게되며 실업자는 월급이 많고 적성에도 맞는 직장을 얻게 된다. 사업가는 물심양면으로 도와줄 귀인을 만나게 된다.

* 싫어했던 직장상사나 동료, 거래처 사람을 만난 꿈

자신의 건강에 이상이 생겨 병원을 출입을 하게 될 징조이다. 혹은 가족중에 누군가 몸이 아파 고생할 조짐이다. 특히 계획한 일이 누군가 방해를 하거나 경제적인 문제로 인해 지연되거나 포기될 징조이다.

* 앞을 향하여 누군가와 손을 맞잡고 함께 뛰어간 꿈

새로운 일을 시작하거나 뜻이 맞는 사람과 동업을 하게 된다. 혹은 이역만리 타국땅으로 이민을 가거나 직장을 옮기게 된다. 노총각이나 노처녀는 평소에 원하던 이상형의 배우자를 만나 결혼을 하게되고 수험생은 아슬아슬하게 합격을 한다.

* 얄미운 사람과 만나는 꿈

친구나 친척, 애인 또는 부부간에 사소한 일로 다툼이 일어나 결별할 징조이니 자존심 상하게 하는 말을 삼가하고 오해받는 행동을 피해야 할 것이다. 또한 건강에 이상이 생겨 병원을 출입할 징조이니 몸관리에 신경써야 할 것이다.

* 어린아이가 죽임을 당하는 꿈

걱정했던 일들이 말끔히 해소되고 기다리던 곳에서 반가운 소식이 오게 된다. 혹은 사놓은 부동산이나 주식 또는 채권의 값이 많이 올라 큰 이익을 안겨주게 된다. 환자는 좋은 의사를 만나 건강을 되찾게 되고 사업가는 중요한 계약을 맺게 된다.

* 어떤사람을 자신의 부하 직원이나 고용인으로 채용한 꿈

새로운 일을 시작하거나 이역만리 타국 땅으로 이민을 가게 된다. 사업가는 동업을 하거나 확장을 하게 된다. 다만 임신부는 유산할 징조이니 무리한 운동을 삼가하고 먼 여행은 떠나지 않는 것이 좋으리라.

* 원탁에 둘러앉아 여러 사람들과 대화를 한 꿈

실업자는 자신의 능력을 마음껏 발휘할 직장을 얻게되고 직장인은 월급이 오르거나 부수입이 있는 부서로 자리를 옮기게 되며 수험생은 기대 이상의 좋은 성적으로 합격을 하게 된다. 또한 빌려준 돈을 받거나 가정에 식구가 늘어날 꿈이다.

* 이불속에서 귀금속을 꺼내는 꿈

미혼의 청춘남녀라면 평소에 원하는 이상형의 배우자를 만나 결혼을 하게되고 수험생은 기대 이상의 좋은 성적으로 합격을 하게되며 사업가는 물심양면으로 도와줄 귀인을 만나게 된다. 다만 여행을 떠날 경우 북방이나 서쪽방향은 길하고 동방이나 남쪽방향은 흉하다.

* 인사를 했지만 상대방이 자기인사를 무시하고 고개를 돌린 꿈

사업가는 계약이 취소되거나 자금난으로 고민할 징조이고 직장인은 승진대상에서 탈락한 징조이며 실업자는 좀더 기다려야 직장을 얻게 된다. 특히 재물을 잃을 징조이니 주식투자, 금전대여, 연대보증, 낙찰계, 보증, 신규사업, 확장 등은 좀더 보류하는 것이 좋으리라.

* 잃어버린 물건을 찾아준 사람에게 일정한 돈을 대가로 지불하려고 했으나 잔돈이 없어 끝내 주지 못한 꿈

수입보다 지출이 늘어날 징조이다. 또한 가정에 우환이 생기거나 사기를 당할 징조이니 보증을 서거나 금전거래, 주식투자, 어음할인, 낙찰계, 동업등은 하지않는 것이 좋으리라. 특히 대형사고가 날 조짐이니 먼 여행을 떠나거나 자가운전은 하지않는 것이 좋으리라.

* 임금이나 대통령을 만나는 꿈

수험생은 수석이나 차석으로 합격을 하게되고 실업자는 대우가 좋고 적성에도 맞는 직장을 얻게되며 직장인은 평소에 원하던 부서로 이동을 하거나 승진을 하게 된다. 사업가는 회사의 흥망성쇠가 걸린 중요한 계약을 하게 된다. 노총각이나 노처녀는 평소에 원하던 이상형의 배우자를 만나 결혼을 하게 된다.

* 임금이나 대통령을 만나 패물이나 증서를 받는 꿈

승진, 합격, 취직, 추첨, 당선 등에 좋은 소식을 알리는 길몽이다. 또한 빌려준 돈을 받거나 사놓은 부동산, 주식 또는 채권등이 값이 많이 올라 큰 이익을 안겨주게 된다. 노총각이나 노처녀는 평소에 원하던 이상형의 배우자를 만나 결혼 할 꿈이요 임신부는 장차 많은 사람들을 이끌어갈 지도자가 될 아들이 태어날 태몽이다.

* 임신했다고 축하 받은 꿈

사농은 부동산이나 주식 또는 채권 값이 많이 올라 큰 이익을 안겨주게 된다. 또는 기다리던 곳에서 반가운 소식이 오거나 빌려준 돈을 받게 된다. 직장인은 평소에 원하던 부서로 승진을 하게되고 사업가는 물심양면으로 도와줄 귀인을 만나게 된다. 미혼자는 애인을 만나 즐거운 시간을 보내게 될 꿈이다.

* 자기집에 손님이 찾아온 꿈

재물을 잃을 징조이니 보증을 서거나 금전거래, 주식투자, 낙찰계, 신규사업, 확장, 동업, 어음할인 등은 하지 않는 것이 좋으리라. 또한 도둑을 맞을 징조이니 소지품이나 귀중품 보관에 신경써야 할 것이다.

* 자신의 알몸을 가리려고 하는 꿈

구설수에 휘말려 마음고생을 하거나 이성문제로 고민할 징조이다. 혹은 이사를 하게되거나 먼 여행을 떠나 한동안 머물다 오게 된다. 특히 사기를 당하거나 재산을 탕진할 징조이니 주식투자, 금전거래, 보증, 낙찰계, 신규사업, 확장, 동업, 어음할인, 사람소개 등은 하지 않는 것이 좋으리라.

* 자신의 이부자리로 모르는 사람이 들어오는 꿈

계획한 일이 노력 부족으로 늦어질 징조이니 적극성을 가지고 열심히 뛰면 좋은 결과를 얻게 된다. 사업가는 부도를 맞을 징조이니 신용이 좋은 거래처라도 외상대금에 신경써야 하며 임신부는 유산할 징조이니 무리한 운동을 삼가하고 먼 여행은 떠나지 않는 것이 좋으리라.

* 지위가 높은 사람과 함께 식사를 하는 꿈

이사를 하거나 직장을 옮기게 될 징조이다. 또는 새로운 일을 시작하거나 먼 여행을 떠나 한동안 머물다 오게 된다. 노총각, 노처녀는 맞선을 보거나 약혼을 하게되고 수험생은 기대 이상의 좋은 성적으로 합격을 하게 된다.

* 직장의 상사나 윗 사람이 자기에게 절을 하는 꿈

자신이 해놓은 일이 주변 사람들에게 인정을 받게 된다. 또는 오랫동안 만나지 못했던 친구나 친척, 스승, 선배, 후배 또는 애인을 만나 회포를 풀게 된다. 다만 임신부는 유산할 징조이니 무리한 운동을 삼가하고 먼 여행은 떠나지 않는 것이 좋으리라.

* 천사가 나타나 자신을 어디론가 인도하는 꿈

수험생은 기대 이상의 좋은 성적으로 합격을 하게되고 직장인은 평소에 원하던 부서로 승진을 하게되며 실업자는 근무조건이 좋은 직장을 얻게 된다. 사업가는 물심양면으로 도와줄 귀인을 만나게 되며 미혼여성은 애인에게 몸을 허락하게 된다. 매사가 순조로운 길몽이다.

* 친한 친구와 심하게 말다툼을 한 꿈

사업가는 부도를 맞을 징조이니 신용이 좋은 거래처라도 외상대금에 신경써야 하며 직장인은 정리해고, 좌천, 감봉처분 등의 불이익을 당할 조짐이니 맡은 바 일에 충실하면서 대인관계에 신경써야 할 것이다. 특히 화재수가 따르니 불조심에 만전을 기해야 할 것이다.

* 타인과 물건을 바꾸는 꿈

건강에 이상이 생겨 병원을 출입할 조짐이니 몸관리에 신경써야 할 것이다. 또한 사기를 당하거나 재물을 잃을 징조이니 주식투자, 금전대여, 낙찰계, 동업, 연대보증, 신규사업, 확장, 어음할인 등은 하지않는 것이 좋으리라.

* 타인의 말이나 행동을 그대로 따라서 흉내낸 꿈

도둑을 맞거나 소매치기를 당할 징조이니 소지품이나 귀중품 보관에 신경써야 할 것이다. 또한 친척이나 친구, 애인 또는 부부간에 사소한 일로 다툼이 일어나 결별할 징조이니 자존심 상하게 하는 말을 삼가하고 오해받는 행동을 피해야 할 것이다.

* 타인이 자기에게 눈짓을 하면서 오라고 한 꿈

사기를 당하거나 배신을 당할 조짐이니 보증을 서거나 금전거래, 주식투자, 문서계약, 신규사업, 동업, 어음할인 등은 하지않는 것이 좋으리라. 또한 도둑을 맞을 징조이니 소지품이나 귀중품 보관에 신경써야 할 것이다.

*** 학생 때 자신을 아껴주던 선생님을 만나 함께 걷거나 얘기한 꿈**

직장인은 평소에 원하던 부서로 승진을 하게되고 수험생은 우수한 성적으로 합격을 하게 되며 실업자는 근무조건이 좋은 직장을 얻게 된다. 사업가는 외상대금을 받거나 동업을 하게 된다.

제 31 장

결혼 또는 편지에 관한 꿈

* 결혼선물을 교환하는 꿈

계획한 일이 뜻대로 되지 않아도 실망하지 말고 끈기있게 밀고 나가면 성공할 징조이다. 특히 오랫동안 만나지 못했던 친구나 친척, 선배, 후배, 애인 또는 스승을 만나 정담을 나누게 된다. 다만 충돌수가 있으니 각별히 차를 조심해야 할 것이다.

* 결혼식에 신랑이 다른여자와 서 있는 꿈

상인은 점포를 옮기게 되며 직장인은 부서를 옮기거나 직장을 옮기게 된다. 미혼자는 사귀던 애인과 헤어지고 새로운 애인을 만나게 되며 사업가는 업종전환을 하거나 동업자와 결별하게 된다. 특히 차 조심, 운전조심하라. 사고가 날 징조이므로…

* 결혼식장에 나가기 전 드레스를 입고 자기의 모습을 거울에 비춰보는 꿈

이사를 하게 되거나 직장을 옮기게 된다. 또는 새로운 일을 시작하거나 먼 여행을 떠나 한동안 머물다 오게 된다. 특히 건강에 이상이 생겨 병원을 출입하게 될 징조이니 몸관리에 신경써야 할 것이다.

* 결혼식장에 들어갔는데 하객이 없는 꿈

수험생은 합격을 하게되며 실업자는 취직을 하게 된다. 직장인은 부서를 옮기거나 월급이 오르게 되며 노총각이나 노처녀는 맞선을 보거나 약혼을 하게 된다. 사업가는 물심양면으로 도와줄 귀인을 만나게 될 꿈이다.

* 다른 사람에게 편지를 전해준 꿈

미혼의 청춘남녀라면 애인의 마음이 변할 징조이다. 사업가는 부도를 맞을 징조이니 신용이 좋은 거래처라도 외상대금에 신경써야 하며 수험생은 아는 문제도 놓칠 징조이니 시간안배에 신경써야 할 것이다. 실업자는 오라고 하는데는 있으나 조건이 마음에 안들어 고민을 하게된다.

* 드레스를 입고 결혼식장으로 들어가는 꿈

수험생은 우수한 성적으로 합격을 하게되며 실업자는 근무조건이 좋은 직장을 얻게 된다. 직장인은 이동수가 있으며 미혼자는 애인에게서 만나자는 연락이 오게 된다. 금전운도 좋고 매사가 순조롭게 진행되는 길몽이다.

* 소년 또는 소녀가 편지를 전해주는 꿈

계획한 일이 누군가 방해를 하거나 경제적인 문제로 인해 지연되거나 포기될 징조이다. 또는 근거없는 구설수에 휘말려 한동안 마음고생을 하거나 명예롭지 못한 일에 자신의 이름이 거론 된다. 임신부는 유산할 징조이니 각별히 몸조심해야 할 것이다.

* 소포를 받아서 풀어보니 작고한 은사의 유물과 사진이 들어있는 꿈

가정에 우환이 생기거나 본인이 건강에 이상이 생겨 병원을 출입하게될 징조이다. 혹은 친한사람과 사소한 일로 다툼이 일어나 결별할 징조이니 자존심 상하게 하는 말을 삼가하고 오해받는 행동을 피해야 할 것이다. 금전운도 좋지 않으니 주식투자, 금전대여, 신규사업, 낙찰계, 동업, 확장, 연대보증, 어음할인 등은 보류하는 것이 좋으리라.

* 우체부가 가방이 넘치도록 많은 편지를 담고 걸어오는 꿈

기다리던 곳에서 반가운 소식이 오거나 가정에 경사가 생길 징조이다. 또는 빌려준 돈을 받거나 생각지 않은 곳에서 귀중한 선물이 들어오게 된다. 소설가, 작가, 연예인, 화가, 시인등은 자신의 작품이 세상에 널리 알려지게 된다. 금전운도 좋고 매사가 순조롭게 진행되는 길몽이다.

* 우편함에 편지를 넣는 꿈

직장인은 직위가 올라가거나 이동수가 있으며 수험생은 좋은 성적으로 합격을 하게 된다. 노총각 노처녀는 좋은 배필을 만나 결혼할 징조이며 실업자는 근무조건이 좋은 직장을 얻게 된다. 금전운도 좋고 매사가 순조롭게 진행되는 길몽이다.

* 자기 앞으로 온 편지를 다른사람이 대신 가져간 꿈

사기를 당하거나 재물을 잃을 징조이니 금전거래, 주식투자, 낙찰계, 신규사업, 확장, 동업, 어음할인, 사람소개, 문서계약 등은 좀더 보류하는 것이 좋으리라. 또한 질병을 얻게될 징조이니 건강관리에 신경써야 할 것이다.

* 집배원에게 편지를 받은 꿈

구설수에 휘말려 한동안 마음고생을 하거나 명예롭지 못한 일에 자신의 이름이 거론될 징조이다. 특히 대형사고가 날 징조이니 먼 여행을 떠나거나 자가운전은 하지않는 것이 좋으리라.

* 편지봉투에 파란도장이 선명하게 찍혀있는 꿈

빌려준 돈을 받거나 기다리던 곳에서 반가운 소식이 오게 된다. 또는 가정에 경사가 있거나 자신이 해놓은 일이 주변 사람들에게 인정을 받게 된다. 다만 과음, 과식을 하여 몸에 탈이 생길 징조이니 음식조절에 신경써야 할 것이다.

* 한 장소에서 동시에 여러 쌍이 결혼하는 꿈

재물을 잃을 징조이니 금전거래, 주식투자, 동업, 연대보증, 낙찰계, 어음할인, 신규사업, 확장, 사람소개 등은 보류하는 것이 좋으리라. 특히 대형사고가 날 징조이니 먼 여행을 떠나거나 자가운전은 하지 않는 것이 좋으리라.

부 록

행운을 불러들이는 부적

(부적 사용방법은 다음 페이지 흉몽제거법을 참고하세요.)

흉몽제거법(凶夢除去法)

흉몽을 꾼 날(今日)은 부록에 실려있는 부적 한 장을 오려서 삼일간 몸(지갑)에 지니고 있다가 태워버리면 나쁜 일을 예방할 수 있다고 한다.
원래 부적은 창호지(窓戶紙)에 경면주사(鏡面朱砂)를 사용하는 것이 원칙이나 경면주사가 준비되지 않은 가정이 많으므로 빨간색 싸인펜으로 써서 사용해도 무방하다(모든 것은 정성이 중요하므로…).
그리고 삼일간은 매사를 소극적으로 행동하라. 즉, 해도 좋고 안해도 좋은 일이 있을 때에는 안하는 것이 좋다.

부적을 사용하는 방법

흉몽을 꾼 날 음력(陰曆)이 표시된 달력을 보게되면 자(子), 축(丑), 인(寅), 묘(卯), 진(辰), 사(巳), 오(午), 미(未), 신(申), 유(酉), 술(戌), 해(亥)로 되어 있는데 먼저 오늘이 어디에 해당되는 날인지를 알아야 한다.
예를 들자면,
子日(쥐날)이면 쥐날 부적을, 丑日(소날)이면 소날 부적을, 寅日(범날)이면 범날 부적을, 卯日(토끼날)이면 토끼날 부적을, 辰日(용날)이면 용날 부적을, 巳日(뱀날)이면 뱀날 부적을, 午日(말날)이면 말날 부적을, 未日(양날)이면 양날 부적을, 申日(잔나비)이면 잔나비날 부적을, 酉日(닭날)이면 닭날 부적을, 戌日(개날)이면 개날 부적을, 亥日(돼지날)이면 돼지날 부적을 한 장 오려서 삼일간 몸(지갑)에 지니고 있다가 남들이 안보는 곳에서 태워 버리면 나쁜일을 예방할 수 있다고 한다.
특히 흉몽을 꾼 후 가슴이 두근거리고 공포감이 지속될 때에는 쥐날, 소날, 범날, 토끼날, 용날, 뱀날, 말날, 양날, 잔나비 날, 닭날, 개날, 돼지날에 관계없이 대흉몽(大凶夢) 부적을 사용하는 것이 좋다고 한다.

1. 子日(쥐날) 흉몽을 꾸었을 때

2. 丑日(소날) 흉몽을 꾸었을 때

3. 寅日(호랑이날) 흉몽을 꾸었을 때

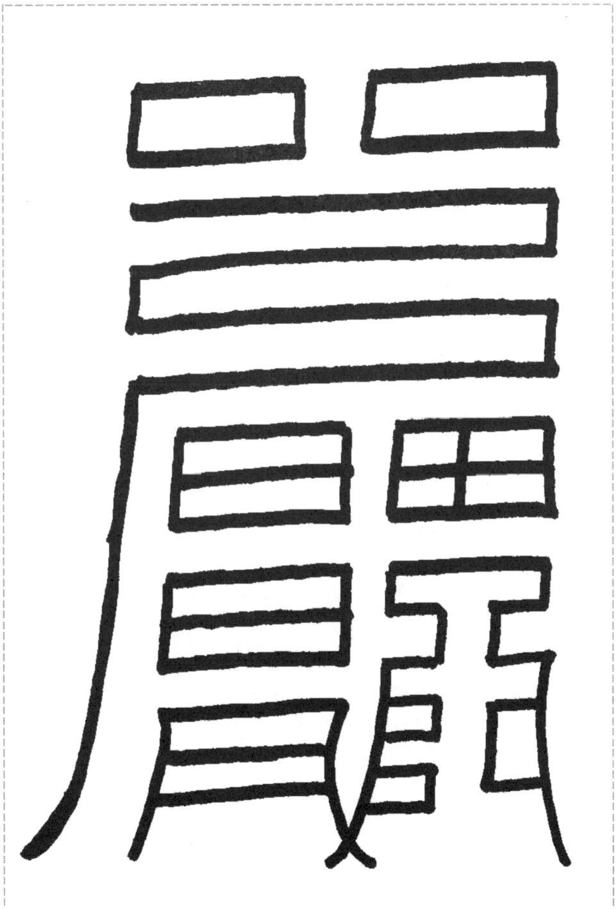

4. 卯日(토끼날) 흉몽을 꾸었을 때

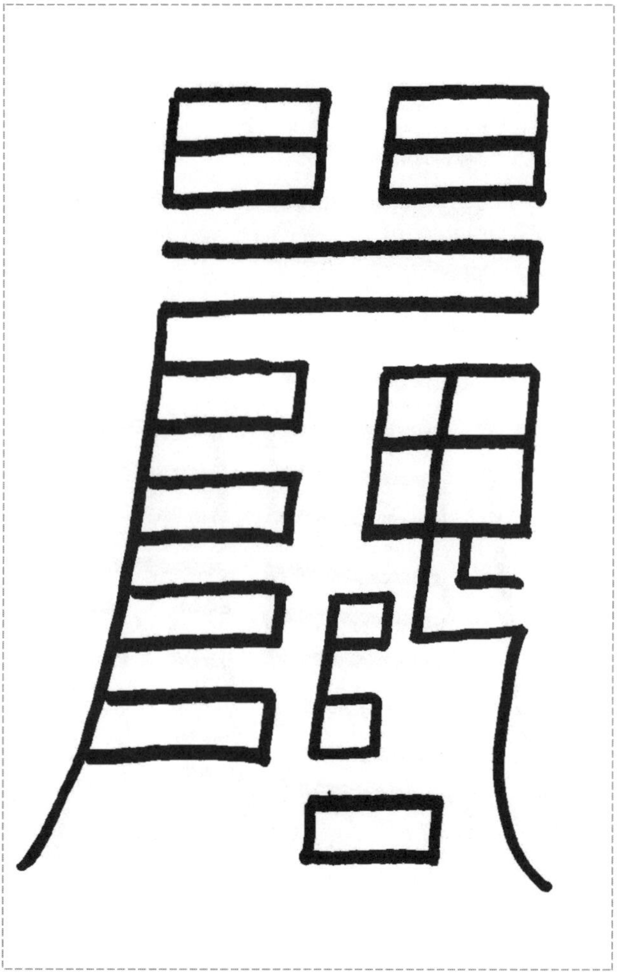

5. 辰日(용날) 흉몽을 꾸었을 때

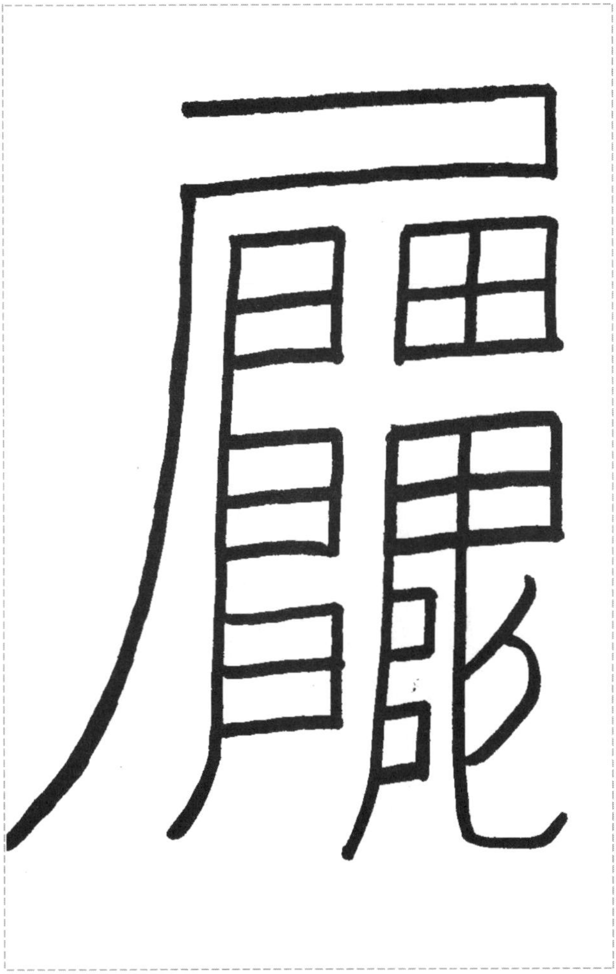

6. 巳日(뱀날) 흉몽을 꾸었을 때

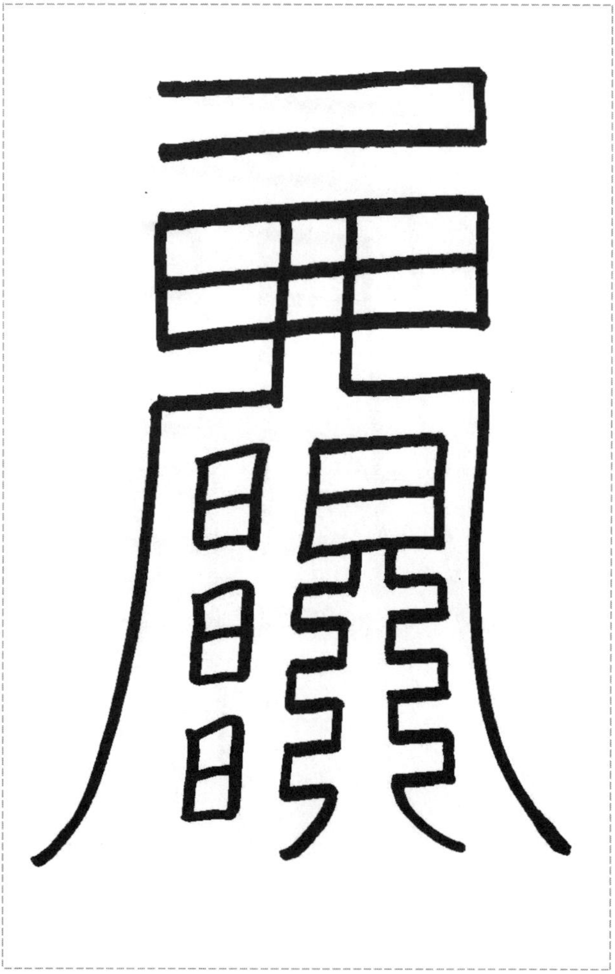

7. 午日(말날) 흉몽을 꾸었을 때

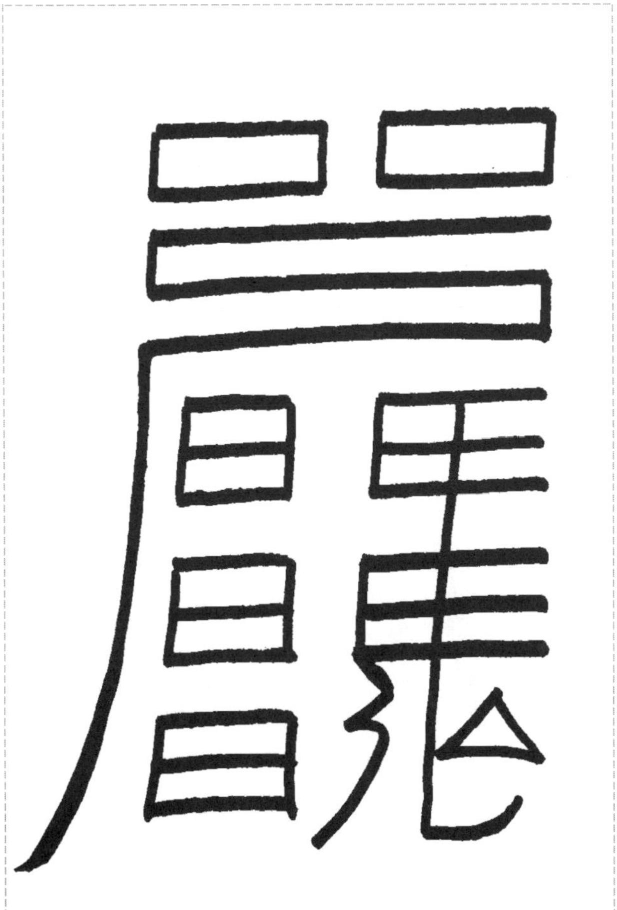

8. 未日(양날) 흉몽을 꾸었을 때

9. 申日(잔나비날) 흉몽을 꾸었을 때

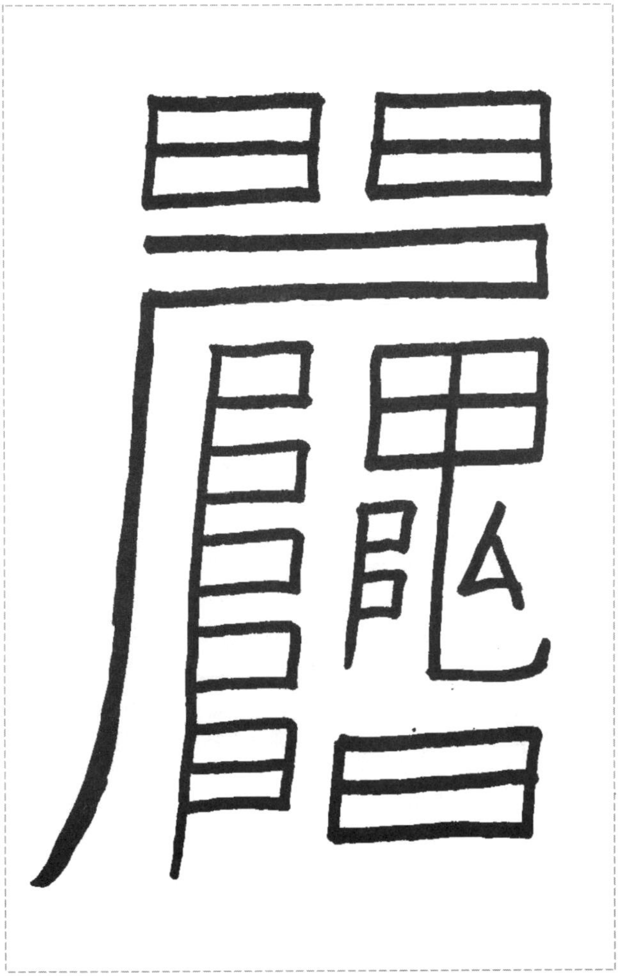

10. 酉日(닭날) 흉몽을 꾸었을 때

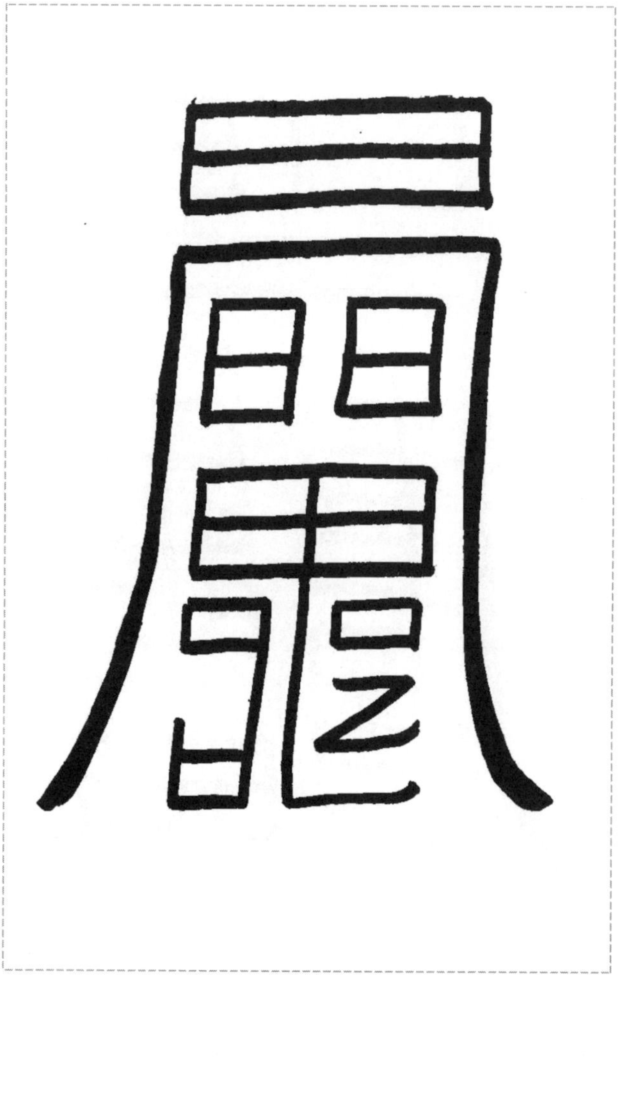

11. 戌日(개날) 흉몽을 꾸었을 때

12. 亥日(돼지날) 흉몽을 꾸었을 때

13. 흉몽(凶夢)을 꾸고나서 가슴에 두근거리고 공포감이 지속될 때(대흉몽)

14. 흉몽을 꾸고나서 가슴이 두근거릴 때

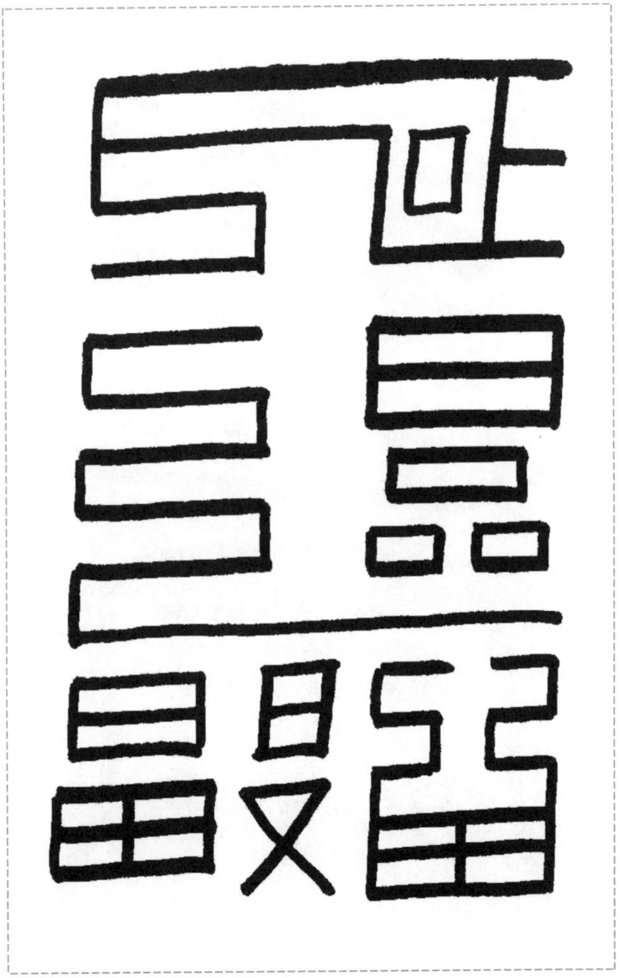

15. 흉몽을 꾸고나서 먼 여행을 떠날 때

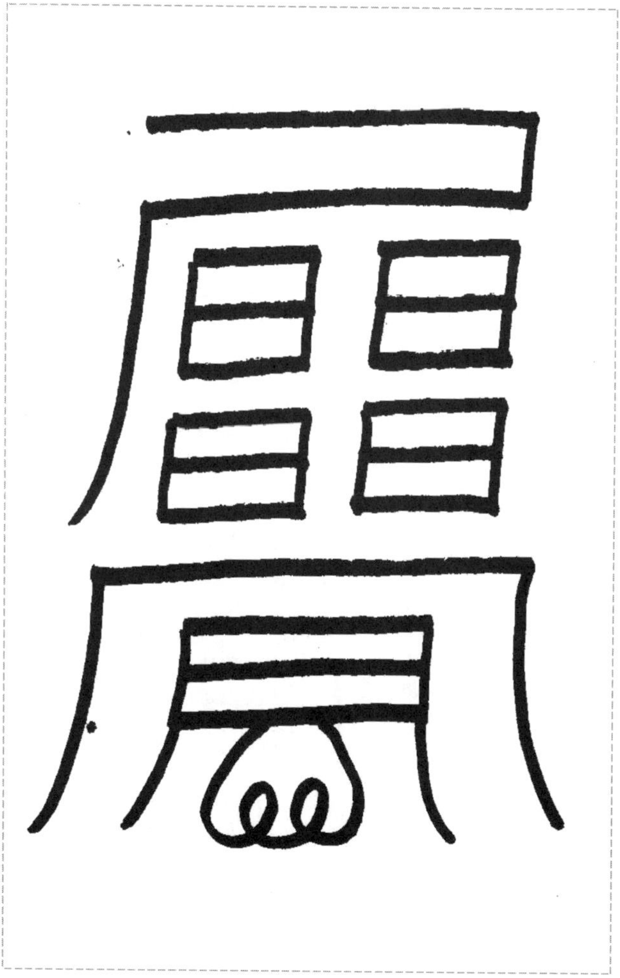

16. 임신부가 흉몽을 꾸었을 때

대박터지는 꿈해몽

1쇄 발행 | 2002년 12월 10일
2판 4쇄 발행 | 2009년 3월 25일

엮은이 | 염경만
펴낸곳 | 도서출판 예가
주　소 | 서울시 영등포구 당산동 1가 191-10

전　화 | 02)2633-5462
팩　스 | 02)2633-5463
E-mail | yegabook@hanmail.net
등록번호 | 제 8-216호

ISBN | 978-89-7567-422-8　13150